《宁夏政协委员风采2023》编辑委员会

主　任

王和山

副主任

曹志斌

成　员

刘兴华　蒋永忠　张吉胜　马　波　马平安　马宇桢

彭生选　王　中　阮教育　杨占武　朴凤兰　王静戟

韩爱萍　王　征　马红波　田景红　杨　锐（研究二室）

李　冰　李渭川　杨　锐（华兴时报社）　陈　伟（华兴时报社）

执行主编

李渭川

执行编辑

冯　涛　毕　竞

宁夏政协

委员风采

《宁夏政协委员风采》
编委会 —— 主编

黄河出版传媒集团
阳光出版社

2023

图书在版编目（CIP）数据

宁夏政协委员风采. 2023 /《宁夏政协委员风采》
编委会主编. -- 银川：阳光出版社, 2023.12
ISBN 978-7-5525-7211-7

Ⅰ.①宁… Ⅱ.①宁… Ⅲ.①政协委员－事迹－宁夏
Ⅳ.①K820.843

中国国家版本馆CIP数据核字(2023)第253903号

宁夏政协委员风采 2023　　　　《宁夏政协委员风采》编委会　主编

责任编辑　丁丽萍　李媛媛　赵维娟
封面设计　晨　皓
责任印制　岳建宁

黄河出版传媒集团
阳　光　出　版　社　出版发行

出 版 人　薛文斌
地　　址　宁夏银川市北京东路139号出版大厦（750001）
网　　址　http://www.ygchbs.com
网上书店　http://shop129132959.taobao.com
电子信箱　yangguangchubanshe@163.com
邮购电话　0951-5047283
经　　销　全国新华书店
印刷装订　宁夏凤鸣彩印广告有限公司
印刷委托书号　（宁）0028374

开　　本　880 mm×1230 mm　1/16
印　　张　25.75
字　　数　300千字
版　　次　2023年12月第1版
印　　次　2023年12月第1次印刷
书　　号　ISBN 978-7-5525-7211-7
定　　价　68.00元

使命光荣催奋进　珍惜荣誉再出发

——写在《宁夏政协委员风采2023》出版之际

陈　雍

在自治区政协十二届二次全会召开之际，《宁夏政协委员风采2023》即将付梓，恰逢中华人民共和国成立75周年、人民政协成立75周年，很有意义。

习近平总书记指出，协商民主是中国社会主义民主政治中独特的、独有的、独到的民主形式，具有深厚的文化基础、理论基础、实践基础、制度基础。社会主义民主不仅需要完整的制度程序，而且需要完整的参与实践。人民政协作为社会主义协商民主的重要渠道和专门协商机构，政协委员是政协工作的主体，政协工作的优势在委员、潜力在委员、活力在委员。2023年，在全国政协的有力指导下，在自治区党委的坚强领导下，广大政协委员积极发挥主体作用，围绕中心、服务大局，认真履行政治协商、民主监督、参政议政职能，为宁夏经济社会高质量发展建言出力，在发展全过程人民民主的征程上留下了深深的印记。《华兴时报》是自治区政协机关报，积极发挥政协新闻宣传阵地作用，自本届政协以来，组织采写全区各级政协委员报道近 200 篇，展示委员履职风采，讲好委员履职故事，生动反映了全区政协委员为国履职、为民尽责的良好精神风貌。《宁夏政协委员风采》编委会组织编辑力量对《华兴时报》2023 年度刊发的委员风采和履职报道进行梳理和精选，结集成书。这既是对过去一年的深情回顾，也是对未来的美好展望，是一份弥足珍贵的记忆。

全书收录了 100 位政协委员的履职故事，其中自治区政协委员 82 名、市县（区）政协委员 18 名，他们中有锐意进取、勇于开拓的创业者，有爱岗敬业、不辞辛劳的普通劳动者，有热心公益、倾情奉献的慈善家，有精于业务、技艺高超的拔尖人才，有以身作则、敢于担当的党政干部，有心系患者、救死扶伤的白衣天使，有默默无闻、教书育人的辛勤园丁……他们的突出业绩可敬可佩，他们的奉献担当可嘉可许，他们的奋发有为可赞可叹。他们的履职故事，印刻着坚实足迹、凝结着聪明智慧、浸透着辛勤汗水，体现了强烈的社会责任感和勇于开拓进取的精神风貌，既是全区各级政协委员拼搏奋斗的真实写照，也是全区各级政协组织履职的重要体现、政协风采的侧面展示。希望这本《宁夏政协委员风采 2023》能给新老政协委员和政协工作者以有益启迪，激发对人民政协事业的热爱和履职热情。

成绩已随昨日往，今朝更展宏图来。新的形势、新的任务，对政协工作提出了新的更高要求，也为政协委员施展才华、发挥作用提供了更为广阔的舞台。希望全区各级政协委员，进一步提高政治站位、强化政治担当，深刻认识人民政协制度和人民政协组织的鲜明政治属性，深刻理解政协委员肩负的重大政治责任，深刻领悟"两个确立"的决定性意义，增强"四个意识"、坚定"四个自信"、做到"两个维护"，始终在思想上政治上行动上同以习近平同志为核心的中共中央保持高度一致。希望全区各级政协委员，把学习作为一种追求、一种爱好、一种习惯，通过学习党的创新理论，进一步增强对中国共产党和中国特色社会主义的政治认同、思想认同、理论认同、情感认同，带头用党的创新理论武装头脑、指导实践、推动工作；通过学习习近平总书记关于加强和改进人民政协工作的重要思想、中央和自治区党委政协工作会议精神、政协章程以及历届政协履职实践中形成的制度规范、经验做法，进一步树牢协商理念、掌握协商方法，练好会协商、善议政的看家本领，成为政协工作的行家里手。希望全区各级政协委员，始终坚持以人民为中心的发展思想，围绕中心，服务大局，主动聚焦"国之大者""区之要情""民之关切"，深入调查研究，精准建言资政，积极献计出力；常态化开展"服务为民"工作，真正把履职为民理念落到实处，做到为民建言符合群众所思所想、帮民办事顺乎群众所需所盼，让人民群众感到委员就在身边，政协离他们很近。希望全区各级政协委员，积极主动联系服务界别群众，切实担负起反映群众意愿诉求、宣传党的方针政策的责任，团结引领界别群众跟党走，协助党和政府多做协调关系、化解矛盾、理顺情绪、凝聚人心的工作；在界别群众中广交朋友、多交朋友、深交朋友，走好新时代群众路线，善于以协商交流的方式沟通观点、消弭分歧、达成共识，凝聚最大向心力、汇聚更多同行者。

为者常成，行者常至。真诚期望全区广大政协委员更加紧密地团结在以习近平同志为核心的中共中央周围，在自治区党委的坚强领导下，扎实践行"懂政协、会协商、善议政，守纪律、讲规矩、重品行"的重要要求，认真履职尽责，主动担当作为，争做新时代合格政协委员，不断谱写人民政协事业新篇章，为在中国式现代化全局中加快建设社会主义现代化美丽新宁夏作出新的更大贡献。

2024 年 1 月 15 日

目录

contents

童安荣，住宁全国政协委员、自治区政协常委、宁夏中医医院暨中医研究院肾病科主任医师、宁夏中医肾病研究所所长，享受国务院政府特殊津贴和自治区政府特殊津贴。多年的履职经历中，他聚焦群众关切、关注民生民意，以提案、社情民意信息等形式，及时反映民情建言献策，把"为国履职、为民尽责"记在心里、扛在肩上。

童安荣

心怀民生『风雨晴』 履职尽责显担当

◎ 把履职触角延伸到群众中

"政协履职的触角必须延伸到人民群众中，不能'蜻蜓点水''走马观花'，要始终把群众的利益作为出发点和落脚点。"这是童安荣的政协情怀，也是他连任多届政协委员的履职感悟。

作为医药卫生界委员，童安荣十分关注群众就医中的现实需求。"护工服务是近年来迅速兴起的医院外延和居家服务项目，通过为住院患者提供生活护理，填补了医院在患者看护方面的空白，很大程度上解决了患者及家属的后顾之忧。"2019 年，童安荣提交的《关于规范管理我区医院护工行业的建议》指出，在"求大于供"的市场需求下，护工群体正逐步壮大，但由于供需不对称，政府、医院、中介机构对于护工监管缺乏相应的规范化管理机制，导致护工行业出现服务水平参差不齐、护工和患者纠纷时有发生等现象。他建议规范化管理护工市场，建立护工管理机构，规范护理收费标准，建立护工档案管理机制，让护工行业健康发展。

这件提案得到了自治区卫生健康委员会、发展改革委等有关部门的积极回应，从完善管理制度、明确管理机构、规范护工管理、加强技能培训、确保持证上岗等方面入手，不断规范和完善护工行业，助其健康发展。

近年来，垃圾处理问题越来越多地被群众关注，这一问题已成为影响人民健康和社会可持续发展的重大问题。在一次调研中，童安荣了解到垃圾的收集、运输、堆存等需要大量资金，导致从事垃圾循环再利用的企业成本高、利润低，政府投入多用于垃圾简单处理，在推动循环利用方面投入相对较少，且当前社会缺乏对垃圾分拣循环利用的技术研究、垃圾分类落实不到位、相关政策法规不够完善等问题也导致了垃圾循环利用一直不能落到实处。

调研结束后，童安荣撰写了《推动垃圾循环利用迫在眉睫的提案》，建议加强垃圾降解循环利用体系建设，进一步扶持和培植垃圾循环利用企业，对从事垃圾循环利用的企业在政策上给予支持、经济上给予补助、税收等方面予以优惠，推动垃圾循环利用产业兴起。

虽然本职工作很繁忙，但童安荣始终不忘政协委员为民履职的情怀，积极将医者与委员角色互相融合，用医德仁爱诠释履职担当。2023 年 10 月 8 日，自治区政协人口资源环境委员会首期"委员微讲堂"举行，童安荣作秋季养生专题辅导讲座，他以通俗易懂的讲解，从中医养生、四时养生、秋季养生重五防等方面，讲解日常生活中与大家息息相关的秋季养生知识，

童安荣（前排左五）和他的团队

提醒大家注意调节饮食，保持心情舒畅，合理运动，养成良好的生活习惯。

◎ 为中医药事业添砖加瓦

2023 年对于童安荣而言，他多了个新身份——十四届全国政协委员。"在全国两会上，我提交了两件提案，其中一件有关中医药发展，希望通过全国政协平台更好推动中医药事业全面发展。"童安荣说。他通过调研了解到，国家中医药管理局已在全国建成国家临床研究基地 40 个、国家中医药传承创新中心 31 个，但目前这两个项目宁夏还没有覆盖。

童安荣围绕如何缩小东西部之间中医药发展差距，实现均衡发展等问题，建议将宁夏中医医院国家中医药传承创新中心培育单位升级为国家中医药传承创新中心建设单位，争取在"十四五"期间投资建设。与中国中医科学院结盟，将宁夏中医医院建成中国中医科学院宁夏分院，并通过邀请中国中医科学院管理团队、专家团队来宁指导工作，进一步帮助宁夏建设医教研一体化规模化发展平台，进一步带动宁夏中医药事业高质量发展。进一步完善中医药人才评价和激励机制，加大国医大师、岐黄学者等宁夏高层次人才选拔力度，给予宁夏倾斜政策。

"政协是一个非常重要的平台，政协委员是这个平台的主体，用好政协平台可以促成很多惠民利民的实事落地。"事实上，年过六旬的童安荣一直关注着宁夏中医药事业的可持续发展。

2020 年他提交的《关于建设全区中医药健康产业园的提案》立案办理，促使产业园用地问题得到解决，推动项目进展步伐，推动宁夏中医药产业繁荣发展。2023 年，他提交的《关于大力发展我区中医药事业的提案》得到自治区卫生健康委员会的重视和办理，答复介绍，"十四五"期间，中央对宁夏转移支付和自治区财政累计投入 2.29 亿元，国家对宁夏重大建设项目已投入 5.4 亿元，有力推动中医医院规模扩大、水平提升。宁夏不断强化人才培养培育，建设 2 个国家中医住培基地，培训合格中医住院医师 592 名，培训基层中医馆骨干人才 1835 名，建设院士、国医大师、名中医等传承工作室 91 个。建设自治区中医临床医学研究中心 3 个，获批自治区级以上科研立项 102 项。

"建成 8 个中药材产业示范基地，基本形成北部引黄灌区、中部沙旱生产区、南部六盘山区 3 个特色中药材产业带，全区中药材种植面积约 156.39 万亩，中药材产业总产值约 223.4 亿元……"看到宁夏中医药产业取得的成绩，童安荣很高兴，他相信在各方的重视推动下，未来宁夏的中医药事业将会向好向快发展。

（刊发于 2023 年 11 月 3 日　郝婧　文 / 图）

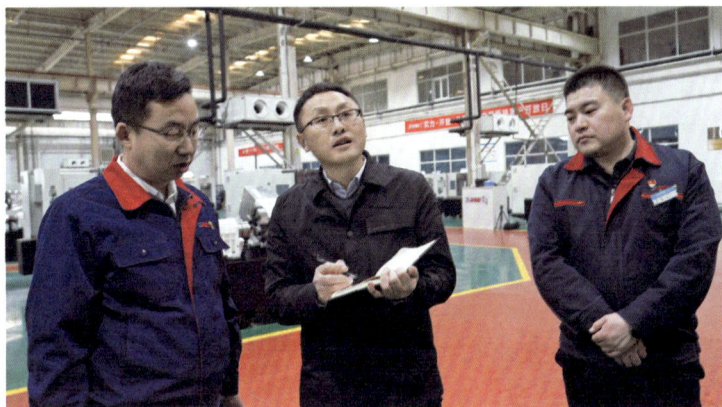

王小龙

接续奋斗　为建设制造强国添砖加瓦

王小龙，住宁全国政协委员，自治区政协委员，一工机器人银川有限公司总经理。20多年来，他一直从事先进装备制造业，以一颗"匠心"在行业领域开疆拓土、拼搏奉献，逐渐成为企业负责人，为"六新"产业发展和宁夏装备制造产品"走出去"贡献了力量。

◎ 打开眼界　誓要追赶差距

　　1999年，王小龙毕业于东北大学机械设计专业，作为应届毕业生，他选择在对口专业的宁夏小巨人机床有限公司工作，当时公司正在筹建，上班第一年就与同时入职的大学生一起被派往日本山崎马扎克机床集团研修学习，当时马扎克机床集团是世界机床排名第一的高新技术企业。

　　"那个年代，我国机床行业整体发展水平较低，技术力量相对薄弱。我们来到国外的先进工厂，接触到前沿科技，打开了眼界，也深受触动。"王小龙说。虽然是以学徒身份从事基层工作，但因基础功底扎实、学习能力强，他和同去的大学生快速适应，学到了很多课本以外的实践技术。

"作为一名机械工程师，如果缺乏实践，那么理论知识也仅限于纸面。而在日本研修学习的半年时间里，将理论知识运用到实践中，机会非常珍贵。"王小龙说。研修学习结束后，王小龙回到宁夏小巨人公司，参与了工厂厂房建设、设备安装等一系列工作，成为工厂建设的参与者和见证者。在随后的几年里，他又受派前往在自动化领域排名世界第一的德国利勃海尔自动技术公司开展合作和培训学习。王小龙认为，自己非常幸运，能够在年轻时就接触到世界前沿科技，掌握先进应用技术，并清醒地看到了与国外的差距，由此坚定了他拼搏奋斗、为中国科技自立自强而不懈努力的决心。

◎ 自主创业　抢抓工业自动化发展先机

经过 10 年的努力，王小龙成长为企业高层管理人员，先后任宁夏小巨人机床有限公司技术二部部长，巨能机器人系统有限公司总工程师、总经理，获得国家授权发明专利 33 项，实用新型专利 50 余项。

在马扎克机床集团的研修学习尽管收获满满，但令他感慨的是，关于机床制造的核心技术依旧是企业的机密。什么时候我们也能有自己的核心技术？王小龙将这个想法深藏于心。随着公司生产的机床产品逐渐被国内外知名品牌厂家认可，渐渐增强了他想要自主研发核心技术的信心。恰在此时，伴随着传统产业转型升级，我国工业自动化、机器人行业乘势而起，王小龙经过深思熟虑，决定通过自主创业实现核心技术成果转化，于是他放弃了企业高管的高薪职位。

自主创业要面临企业用人、资金周转、研发生产等重重困难。王小龙逐一分析后认为，机床产业在宁夏起步早、基础雄厚，本土和外资企业发展历史较长，形成了较为完善的产业链和完备的人才储备，加之国家和自

王小龙（右一）委员会客室成立

治区政策助力，使先进装备制造业成为新时代朝阳产业。因此，无论当前需要克服多少困难，都值得抓住这一契机。

自 2010 年王小龙与团队创办企业以来，一直面向客户提供定制化机床产品，"量身定制"从设计、生产、制造全流程的整体解决方案，公司生产的工业机器人产品现已处于行业领先水平。目前，一工机器人银川有限公司研制并生产重载桁架机器人、高速桁架机器人等 4 大系列 22 个品种的机器人、工作单元及全自动化、智能化的系统产品，服务网络已覆盖国内 21 个省市。

◎ 为圆梦"制造强国"　苦干实干

"数控机床是制造机器的机器，又被称为'工业母机'，在制造业和国民经济发展中具有举足轻重的地位。"正是深刻认识到这一点，王小龙一直带领企业从事科技创新，坚定执着地向着"制造强国"的路上迈进。

比如在桁架机器人领域，一工机器人在国内技术尚处于空白阶段时便走出了领先步伐，目前已与中国一汽、二汽及奇瑞等成为合作企业。近年来，公司大力组织关键核心技术攻关和产业化项目，参与国家重点研发计划"网络协同制造和智能工厂"专项、"汽车动力总成关键零部件多品种大批量混线加工智能工厂集成技术研发和应用示范"项目等国家级大型项目的设计、生产与交付。2017年，作为主要参与起草单位参加制定了国家标准《桁架式机器人通用技术条件》（GB/T 37415—2019）的制定工作。

公司团队秉持"科技是第一动力"理念，所做"300m/min高速桁架机器人研发项目"、"全流程可视化智能制造关键技术研发及应用"项目及"工业机器人视觉识别系统研发"项目、"FMS机器人柔性制造系统研发"等多个科研项目被自治区科技厅纳入重点研发项目目录，2022年，自主研发的机器人视觉识别系统的应用入选工信部《高清视频应用典型案例》目录。

市场是检验产品的"试金石"。在新冠肺炎疫情影响下，国外工业企业市场受阻，中国制造业逆势而上，一工机器人也在大环境下快速发展。"即便和欧洲行业顶尖同行比，我们也不逊色。通过这些年技术积累，我们形成了自身的成本优势、生产周期优势，产品的稳定性、成熟度大有进步，市场前景十分广阔。"王小龙说，近几年，公司通过"引进人才＋本土人才挖掘"的培养模式，建立起一支经验丰富的研发、生产及应用团队，努力攻克了一些"卡脖子"的关键核心技术。

截至目前，一工机器人银川有限公司拥有有效专利和软件著作权84件，其中发明专利5件、实用新型发明专利62件、软件著作权16件、外观发明专利1件。

"制造强国""工业强区"……这些词语始终印刻在王小龙的脑海里，对他来说，国家战略与企业发展、个人命运紧密相连，他希望把自己20多年工作实践转化为引领企业发展的强大动力，继续为培养高技能蓝领人才、为创新型国家建设贡献力量。

（刊发于2023年2月14日　李莹　文／图）

毛明杰

『多重视角』履职 服务宁夏经济高质量发展

毛明杰，自治区政协常委，民革党员，宁夏大学土木与水利工程学院院长、教授、博士生导师。做好"委员作业"，答好"履职答卷"，这既是新时代对政协委员履职尽责的一场考试，也是一种特殊形式的考验。回首政协委员履职之路，毛明杰用心参政议政，积极建言献策，交上了一份满意的答卷，连续 3 年在自治区政协履职考核中被评为优秀委员，获得十一届自治区政协委员优秀履职奖。

◎ 参政议政不能纸上谈兵

毛明杰认为，政协委员提交的提案一定要做到"实"。发现问题在哪里，还要想到解决问题的办法在哪里，所有数据都要清晰可考。参政议政不能纸上谈兵，要可操作、能落地。为此，他积极参与自治区政协各项调研活动，在实地调研中，了解区情民情，认真思考研究，积极建言献策。

2023 年 9 月 27 日，自治区政协十二届常委会第四次会议召开，围绕"严

格耕地资源保护　夯实粮食安全根基"专题协商议政。在参与前期调研的基础上,毛明杰代表民革宁夏区委会作了题为《开展保护性耕作　让土壤"活"起来》的大会发言。他在发言中谈道,耕地是粮食的命根子,土壤是耕地的生命力。随着现代农业的发展,连年的深翻细耕,不但破坏了土壤生态系统,还破坏了土壤结构,降低了土壤的活性和肥力。

建议宁夏大力推广保护性耕作,为土地"加油",为粮食安全夯实耕地根基。制定保护性耕作技术规范,将保护性耕作纳入优先发展战略,把相关项目列入财政预算和生态农业建设规划,依托区内高校、科研院所和农业科技部门研究成果,制定适合宁夏实际的保护性耕作技术规范和实施标准。按照因地制宜、分类指导原则,结合各地的自然条件、种植结构、农机水平等情况,从效益明显的农作物入手,进一步加强试验示范,形成较为成熟的区域性技术模式,并逐步推广应用。通过实施"科技下乡"等项目,鼓励农技人员深入田间地头,开展保护性耕作技术指导,"做给农民看、带着农民干、帮着农民赚",调动农民采用新技术的主动性和自觉性。以村党支部领办现代化农机专业合作社为引领,逐步建立以农机专业组织和农机大户为主体,农机经营户为基础,基层农机推广、培训等服务组织为支撑,政府支持为保障的社会化服务机制,探索保护性耕作市场化运行机制,推动保护性耕作全面开展。

◎ 为经济社会发展贡献力量

作为水利工程方面的专家学者,毛明杰在履职中格外关注水资源保护与利用方面的问题。2019年,他提交的《关于组建可持续水环境与水污染防治重点实验室的提案》,直指宁夏水污染防治,特别提到入黄排水沟水质污染问题。建议围绕宁夏水环境和水污染治理需要,组建可持续水环境

毛明杰（右一）参加自治区政协组织的调研活动

与水污染防治重点实验室，加快培养一支结构合理的科技创新人才队伍。实验室建设应从水环境治理保护、生活污水处理新技术研发、农业面源污染及畜禽污染治理等方面开展工作，有效解决水污染问题。

2021 年，毛明杰提交《关于建立宁夏水资源高效利用和保护机制的提案》，呼吁加快节水型社会的创新构建。自治区政协将"建立水资源节约集约利用机制，支撑宁夏生态保护和高质量发展"议题列入 2021 年度协商计划，召开专题议政性常委会会议。毛明杰充分发挥工作优势，积极参与相关调研，结合平时工作中积累的素材，撰写《提高工业用水效率》调研报告，并在常委会上进行书面发言。

长期在高校工作，毛明杰还结合工作中发现的问题，在政协平台上为推动人才培养积极发声。"高校毕业生作为高层次人力资源，是国家建设的新生力量，在'六稳''六保'政策背景下，有效促进高校毕业生更高质量充分就业，事关高等教育良性健康发展，关乎社会和谐稳定。"毛明杰说。

　　2021 年，他提交了《关于建立就业见习基地　促进高校毕业生就业的提案》，呼吁政府出台扶持政策，选用信誉优良企业设立高校毕业生就业见习示范基地，对就业见习示范基地给予一定补贴，得到相关部门积极回应。2022 年，毛明杰与其他委员联名提交《关于改革校企人才流动机制加强深度融合发展的提案》，认为宁夏建设黄河流域生态保护和高质量发展先行区，对人才需求日益旺盛，但现有人才资源尚未发挥最大效能。建议打破人才身份、人事关系等制约，探索建立"政府引导、企业引才、学校留编、政策叠加、校企共享"的引才用才机制，支持学校从企业聘任学术副校（院）长、产业副校（院）长，畅通学校专业技术人员在企业担任科技副总、首席专家等渠道；鼓励企业、社会组织人员到学校授课，鼓励学校教师通过技术创新、科技开发、成果转让和决策咨询等方式服务社会。推进校企联合实验室、大学生创新创业实训基地、工程实践基地建设，推动"人才链"与"产业链"深度融合。

　　《关于建立农业全产业链人工智能工程　助力自治区智慧农业实现升级的提案》《关于加强疫情防控期饮用水水源保护区内生活源的消杀防控的提案》《关于多措并举提高工业固废利用率　降低碳排放的提案》……近年来，毛明杰的履职视角涉及经济社会发展的多个领域，他说："作为一名政协委员，要知责于心、担责于身、履责于行，铆足'比'的劲头、增强'学'的主动、激发'赶'的动力，聚焦新阶段、聚力新格局、凝聚正能量，精准献计出力，更好服务大局，努力交出服务宁夏高质量发展的合格答卷。"

（刊发于 2023 年 11 月 3 日　韩瑞利　文／图）

张源沛，十一届、十二届自治区政协常委，民革宁夏区委会副主委、宁夏农林科学院农作物研究所副所长。5 年多来，他先后参加自治区政协组织开展的调研视察活动 20 余次，提交提案 30 余件，提交社情民意信息 50 多篇，聚焦农业产业高质量发展，发挥专长优势，深入调查研究，提出的"千亿奶产业面临水资源紧缺问题""加快推进县区盐碱地生态治理"等建议被相关部门采纳，用高质量提案展现出政协委员担当作为。

张源沛

立足农业产业　尽心履职尽责

◎ 精准建言　助推农业产业高质量发展

《关于在压砂地种植金银花促进压砂地可持续利用的提案》《中部干旱带旱作区养殖草料短缺问题亟待解决》《做强宁夏农业高质量发展的"芯片"》……在张源沛的案头，整齐地收纳着历年来撰写提交的提案、社情民意信息、调研报告。他说："作为一名从事农业科研工作的政协委员，我的关注点自然离不开农业。在擅长的专业领域积极建言献策，是义不容辞的责任。"

"农作物种业是农业产业的基础，是保障国家粮食安全的根本。"张源沛介绍。在自治区政协十一届三次会议上，他作了题为《做强宁夏农业高质量发展的"芯片"》大会发言，建议进一步加强体制机制创新，提高商业化育种能力。在政策、信贷、科研、设施建设等方面扶持优势种子企业，支持企业自主创新和技术改造。配合财政补贴制度疏通供种渠道，建立完善的供种体系。做好宁夏本地农作物良种保护开发工作，形成一批具有本地特色的农作物良种品牌。"在小组讨论时，许多来自农业界别的委员也从各自角度提出了真知灼见。"张源沛说，通过委员们的广泛关注，建议得到了自治区相关部门的高度重视，开展了专题调研。相关部门就《自治区种业科技创新行动方案》的制定，多次邀请张源沛座谈听取建议。

张源沛还十分关注压砂地可持续利用问题，通过提交提案和社情民意信息，呼吁在压砂地种植发展金银花产业，推动土地可持续利用。这一建议得到自治区农业农村厅、科技厅，中卫市高度重视，先后组织区内外专家对中卫市沙坡头区压砂地金银花产业发展进行了调研、研讨论证，并将压砂地引种金银花纳入自治区重点研发项目，还组织开展高产栽培配套技术试验示范，推行压砂地生态保护及绿色高质量发展行动。

"全区尚有200多万亩盐碱地需要改良利用，特别是地处引黄灌区末梢的平罗县、惠农区，仍有较大规模的重度盐碱化耕地未得到根本治理，红寺堡区及部分扬黄灌区耕地盐碱化趋势还未得到有效遏制。"盐碱地生态治理也是张源沛十分关心的问题，他积极参与自治区政协农业和农村委员会组织开展的相关调研，与其他委员联名呼吁，按照国家和自治区高标准农田建设要求，打造不同类型盐碱地生态治理和高质量发展示范区。研究制定自治区、市、县盐碱地治理配套扶持政策，鼓励和支持新型经营主体、

自治区政协十二届一次会议上，张源沛接受媒体采访

农业技术部门开展试验示范，发展盐碱地特色种植产业。

◎ 高效履职　当好政协事业创新发展的实践者

"人民政协作为专门协商机构，在实践全过程人民民主中有着不可替代的功能和作用，天地广阔，大有可为。"张源沛谈道，自治区政协非常重视对委员的学习培训工作，提出的"不学习就不调研，不调研就不协商"，为委员履职打牢了基础，也提升了自身各方面能力。

"履职中有很多难忘的点滴，收获很多。"张源沛说。

2020年4月，自治区政协农业界别委员工作室挂牌成立。作为农业界别委员工作室召集人之一，张源沛谈道："政协委员人才济济，界别活动可将界别中不同人才的个体优势集合起来转化为集体优势，形成更加专业有深度的履职成果。"依托界别委员工作室，张源沛和其他委员联名撰写提交多篇社情民意信息，及时反映宁夏"中部干旱带旱作区养殖草料短缺问题亟待解决""探索草原生态保护与绿色发展新思路""充分发挥保险作用　防范奶牛养殖风险"等问题和情况,得到了相关部门的重视和采纳。

履职中,张源沛还充分发挥农业科研人员作用,积极参与自治区政协专题协商活动,围绕议题实地调研、撰写调研报告,在专题协商会上作交流发言。

在自治区政协"以'四大提升行动'为载体　推动巩固拓展脱贫攻坚成果同乡村振兴有效衔接"专题议政性常委会上,张源沛作了题为《农村宅基地改革应成为增加农民财产性收入的有效手段》的大会发言,指出作为全国较早开展农村宅基地改革试点的省区,宁夏仍存在宅基地资源盘活缓慢、未能转为财产性收入等问题。建议加强顶层设计,完善宅基地改革政策法规。加速宅基地确权,明晰村集体宅基地权益,解决部分宅基地无权属和自主迁徙居民占用等问题。搭建流转平台,推进宅基地资源盘活,围绕乡村振兴,科学编制村庄规划,以产业盘活农村宅基地资源。加快农村宅基地改革,推进宅基地使用权抵押担保、合法流转和有偿退出,增加农民财产性收入。

在自治区政协"努力延长农副产品产业链、价值链,提高农民收入水平"专题协商会上,张源沛作了题为《努力完善农副产品产业链利益联结和分配机制》的发言,针对调研了解到的本地乳制品加工企业规模小、资金少、产品单一,在与全国大型乳企竞争中不占优势,产业链中缺少话语权的现状,提出进一步引入国内大型乳企,形成良性竞争;养殖牧场应转变思路,推进全产业链发展,避免受制于人;进一步完善体制机制,构建奶产业现代农业技术体系,促进经营主体、农业生产系统和农业经营系统三位一体等建议。

张源沛表示,今后将继续关注宁夏农业农村经济社会发展的方方面面,深入开展调查研究,用好政协委员话语权,为推动宁夏黄河流域生态保护和高质量发展先行区建设作出应有的贡献。

（刊发于 2023 年 2 月 3 日　陈敏　文/图）

相卫国

在一线调研中寻找履职『关键点』

"今年是我在政协履职的第五年，我感受最深的就是履职不易、履好职更难。但是，越难越要尽责，越难越要执着。这就是政协委员的初心与担当，如果我们只是例行公事地参会，举手鼓掌散会，那就愧对了政协委员的称号。"履职多年来，自治区政协常委、九三学社宁夏区委会副主委相卫国始终关心留意身边小事和重要社会事件，逐步成长为心系民生的责任委员。

◎ **当好政协委员　要做合格"调研员"**

履职 5 年，相卫国总共提交了 9 件个人提案。这些提案涉及经济社会发展多个领域。例如，加快健全完善公益性农业科技服务体系、加强康复人才队伍培养和建设、运用小微课题推动中小企业产学研合作等建议，都进行了深度调研，建言质量非常高。

近年来，宁夏大力发展全域旅游，文旅产业成为促进经济结构优化的重要推动力之一。"当前，我区努力建设黄河流域生态保护和高质量发展先行区，打造黄河文化传承彰显区，并将文化旅游产业列为重点产业，这为文化和旅游发展注入新动能。"2022年，相卫国撰写了《关于根植黄河文化推动文化旅游融合发展的提案》，为宁夏文旅产业高质量发展建言献策。

他在提案中建议，深挖黄河宁夏段历史故事的精神内涵，将凝练出的精神融入景点、节庆、纪念品、路线、文艺作品等文旅产品之中。加强对沿黄文化遗产的整体性保护，打造一批文化遗产特色小镇、民俗文化村、综合性展示馆等平台载体。

这件提案得到了自治区文化和旅游厅等有关部门的积极回应，从加强黄河文化资源普查、加大文物保护力度、推进黄河文化系统研究、拓展黄河文化的传承载体和传播渠道等方面入手，弘扬黄河文化时代价值，提高黄河文化的影响力和感召力。

"好的提案，需要在一线调研中获得关键抓手。想当好政协委员，就要做一名合格的'调研员'，没有调查，就没有发言权。"相卫国说，深入基层进行调查研究十分重要。

新材料产业是宁夏重点发展的产业之一，也是高度知识密集型产业，新材料技术的创新突破和新材料产业的发展离不开人才的支撑。在一次调研中，相卫国了解到，与快速发展的新材料产业需求相比，宁夏新材料人才供给还存在总量、结构、区域不均衡的短板，削弱了新材料产业创新发展动力。

经过详细走访调查、信息整理，相卫国把情况汇总成实实在在的建议，撰写了《关于加强我区新材料产业人才队伍建设的提案》，并被列为自治区政协十二届一次会议重点提案。"应充分利用柔性引才政策，以兼职挂职、'周末工程师'等方式，加强与国内外高水平科研团队的务实、长期、稳定合作，提升人才团队水平。鼓励高校、职业院校以新材料企业需求为导向，开展新材料人才'订单式'培养。"他在提案中建议，要制定有效激励政策，

相卫国（前排左二）在调研中，了解枸杞深加工产品

提高技术人员的经济待遇和社会地位，使人才能够在自我价值实现过程中获得满足感，长期留住人才。

◎ 履职尽责要落实在行动上

履职尽责不仅仅写在纸上，更要落实在行动上。

相卫国连续多年关注农业发展方面的问题。"农技推广体系的建设关系到整个农业生产经营、农户种植增收，甚至关系到整个农业的稳定和我国社会的稳定。没有发达的农技推广，就没有现代化的农业、繁荣的农村和富裕的农民。"2019 年，通过系统调研，相卫国提交了《关于加强宁夏农业科技服务体系建设和管理的提案》，建议进一步健全完善公益性农业科技服务体系，加大支持保障力度，增强基层农业技术推广机构服务能力。

2021 年、2022 年，相卫国又相继提交了 2 件农业领域的提案。在《关于加强我区耕地资源保护的提案》中，他呼吁加强农作物秸秆处理，集中处理农用垃圾，改善环境，提高土地利用率；加强土壤质量健康和化肥农药替代研究。在《关于推进有机肥推广应用助力农业绿色发展的提案》中，他建议统筹政策扶持和资金支持，助推有机肥应用推广；优化科技支撑，提升有机肥产品品质。

这些提案都得到了自治区相关部门的积极回应和有效办理。"看到自己的提案建议被积极采纳，更加坚定了履职信念，增强了履职动力。"相卫国说。

联系服务界别群众，既是委员的履职要求，更是委员的责任担当。作为自治区政协九三学社界别召集人，同时又是九三学社宁夏区委会副主委，相卫国充分发挥界别作用，坚持密切关注关系界别群众切身利益的实际问题，将自治区政协相关议题与九三学社宁夏区委会的专题调研等工作相结合，邀请相关专家与委员，组织开展调研座谈。在推进"互联网＋医疗健康"、数字经济发展等方面精准发力、久久为功；围绕基层社会治理、中小企业数字化转型、基层应急救护能力建设等热点问题开展界别调研活动，并将调研成果转化为大会发言、集体提案或社情民意信息素材。

谈及今后如何更好地履职，相卫国坦言，政协委员身份不是一个角色，更多的是一份责任、使命、担当。如何将其落到实处去？"要持续地学习，学习永远是委员的第一要义，这种学习就是不断提高政治站位、科学理论指引的水平，坚定方向高举旗帜。还要向实践去学习，去调查研究，围绕一些重大课题；向优秀的委员、人民群众学习，不断让自己进步。"他说，政协委员是一份神圣的使命，有着丰富的活动内容和宽广履职空间，在今后的工作中，要不断提高自身素质和参政议政的能力，努力把政协委员的政治荣誉和社会责任统一起来，以实际行动践行政协委员的崇高使命。

（刊发于 2023 年 11 月 17 日　吴倩　文／图）

施晓军

从顶层设计寻求数字经济新突破

　　解决中小企业融资难、融资贵，推动宁夏产权交易资本市场建设、呼吁加快区块链技术落地应用……十几年来，自治区政协常委施晓军践行为民初心，行走在服务实体经济、助力高质量发展的道路上，为宁夏经济社会发展贡献了力量。

◎ 创新融资服务模式　为企业分忧解难

　　2005 年，施晓军筹建宁夏产权交易所，发挥产权交易资本市场平台作用，在解决中小企业融资难、融资贵方面闯出了一条新路。2020 年，又响应国家数字经济战略，牵头成立宁夏区块链协会，引入"区块链＋供应链金融"等模式，为中小企业融资和产业发展提供了数字化解决方案。

　　一直以来，"为中小企业服务，让融资更容易、交易更简单"是施晓军一直坚持的企业发展方向。他推出金融服务产品 10 余项，帮助 500 余户中小企业解决融资问题，融资金额近 30 亿元。在私募债、股权质押、供应链金融等领域，服务各类中小企业 1000 余家（次），成交项目 500 余宗，成交金额 10 多亿元。

2009 年，神华宁煤集团委托宁夏产权交易所对一批废旧钢材进行拍卖转让。经过 36 轮报价，最终以 3360 元 / 吨的价格成交，在实现国有资产保值增值的同时，唤醒了那些"沉睡的宝贝"。这些年来，施晓军带领宁夏产权交易所处置各类国有企业废旧物资平均增值率 74%，最高增值率 4.5 倍，仅此一项，为企业新增效益数千万元。

中小企业融资难、融资贵是长期存在的老问题，尤其在金融体系欠发达的宁夏，这一问题尤为突出。"我一直在思考作为产权交易机构，我们如何发挥自身金融属性以及优化配置资源的作用，走出一条适合宁夏金融创新发展的路径，把金融服务送到中小企业的'心坎里'去。"施晓军说，他深入企业开展调查研究，先后撰写了《发展多措并举的普惠金融市场　破解中小企业融资困局》等文稿 10 余篇，为推动宁夏多层级资本市场体系建设、解决中小企业融资难、融资贵问题提供了新渠道。

2014 年，施晓军主动顺应市场需要，发挥产权市场金融属性，积极借鉴区外先进经验，创新服务产品，拓宽融资渠道，提升交易能力，在宁夏产权交易所打造以"产权交易 + 金融服务"为特色的产权市场新型发展模式，实现了模式创新、功能创新、产品创新和服务创新，成为区域多层次资本市场重要组成部分。

◎ 推动数字产业蓬勃发展

随着数字技术的蓬勃兴起和产业应用，数字经济已成为国家战略。2020 年 7 月，施晓军联合区内上市公司、信息化企业、高校专家学者，牵头成立了宁夏区块链协会。"成立协会的初衷就是引进吸收国内最先进的技术、模式、经验，缩短发展差距，加快我区数字经济的发展步伐。"施晓军说。

施晓军宣传低碳生活相关知识，并引导大众参与"宁夏碳普惠"应用平台

2022年5月，他引进国内区块链头部企业成立了宁夏华严趣链科技有限公司，在数字政务、"双碳"能源等领域落地了一系列技术应用。2023年6月，施晓军牵头邀请由多家500强企业、上市公司组成的浙江数字经济企业考察团来宁做投资考察交流。考察活动中，浙江数字经济企业考察团与银川市、吴忠市、石嘴山市政府和相关部门相关负责人就进一步抢抓机遇、加强合作、推动数字赋能经济社会高质量发展进行了广泛深入的交流探讨，在智慧城市、智慧农业、数字智造、文旅开发、网络安全、跨境电商等多个领域确定了初步合作意向。

"联络浙江企业来宁投资考察的初衷是积极响应宁夏发展数字经济战略号召，加强浙宁合作，促进我区高质量发展。"施晓军说，本次活动搭建起了高质量的政企交流新平台，将有效促进宁夏各地数字化赋能和转型升级步伐。

◎ 参与公益事业为社会和谐进步作贡献

"参与公益事业，关注弱势群体，为社会和谐进步作出贡献，是我们分内之事。"施晓军说。多年来，他组织开展捐资助学、敬老爱幼、扶贫帮困等活动，积极回馈社会。

2017—2020 年，他组织银川、上海两地爱心人士开展扶贫助学行动，向固原二中、宁夏师范学院附属中学 116 名高一贫困学生，连续 3 年提供了总计 30 余万元的助学金；在海原县高级中学，施晓军连续数年捐赠助学金共计 30 万元，对海原县高级中学 100 多名困难学生进行助学帮扶，让贫困学生感受到来自社会大家庭的温暖。2020 年下半年，再次携手自治区关工委，促成杭州"甘霖"公益基金会对固原二中贫困学子的助学计划。

在助学活动中，施晓军十分注重"扶智和扶志"，他始终高度重视以社会主义核心价值观和中华优秀传统文化引领孩子们健康成长。近年来，他坚持每学期走进课堂，给孩子们上一堂课本之外的思想教育课，引导孩子们培养正确的思维方式，树立积极的人生观与价值观，并将自身理想与祖国繁荣发展、中华民族伟大复兴的中国梦紧密结合起来，促进个人成长、家庭和睦、社会和谐、民族团结。

施晓军积极发挥自治区党外代表人士和新阶层联谊会负责人作用，多次与上海市委统战部和自治区党委统战部沟通，争取到上海知联会慈善基金的大力支持，架起了上海与宁夏扶贫助困的桥梁。

10 余年来，施晓军以自己的企业为"试验田"，默默无闻地坚持传播公益理念，将善的种子播撒在每个员工心间。他经常组织员工到定点敬老院和特殊教育学校看望老人和儿童；每年重阳节，公司会组织员工父母踏秋游园；企业还建立了爱心基金，为员工父母定期发放"敬老金"；组织公益拍卖会，设立环卫工饮水点，给员工退休父母订报纸……

2019 年，施晓军被自治区政协评为优秀政协委员，2021 年 4 月被自治区党委和政府评为"全区脱贫攻坚先进个人"，被自治区党委统战部授予首届"最美统战人"荣誉。

（刊发于 2023 年 8 月 29 日　梁静　文 / 图）

顾长虹

倾心谋发展 倾情办公益

　　顾长虹，自治区政协常委、宁夏外事旅游汽车有限公司总经理、宁夏辽宁商会副会长、宁夏侨界爱心企业家。多年来，他潜心经营，让公司在区内汽车租赁、旅游包车市场中占据重要地位；他热心公益事业，积极助力脱贫攻坚，与宁夏南部山区困难群众结对帮扶，助他们走上致富路。其个人先后获得中国侨联侨界贡献奖、宁夏"全区归侨侨眷先进个人"等荣誉。

◎ 在创业路上绽放光彩

　　历经人生种种磨难，厚积薄发，才能放射出持久的光芒。顾长虹今日的成就，还得从他充满传奇色彩的创业史说起。顾长虹的老家在辽宁省锦州市的一个山村里，家境贫寒，靠天吃饭。他15岁就辍学打工，搬砖挖煤、下工地、跑长途车……很多工作，顾长虹都干过。

　　1998年，在外漂泊多年的顾长虹带着妻子来到银川市，开始从事电子行业。"刚到银川，我和妻子开了一家手机店，售卖电话卡、手机等电信相关产品。那时生意不是很好，我就想着还是继续从事外事旅游车通行，多挣点钱养家糊口。"顾长虹告诉记者，不久后他成立了宁夏外事旅游汽车公司。创业之初，自己既当老板，又当销售，公司里每个员工也都身兼多职，在他的努力经营下，公司逐渐有了起色。

在 30 多年的商业生涯中，无论工作多么繁忙，顾长虹一直坚持学习旅游方面的知识，对旅游行业有了新的认识。"准确了解公司的发展定位，并以此作为工作指导。"顾长虹说，知识的积累，使他在不同岗位能够迅速适应并获得成功。

2023 年 8 月初，记者来到宁夏外事旅游汽车有限公司，在监控屏幕上，能够清晰看到在外执勤的客车司机的言谈举止。"通过监控平台，我们可以有效地预防司机在开车途中走神、抽烟等不良行为，保证客户安全。"顾长虹十分注重通过信息化、智能化的手段推动企业转型升级。从优化企业业务流程、科学安排线路、发现并纠正不良驾驶操作、降低单车油耗等多个方面，有效提升公司的安全运营与节能减排水平，提高企业综合效益。

在他的带领下，公司经过多年发展，积极为区内外游客、党政机关、企事业单位、大专院校的广大客户提供热忱、安全、优质、高效的服务，并在长期的工作中凭借良好的信誉、最佳的车况及专业、优质的服务，在宁夏汽车租赁、旅游包车市场中占据重要地位。

◎ 致富思源 回报社会

顾长虹在事业成功的同时，积极担负起社会责任，热心公益，参与助学、助老、解困等工作。他告诉记者，公司能够取得一些成绩，完全是党和国家给企业家创造的历史机遇，是改革开放为企业发展和个人施展才华提供

顾长虹（右一）参加政协会议留影

了广阔空间，作为一名企业家，应勇于担当、致富思源、回报社会。

"2023 年的高考录取分数线出来后，看着宁夏莘莘学子都考上理想大学，我打心眼里高兴。"交谈中，顾长虹介绍，8 月初，他去了一趟宁夏育才中学，看到考上大学的孩子们脸上洋溢的幸福笑容，他倍感欣慰。他与几位自治区政协委员捐赠了一批笔记本电脑，鼓励同学们坚定信心，树立远大志向，在顺境中不懈怠、在逆境中不气馁，努力成为品行优良、学业精深的栋梁之材，把党和政府的关怀、社会各界的关爱转化为不懈奋斗、回报社会的动力。

"我还记得去年到中卫市中宁县喊叫水乡康湾新村，看到那里有很多家庭困难儿童，年纪小小的就没有了亲人，生活很艰苦，我们要给这些孩子一些关爱，让孩子们过得好一些。"顾长虹表示，儿童是国家的希望、民族的未来。作为一名政协委员，他呼吁进一步完善关爱农村困境儿童帮扶体系、拓宽帮扶渠道等方面着手，为困境儿童的健康快乐成长提供强大的保护保障机制。

近年来，在自治区政协、自治区党委统战部、自治区侨联的指导和支持下，顾长虹积极与宁夏南部山区困难群众结对帮扶，坚持每年为西夏区伤残军人奉献爱心，为困难家庭优秀高考学子捐赠笔记本电脑，为社会孤寡老人、残疾儿童捐款捐物，尽自己最大努力为政府分忧解愁。他坚持以自身产业为依托，创造更多的就业机会，积极吸纳无业、失业的群众进行集中培训，实现下岗工人再就业，也为刚毕业的大学生提供就业发展空间。截至目前，顾长虹参加捐赠活动上百次，为全区困难家庭捐赠物资达 300余万元。

"作为一名社会培养起来的企业家，奉献爱心、回报社会，感恩党和政府是我毕生的追求，也是一个有社会责任感企业的发展方向。新时代赋予了企业家更大的责任和使命，我将努力把企业做得更好，主动承担更大的社会责任，持续为国家及自治区经济社会发展、公益慈善事业和乡村振兴作出新的贡献。"顾长虹说。

（刊发于 2023 年 8 月 29 日   马军   文／图）

储建平

做履职有质量有温度的政协委员

　　他是土生土长的江南人，却常年奔波在黄土高原的山川梁峁间；他情系"塞上江南"，把自己最美好的年华和聪明才智奉献给了东西部合作事业。他就是自治区政协常委、宁夏东西部合作促进会会长储建平。

　　"作为一名政协委员，参与政协工作越深入，对人民政协的感情就越深厚，对政协工作就越热爱。"谈起多年履职心得，储建平由衷地说。

◎ 情系"塞上江南"　找准履职"契合点"

　　"银川这座面貌一新的城市，我是见证者、参与者和受益者。"在宁夏深耕 23 年，储建平早已把宁夏当作自己的"第二故乡"。这些年，他先后主持规划了银川森林公园、典农河及沿岸改造、中国（银川）花卉博览园等项目。

　　"政协委员这一身份不仅为我增添了一份荣誉，更是一份沉甸甸的责任。"怀着对宁夏的深情，储建平在繁忙的工作之余，勤于调研，分析问题，寻找对策，提出了一件件有分量、有见地的提案，为赋美"塞上江南"鼓与呼。

　　2021年，自治区政协将"建立水资源节约集约利用机制，支撑宁夏生态保护和高质量发展"列为专题议政性常委会会议协商议题之一。储建平全程跟随调研组赴吴忠市利通区、青铜峡市、红寺堡区，为破解宁夏缺水困境觅良方。

　　在宁夏工作二十多年来，储建平对宁夏的生态环境建设投入了大量精力。在他看来，独特地域特征决定了银川平原的种植结构与方式。"银南地区地势较高，如果一味压减水稻种植面积，会造成地下水位下降和湖泊湿地萎缩，可能造成二次沙化。银北地区地势较低，比较平坦，排水不畅，易盐渍化。这些区域适宜通过水稻种植实现盐碱地改良，是黄河流域生态保护的一项重要举措。"储建平说，节水虽能缓解水资源紧张局面，但需有"度"。他认为，要统筹考虑，厘清农业结构调整与区情、水资源、生态保护、国家粮食安全等要素之间的关系，正确处理农业用水与生态用水，保护好宁夏生态绿洲系统。

　　在自治区政协十二届常委会第三次会议上，储建平以《保护生物多样性　促进人与自然和谐共生》为题作大会发言。他建议加强生物多样性科研机构及人才队伍建设，对全区生物多样性开展系统性研究；研究严格保护与开发利用的关系，推动生产、生活、生态融合。他还编著了120多万字的《宁夏生态多样性研究》，开创了政协工作的先例。

　　在2023年8月份，自治区政协召开的"深化'科技支宁'东西部合作，促进东西部科技合作引领区建设"专题协商会上，储建平又从人才引进、平台搭建、政策支持、科技合作4个层面提出建议，呼吁西部地区在科技

储建平（中）参加自治区政协组织开展的调研活动

创新中既要"借力"取得技术突破，又要"借势"完善创新机制，实现自身科创能力的提升。

◎ 以实干"刻度"传递民生"温度"

翻看储建平提交的提案，记者发现有一个共同点，那就是各方面数据翔实，分析问题有理有据，建议有的放矢且具有较强的前瞻性，这与其从事"产、学、研"工作经历有着密不可分的联系。

"提交提案是政协委员的权利，提出高质量提案是政协委员的义务。每件提案都会有相关部门办理，如果提案内容不精、不准、不实、含金量不高，会占用办理单位工作人员大量时间精力和行政资源，结果却是难有所获。"作为连任十一届、十二届自治区政协委员，储建平有不少心得。在他看来，撰写提案是件"烧脑"的事。在提案办理期间，储建平会与提案承办单位面对面交流，以期提案建议能落到实处。

在自治区政协十一届四次会议上，储建平提交了《关于建立园林植物废弃物处理及综合利用补偿机制的提案》，建议尽快制定相关政策和地方标准，坚持政府主导、属地主责，建立分类收集、运输、处置的处理体系，实现园林绿化废弃物处置减量化、无害化、资源化。接到提案后，自治区住房和城乡建设厅先后印发《关于进一步推进生活垃圾分类工作的实施方案》《宁夏与福建生活垃圾分类"1对1"交流协作工作方案》等政策性文件，对全区生活垃圾分类工作进行细化完善，精准推进相关工作开展。编制印发《宁夏回族自治区城市生活垃圾分类及评价标准》，进一步规范城市生活垃圾分类标准，明确将居民日常生活过程中产生的残枝落叶等易腐性垃圾归于家庭厨余垃圾分类处理。

"垃圾是放错地方的资源。"垃圾中（餐厨垃圾除外）90%属于可再生利用资源，推进垃圾资源再生利用是大势所趋，也是形势所迫。2023年，储建平在调研中发现，尽管宁夏开展了多年的垃圾分类工作，但收效甚微。

"垃圾处理资源再生利用是一项长期的、复杂的系统工程。应从自治区层面进行顶层设计，在全区范围内进行统筹策划和推进，形成'宁夏经验'。"储建平提交了《关于尽快推动垃圾资源再生利用的提案》，建议利用供销社调节可利用再生资源的价格，合理布局网点，横向触角，纵向触底，做到应收尽收。根据可利用再生资源的分类情况，大力培育支持和发展下游产业链及市场主体。

"作为一名政协委员，能够为宁夏的发展出一些力，我感到自豪和欣慰，既是一种责任，也是一种使命，更是一种职业精神。"储建平说，今后，他将以更加强烈的历史使命感，更加饱满的政治热情，更加务实的工作作风，为宁夏经济社会发展建言献策。

（刊发于2023年9月1日　邓蕾　文/图）

王波

广『听』勤『研』聚焦发展建言献策

　　"2016 年 11 月，我被推举成为自治区政协委员，通过这几年的履职实践，我深切地体会到人民政协是紧跟新时代、阔步新征程的大平台，也是助推高质量发展、展现新时代民主党派成员新担当的大舞台。"在自治区政协常委、农工党宁夏区委会副主委王波看来，在政协履职补短扬长的条件好、机会多，参与人民政协事业要用功更要用心。

◎ "自己的辛苦努力没有白费"

　　一直以来，王波积极参加政协各类会议、调研视察、协商监督等活动，根据活动主题提前列出提纲、准备素材，力求让发言有理有据。在深入走访调研、反复研磨的基础上，先后提出"制定适合宁夏发展实际的生态补偿标准体系""加快建设绿色有机农产品生产基地""指导构建农业高质量标准体系和修订地方标准""完善湿地保护法规标准体系"等提案，一组组翔实的数据、一项项务实的建议，得到相关部门及时采纳和落实。

"宁夏是较早实施生态补偿制度的省（区）之一，实施退耕还林还草工程以来，退耕区植被得到恢复、水土流失减少，从根本上改变了退耕区农民的耕种养殖方式，实现了生态效益、经济效益和社会效益的多赢。"2022年，王波将目光聚焦到生态问题上。

通过走访调研，查阅梳理资料，王波发现，宁夏生态补偿渠道窄，补偿形式单一，生态补偿的长效机制还不健全，缺乏统一、权威的指标体系和测算方法，生态补偿机制科学性依据有待提高。

"良好的生态补偿制度是推动'绿水青山'转化为'金山银山'的有力保障。"为此，王波提交《关于以生态补偿助推我区高质量发展的提案》，建议统筹谋划全面推进生态保护补偿制度及相关领域改革，制定适合宁夏发展实际的生态补偿标准体系；健全涵盖重要生态环境要素的分类补偿制度；建立有益于环境市场配置的生态激励机制，充分发挥市场在长效机制建设中的作用。

王波认为，作为政协委员履职尽责要有开阔的视野、更深层次的思考，紧盯事关发展、民生福祉的焦点难点去研究、去建言。

"2023年6月，自治区人力资源和社会保障厅会同自治区党委政法委、高级人民法院、财政厅等9部门印发了《关于进一步加强劳动人事争议协商调解工作的通知》；协调依托宁夏'人社一体化'信息系统，加快'互联网＋调解仲裁'平台建设进度；会同人民法院进一步健全'分对分'在线诉调对接机制，完善全区243个乡镇街道调解组织和303名调解员信息库……"2023年1月，王波在自治区政协十二届一次会议上提交的《关于推进劳动仲裁规范化的提案》立案办理，得到有关部门关注。8月，收到了自治区人力资源和社会保障厅对提案的逐条详细答复。

《关于支持和鼓励农民工返乡创业的提案》《关于推动"专精特新"

2023 年 7 月 21 日，王波（前排左三）一行在中卫调研基层卫生健康治理能力提升工作

企业挂牌上市北交所的提案》《关于巩固脱贫成效、衔接乡村振兴的提案》《关于加强我区湿地生态保护的提案》……七年来，王波的多件提案得到有关部门及时、高效办理，很多建议转化为具体措施。

"自己的辛苦努力没有白费。"当这些提案推动相关措施落地时，王波感到很高兴，"政协委员建言献策、参政议政，肩负着沉甸甸的责任和嘱托，我相信只要用心去做就能推动解决实际问题。"

◎ "民生'小事'，是履职的重要着力点"

"民生'小事'，是履职的重要着力点。"王波认为，只有始终把人民群众对美好生活的向往作为履职落脚点，密切联系群众，了解他们的利益愿望和诉求，及时反映他们的呼声，才能当好政协委员。

"我的提案和社情民意信息线索主要有三个来源。"王波介绍，一是在工作过程中的所见、所闻、所思、所想，二是对社会热点问题的关注，三是来自朋友或有关部门转交的线索。提案和社情民意信息的建言质量与"品控"过程直接相关，撰写完成后，他还会征求不同领域的修改意见，尽可能让建言科学可行。

他举例，2023年提交的《规范艺术培训　促进教育健康消费》的社情民意信息，线索就来源于朋友。"现在的家长对孩子倾注了很多期许，许多孩子从幼儿时期就开启了'艺术'之路，艺术培训'遍地开花'，但是监管不到位，导致培训机构存在很多不合理的地方。"

本着"大处着眼、小处切入"的原则，王波花费了大量的时间深入开展调查研究。

在调研"规范艺术培训"问题时，王波广泛"听"，听取家长对此类问题的投诉意见；到处"看"，走访了多家校外培训机构；集中"研"，收集相关数据和资料，进行综合分析，为建言提供依据。最终提出健全培训机构退出机制、加强信息化动态监管、完善竞赛管理、出台《校外培训行政处罚暂行办法（征求意见稿）》等建议。

2022年，全国政协采用了王波委员提交的《课外体育培训亟待规范》的社情民意信息，王波委员针对体育行业"野生培训""场馆设施不达标"等问题，有针对性地提出学校深化教体融合，提升体育教学工作，通过对教师测评、完善学生体育档案、开放校内体育场馆、增加体育课后服务等多种办法让学生"校内吃饱"等措施，得到自治区体育局积极回应。

"政协委员对我而言不单单是一个身份，更多的是一种责任、使命、担当。"王波表示，"在做好本职工作的基础上，我会继续深入基层、深入群众，积极关注民生、收集社情民意，通过政协平台积极建言献策。"

（刊发于2023年10月27日　吴倩 文/图）

马 强

做历史的『拾珠』者

考古人，是一群历史的"拾珠"者，他们将埋藏在历史中的文明抽丝剥茧，让失落的文明重新焕发出熠熠光彩。自治区政协委员、宁夏文物考古研究所副所长马强，便是众多"拾珠"者中的一个。

◎ 传承中华文明　守住考古人初心

身材高大的马强总是行色匆匆。他的办公室里堆满了考古挖掘、测量的工具。作为姚河塬西周遗址考古项目负责人，他每早一睁眼就赶赴挖掘现场，直到夜色沉暮。"考古是一项综合工作，丝毫马虎不得。"马强说。

出生于 1982 年的马强是固原市彭阳县人。打小好学的马强成绩优异，尤其喜欢历史，经常考满分。2002 年，马强考入北方民族大学历史系，班主任上课时讲到的《考古学通论》，为他开启了考古学这个新奇的世界。"考古学是一门实证类学科，是探知历史真相的一个重要途径，需要用心去挖掘。"本科毕业时，马强撰写的毕业论文选题跟考古相关，被学校评为优秀毕业论文。2006 年，马强考上陕西师范大学硕士研究所，研究方向就是考古。实习期间，他跟着多位考古专家从事考古挖掘，积累了大量实践经验。后来他又参加了陕西文物普查工作，正式迈入考古行业的大门。2009 年毕业后，他回到家乡，先后参与了固原高平城遗址挖掘，西夏陵整理挖掘。之后，他考入南京大学攻读考古学博士学位，并从西北大学考古学博士后出站。在宁夏文物考古研究所工作以来，他主攻商周考古学和北方系青铜文化研究，赴俄罗斯、伊朗参加田野考古发掘，赴日本访学一年。

2017 年，由马强主持的姚河塬遗址考古项目获得"2017 年全国十大考古新发现""田野考古二等奖""2020 年中国考古新发现"等多项重量级奖项。2023 年，马强被推荐为第四批自治区"塞上文化名家"人选。

在诸多荣誉面前，马强说："这些荣誉是属于历史的，是历史创造的文明，我们只是把蒙在明珠上的尘土擦拭掉了。每一次的考古发现，都代表有一部分文明重现世间，让子孙后代铭记历史，坚定传承，这是我最大的成就所在。"

◎　区域系统调查　创新弘扬优秀传统文化

"行走在这片梯田上，可能出现的一砖一瓦，都会开启一个宏大的历史发现。"开展考古工作以来，喜欢研究的马强在宁夏考古进程中创新开展了区域系统调查。他介绍，这种调查方式也称为"全覆盖式调查"，最早出现在 20 世纪 40 年代的美洲，90 年代初传至中国。伴随着聚落考古及聚落形态研究的兴起，区域系统调查方法愈发显示出自身的优势。"运用区域系统调查进行考古发掘，对深入了解中国早期文明形成的过程与格局，

马强在考古工作路上

推动中华文明探源工程走向深入具有深远意义。"马强说。

"在开展红河考古调查时，我运用区域系统调查法探寻一整条河流区域中人类的迁徙演进，文明变迁以及环境的适应性变迁，这些要素在区域系统内是环环相扣的。将考古内容和环境变迁结合起来进行学术探究，这在宁夏考古界是首次。"马强说。2017 年 5 月，尘封已久的姚河塬西周遗址重见天日。姚河塬西周遗址位于固原市彭阳县，是宁夏南部及泾水上游地区首次发现的一处大型西周诸侯国都邑城址。有功能结构复杂的聚落形态、带墓道的高等级墓葬、掌握高技能工艺的铸铜作坊，出土的青铜器、玉器、瓷器、象牙器等珍贵文物，以及刻字的卜骨等，都显示其与中原分封的诸侯国性质一致。这表明，西周王朝对西部疆域的管理与东方地区一样，采用的也是分封诸侯、藩屏王室模式。目前确认遗址面积约 92 万平方米，分为内城和外城两个部分。内城的东部、东北部为高等级墓葬区，墓葬区南部为铸铜作坊区和制陶作坊区，中部为夯土建筑基址，疑为宫殿区。内城东南部为小型墓葬区。外城发现有房址、窑址、灰坑、窖穴、道路等遗迹，主要为当时的一些普通村落。

"历经 6 年挖掘，我们已经挖掘出了马骨、青铜器、甲骨等多项物品，大家都很振奋。"马强说，通过出土的甲骨文可知，这片遗址为西周分封的诸侯国之一——获国。这个国家在历史上属西周的边疆区域，是目前考古界中唯一保存有完整城址、范围、壕沟，墓葬、水渠、路网到铸铜作坊等要素齐全的西周诸侯国遗址。获国的发现令人们明晰了西周分封诸侯国的面貌和城区布局。马强说，姚河塬西周遗址水网密布，沟渠纵横，勘探发现较多的大型储水池，有干渠与这些水池相接，其与铸铜作坊、制陶作坊等关系密切，表现出该遗址人群非常重视对水资源的开发和利用。

考古工作很辛苦，跟建筑工地没啥差别，每天要在野外工作 8 个小时，室内还要开展研究，每天的工作时长超过 10 个小时。尽管出于工作需要，在家待的时间很少，但家人同样为他取得的成绩感到骄傲。"我是党员，又是文物考古工作者，我感觉自己做的这个工作很有价值。"马强说。

保护传承，永不止步。在继续探索未知、揭示本源，努力建设"中国特色、中国风格、中国气派"的考古学路上，马强常说："现在，才刚刚开始。"

（刊发于 2023 年 7 月 18 日　束蓉　文 / 图）

马红英

履职绽芳华 巾帼显担当

　　"只要是跟妇女、儿童有关的事，她都很上心。"这是很多人对自治区、固原市两级政协委员，固原市妇联党组书记、主席马红英的评价。成为政协委员以来，她提交了10余件提案，关于妇女、儿童的占了一半以上。

◎ 立足本职　发挥桥梁纽带作用

　　在固原市妇联，马红英每周都要和委员们坐在一起讨论工作，大家集思广益、出谋划策，把妇联各项工作与全市整体工作充分融合、共同推进。"妇联组织是党和政府联系妇女群众的桥梁和纽带，做好妇女统战工作是各级妇联组织义不容辞的责任。"马红英说。

　　马红英通过邀请固原市政协女性委员列席妇女代表大会、执委会等妇联工作会议，参加政协委员专题培训班等活动，深入学习贯彻党的二十大精神和习近平总书记系列重要讲话精神，引导妇女们切实把思想和行动统一到习近平总书记重要讲话精神上来，统一到党的二十大作出的重大决策部署上来。

"2023年，我们还组织部分政协委员和妇女代表围绕女童人身安全、困境妇女儿童帮扶、'一站式'婚姻家庭指导服务等相关课题进行调研，并通过政协平台传递妇女声音，反映社情民意，提高妇女参政议政的话语权和影响力。"马红英说。

作为妇联界别的政协委员，马红英充分发挥妇女代表职能，围绕"红色固原、绿色发展"战略定位，聚焦固原市委实施"三个计划"、建设"五个市"、"五个新突破"和"四个扎实推进"决策部署，组织市、县政协女性委员积极投身到"中心向党大宣讲""兰花芬芳巾帼红志愿服务""好宁嫂巾帼家政""小树苗关爱困境儿童""康乃馨关爱困境妇女""马兰花妇女创业支持"等妇联重点工作中，使委员在服务中心、服务大局、服务妇女群众中贡献巾帼力量。

"作为政协委员，还要积极协调配合做好提案办理工作，对收到的政协提案进行专题研究，制定切实可行的工作方案，并根据提案内容定领导、定部室、定人员、定时间、定质量，确保提案办理工作有序开展。"马红英说。

作为固原市妇联的负责人，马红英始终把提案办理作为一项严肃的政治任务来抓，列入重要议事日程。针对政协提案，主动与牵头部门及相关协办单位加强联系，了解其所提建议的意愿、背景和办理要求，及时向主办单位汇报并衔接办理情况和报告出现的新情况、新问题，对提案答复进行跟踪，确保每件提案在规定的时间内办理。通过听取政协委员的意见，采取电话征询、上门专询、座谈交流等方式，加强联系沟通，协作配合，确保答复完整、符合程序。对一时难以解决的，主动上门与委员沟通，做好解释说明，积极争取委员的理解和支持，确保件件有落实，事事有回音。

马红英（右一）参加调研

◎ 关注民生　推动家庭家教家风建设

"撰写提案是政协委员履行民主监督、参政议政的重要途径，作为一名政协委员，我深感责任重大。"马红英说。2023年，马红英把履职目光放在推动宁夏家庭家教家风建设高质量发展方面，积极建言献策。

马红英在调研时了解到，为切实贯彻落实党的二十大精神和习近平总书记关于注重家庭家教家风建设的重要论述精神，各级政府积极推动家庭教育促进法实施，扎实推进家庭教育指导服务工作，在明确父母、学校、社会等主体责任和义务的同时，特别突出政府对家庭教育的支持服务，明确主责主管部门、体制与运行机制，界定家庭教育指导服务机构的公益属性，解决长期以来困扰和制约家庭教育指导服务体系建设的关键问题，初步构建基本覆盖城乡的家庭教育指导服务体系，建立机制互通、阵地共用、资源共享、工作联动的家庭学校社会协同育人机制，形成政府主导、部门协作、社会支持、家庭负责的家庭教育工作格局，进一步提升全区家庭教育公共服务供给水平，推动宁夏家庭家教家风建设高质量发展。

　　"尽管相关工作在稳步开展，但是我们在调研中发现，目前全区家庭教育指导服务组织协调机制尚待健全，家庭教育指导服务工作中的资源整合能力有待加强，家庭教育指导服务提供的资源和途径尚无法满足家庭教育的需求，村、社区家庭教育指导服务站覆盖面不足。"马红英建议，以法律制度、规章制度、政策体制和治理能力建设为引领，改革完善现有家庭教育指导服务领导体制、组织体系和治理模式。区、市、县（区）分别建立家庭教育指导工作联席会议制度，由辖区内妇女儿童工作委员会负责组织、协调、指导、督促各成员单位做好家庭教育指导和管理工作。整合教育、妇联、文明办等部门开展家庭教育主题活动，注重部门联动、资源共享，构建多层级多阶段全方位的家庭教育指导服务体系，确保家庭教育指导效果。

　　"家庭是人生的第一所学校，家长是孩子的第一任老师。好的家庭教育要为孩子创造有利的健康成长环境，帮助扣好人生第一粒扣子。"马红英建议，加强家庭教育学科建设，开展婚姻家庭咨询师、育儿师等家庭教育服务专业人才培训。按照儿童青少年成长规律，组建专家学者研发针对不同年龄阶段的家庭教育指导内容，形成系统化、规模化的家庭教育指导内容体系，鼓励各市、县（区）学校、街道、社区形成多元化、特色化家庭教育课程体系。在村（社区）开展家庭教育讲座、亲子实践等活动，重点督促家长履行家庭教育第一责任人职责，树立好孩子第一任老师的形象。

　　作为一名从事妇女发展、权益保障的妇联干部，马红英表示，接下来将立足本职，突出妇女儿童特色，认真履行政治协商、民主监督、参政议政的职能，紧紧围绕群众普遍关心的重点、难点和热点问题建言资政，在推动全区经济社会发展中展现委员担当。

（刊发于 2023 年 6 月 2 日　马军　文／图）

念"民之所忧",行"民之所盼",在自治区政协委员,吴忠市妇联党组书记、主席马晓红的履职路上,关爱妇女儿童、关注家政服务业发展等民生实事,一直被她记在心上并持续付诸行动。

马晓红

以为民情怀书写履职答卷

◎ 为妇女儿童事业发展鼓与呼

作为一名从事妇女发展、权益保障的妇联干部,马晓红最为关注的群体是妇女儿童。

"随着现代女性生活压力增大、工作节奏加快,乳腺癌、宫颈癌等疾病正成为威胁女性身体健康的常见'杀手'。"马晓红说,为进一步提高人口素质和女性健康水平,促进农村、城镇妇女健康均衡发展,2019 年她提交了《关于建立城乡妇女"两癌"免费筛查机制的提案》,建议将全区非农户中除机关事业单位在职人员之外的女性,全部纳入全区"七免一补助"

政策，每两年进行一次"两癌"免费筛查。根据发病妇女人数比例，每年安排相应数量的"两癌"患病妇女救助资金列入自治区财政预算，用于对患病困难女性的救助。

自治区卫健委对马晓红提出建立城乡妇女"两癌"免费筛查机制的建议非常认同，每年持续开展农村妇女"两癌"免费筛查项目外，积极争取财政支持，将城镇贫困妇女一同纳入该项目，争取财政投入政策，逐步扩大覆盖面，在全区建立城乡妇女"两癌"筛查机制。

针对妇女儿童缺少活动场所的呼声，在《关于推动建设市县级妇女儿童活动中心的提案》中，马晓红建议全区按照一年建成一所的目标，安排发展改革委立项，列支专项资金，采取多种措施，高标准高质量建设市县级妇女儿童活动中心，进一步提升广大妇女儿童获得感和幸福感。

群众有呼声，委员有建议，部门有行动。在马晓红的呼吁下，自治区发展改革委、财政厅、妇联等相关部门和单位积极整合社会各方面资源，切实解决涉及妇女儿童发展的民生问题。目前，全区已建立宁夏妇女儿童活动中心、银川市妇女儿童活动中心、固原市原州区妇女儿童活动中心3所独立型阵地。石嘴山市、吴忠市充分整合图书馆、科技馆、博物馆等资源，打造了"一村（社区）一品牌"的妇女儿童活动微中心，全方位为妇女儿童提供服务。

"做好劳动教育，可以更好地实现'以劳立品、以劳树德、以劳启智、以劳健体、以劳育美、以劳为乐'的综合教育效果。"马晓红说。她在调研中发现，部分中小学劳动教育课沦为"可有可无"的"副课"，还存在课程体系不完善、劳动教育设施设备和场地严重不足等问题。建议建立健全完善劳动教育课程体系，中小学校要设计专门的劳动教育课程，保证常态化课时分配，创新劳动教育课程内容与形式，激发学生参与劳动的热情，把劳动教育纳入学生平时考核。加大家庭教育力度，引导家长共同培养孩

马晓红参加青铜峡市"与爱童行"集市时与青少年交流

子自觉劳动习惯，尊重中小学生劳动成果，通过学校与家庭共同努力，提升孩子劳动的能力和信心，让孩子形成正确的价值观、人生观，让孩子在劳动中收获自信与快乐。

◎ 打造"放心家政" 让群众舒心暖心

家政服务业是朝阳产业，既能满足无数家庭养老抚小的需求，还能满足进城务工人员的就业需求，对保障民生、促进经济发展具有重要作用。对于如何促进家政服务业健康发展，马晓红有自己的履职经历和想法。

"家政服务业健康发展才能给大家提供优质的家政服务，通过走访发现，家政服务业还存在行业发展无序、服务水平不高、从业人员素质参差不齐、社会保障不健全等问题。"马晓红提交的《关于进一步推进家政服务业健康发展的提案》，建议全区建立乡村振兴专项培训资金项目，每年有计划地为农村失地失业妇女免费提供家政服务培训。加大对家政服务从业人员培训力度，发挥政府、行业协会、社会和企业协同作用，持续开展不同类别家政服务人员的职业技能培训，提升职业道德修养，优化家政服务人才结构。注重发挥行业协会在行业规范和行业自律等方面的作用，制定家政服务企业等级认定评价体系，促进行业有序健康发展。

　　这件提案很快得到了办理单位自治区商务厅的答复。"最让我感觉欣慰的是'将健康照护师、老年人照料、育婴员、保育员等家政服务从业人员培训纳入政府补贴性职业技能培训的范畴'。"马晓红谈道，家政服务业的主体是雇用双方，补齐家政服务业发展短板，离不开雇用双方、家政中介的共同合力，家政服务业的特殊之处在于这项工作在业务能力之外，需要付出更多责任与爱心。家政服务者需要直接进入家庭，双方需要建立高度信任的紧密关系。这就需要雇用双方真心付出、以诚相待，更需要家政公司扭转急功近利的心态，将雇用双方信任关系涵养在行业标准、主体责任以及家政人员上岗培训与信用记录之中。唯有如此，才能促进家政服务业质量进一步提高，实现专业化、规模化、品牌化发展。

　　"我们高度重视家政行业协会的发展，支持协会在规范行业行为、反映企业诉求、加强行业自律等方面发挥积极作用。支持行业协会开展诚信体系建设和标准化试点等工作，鼓励协会针对行业新情况新问题，宣传行规行约，维护各方主体权利，推动行业有序健康发展。"自治区商务厅相关负责人表示，将继续加大宣传力度，引导社会公众认可、支持、尊重家政行业发展，在全社会形成尊重家政服务的新风尚，努力打造"放心家政"，让群众舒心暖心。

　　"我将时刻谨记肩上的重任，按时参加政协会议、提出提案和建议、批评和意见……"马晓红告诉记者，她将一如既往地围绕服务妇女儿童民生问题，认真履行好政治协商、民主监督、参政议政职责，以为民情怀书写履职答卷。

（刊发于 2023 年 10 月 27 日　郝婧　文/图）

马金莲

写作是我一生的挚爱

2018 年，马金莲凭借《1987 年的浆水和酸菜》获得第七届鲁迅文学奖，成为第一位获得鲁迅文学奖的"80 后"作家。作为从农村走出来的作家，马金莲的写作之路比起其他人显得漫长而艰辛，但她矢志不渝、无怨无悔，她说："因为文学带给我的丰足和幸福，实在是大过了付出的汗水和艰辛，这是我一生的挚爱。"

◎　童年埋下文学梦想

1983 年，马金莲出生在西吉县一个小山村。"我的父亲在当地算是高学历，自我记事起，他就在乡政府文化站上班，长年与书籍打交道。"马金莲说，父亲热爱阅读的习惯，潜移默化地影响了她。小时候，只要是父亲借回家的书，她都会拿去读，读完还央求父亲再借新的。童年时代的丰富阅读，为马金莲爱上文学并且执笔写作打下了基础。

2000 年，马金莲考入宁夏师范学院，在一次校文学社举办的征文比赛中，她的小小说《夙愿》获得一等奖。"这次获奖让我深受鼓舞，我又认真誊录文稿，寄给《六盘山》杂志社。"马金莲说，两个月后文章刊登出来，这是她第一次正式发表作品，看到自己的名字变成印刷体，她好像看到另外一个自己，也看到另外一个世界。

大学4年，马金莲业余时间几乎都泡在书籍中。图书馆借书、阅览室阅读、做笔记，4年下来，读书笔记积攒了几大本，手稿也装了一摞子，她成了校文学社刊物的主要作者。

大学毕业后，马金莲结婚生活在乡下婆婆家。"十几口人，一到晚上人们谈天论地，娃娃们尽兴闹腾，我身处其中，感受着生活的火热和趣味。但夜深人静的时候，面对着几个旧本子我感觉有个梦正在离我远去。我不甘心，我要抓住这个梦。"马金莲说，别人熟睡的时候，她悄悄爬起，坐在炕头上拿笔在纸上画拉文字，表达内心对生活的理解。

◎ 见缝插针阅读和写作

2007年，马金莲通过考试走上工作岗位，先后在学校、乡镇工作，这些经历丰富了她的人生阅历。

2010年，马金莲离开乡村到城市定居，她惊讶地发现自己的眼界与之前有了差异。"也许身在其中的时候，有些事物是看不清楚的，而一旦离开，就能更冷静地思考，更成熟地表达。"几年的基层历练后，马金莲的文字更具深度。

二十几年来，马金莲先后在各级文学期刊发表文学作品400多万字，很多作品被各种文学选刊转载并进入年度选本，出版小说集9部，长篇小说3部，两部作品译介国外。

大量作品的创作离不开见缝插针的写作习惯。马金莲说，她的写作跟着环境变化。尤其近些年，写作的时间越发没有保障。"白天上班在单位，回到家做饭看孩子，总是忙不停。"马金莲利用工作和家务零碎的时间来阅读。比如在办公室写材料眼睛累了，缓歇的时间就看会书；做饭烧水的间隙，看看书；陪孩子做作业的时候，马金莲也抱着一本诗集阅读。

但写作需要相对安静的环境，得静下心来进入状态。马金莲只能半夜爬起来写，这时候环境是安静的，思维也比较活跃，她把

马金莲和她的书

白天的构思快速写到纸上。此外，马金莲还会给自己安排年度任务，预期是 10 万字左右的中短篇小说。她觉得这个量刚好，可以尽量写好一些，让自己满意。在此基础上，她还想花两年或三年时间打磨出一部长篇作品。

◎ 乡土写作要深入生活内部

马金莲的写作一直没有离开乡村题材，长篇小说《马兰花开》取材自她在婆婆家生活的经历，是扎根生活、真诚书写的结果；《孤独树》聚焦城市化浪潮下的乡村留守人群……

马金莲认为作家必须真诚、深刻地思考和勇敢地挖掘与呈现现实。她说："我们要勇敢面对当下，不回避、不远离、不隔靴搔痒，也不躲在城市的书斋里想象现在的农村，生活滔滔如汪洋、蔓延如火势，一刻不停、

永不驻步，我们眼睛看到的都是表象，而生与死、盛与衰、枯与荣，更深层面下的乡村精神乡村内核都在表层之下演绎。我们应该回到生活的现场和内部，秉守生活本身的逻辑，沉入生活的水面之下，长久蛰伏，深入挖掘，用心书写。"

文学对马金莲来说，成了一生的挚爱，是一辈子不会后悔的选择。她说："我有理由，有义务，更有信心书写好表达好这个时代和这一时代背景下，中国、西部、普通百姓、底层生存、内心信仰、土地、村庄等文学命题，这样的命题，是我写作的支撑点，更是 18 岁那年选择文学时的初心。"

截至目前，马金莲先后获鲁迅文学奖、固原市"优秀专业技术人才"、六盘英才奖、"中国作家出版集团奖"作家突出贡献奖、郁达夫小说奖、华语青年作家奖等各级奖项几十次。多篇作品被译为蒙古文、哈萨克文、维吾尔文、朝鲜文、藏文等少数民族文字出版；《长河》英文版在英国出版。

（刊发于 2023 年 9 月 5 日　邓蕾　文／图）

马倩茹

用心调查研究　精准建言献策

　　马倩茹，自治区、固原市两级政协委员，宁夏荣味斋实业有限公司总经理。成为政协委员以来，马倩茹一直关注民生、心系社会，积极为促进地方经济发展建言献策，展现了政协委员为国履职、为民尽责的使命情怀。

◎ 为固原市经济社会发展鼓与呼

　　2022 年 5 月，马倩茹参加了固原市政协围绕"关于加强人才队伍建设先行区建设"的专题调研，感触颇深。

　　"泾源县六盘山镇三关口矿区、泾源县龙头岭流域生态建设示范点，经过几年的建设，山川由黄变绿，河水由浑变清，可以看出政府有关部门所作的努力和取得的成果。"马倩茹对记者说，通过一路看、一路问，深切感受到家乡的变化，尤其是生态环境有了极大改善。

　　也是在此次调研中，马倩茹了解到，专业人才缺乏制约了宁夏生态环境事业发展。近年来，固原市积极为本土人才成长"铺路搭桥"，大力实施"西部之光"、"基层之星"、中青年人才赴外研修等人才培养计划，人才规模大幅增长，全市人才总量从2016年的6.6万增长至2021年的11.3万，人才资源占人力资源总量比重达13%。"但是，青年人才队伍稀缺是我们应该重视的问题。"马倩茹告诉记者，通过调研发现固原市人才年龄结构总体偏大，以生态环境系统为例，固原市生态环境系统40岁以下人员仅占11.8%，大部分人专业与职位也不对称。

马倩茹认为，人才建设是一切工作基础，国家的各项事业发展必须要建立在强有力的人才队伍基础上。建议创新人才评价机制，在引进高端人才的同时，加大本土人才培养力度，通过培训逐步提高生态环境系统现有人才专业技术水平。建立基层学术技术带头人选拔机制，对作出突出贡献、取得显著成效的专业技术人才，各县（区）人社部门可结合实际情况制订具体有效的选拔办法，并给予一次性奖励津贴。与高校搭建专业人才定向培养机制，夯实固原生态建设领域人才基础。

通过调研，马倩茹还发现旅游产业存在的问题。她认为，旅游是抚慰心灵创伤的良药，近年来，乡村旅游成为人们的首选。在固原市有很多这样的旅游场所，比如彭阳县的彩虹路、隆德县的油菜花田等都是很好的旅游资源，但缺乏完善的旅游附加值产业，大多数旅游收入都来源于门票，导致旅游地虽然人多，但当地农户收入增长不明显。

"应重视旅游下沉市场，重点打造农村特色旅游景区。"马倩茹建议，相关部门可以根据农村各区域特色，开发增收产业，提高当地居民收入。"以隆德油菜花田为例，可以组织当地手工业者生产油菜花油、香包、盆栽等周边产品，组织农户在花田附近售卖，既能提高当地农户收入，又增加了游客观赏的趣味性。"马倩茹说。

马倩茹在固原市政协五届二次会议上作大会发言

◎ 靶向施策　使消费券变"助燃剂"

2023 年固原市两会期间，马倩茹提交《关于精准发力使消费券变"助燃剂"的提案》被选为大会发言，后又转为自治区政协提案，被立案办理。

马倩茹在提案中介绍，2022 年以来，固原市通过"政银企"联动发放消费券提振消费市场活力，效果初显。据不完全统计，固原市共发放消费券 116.6 万张近 1.3 亿元，核销 88.6 万张 9770 万元，带动比达到 1∶11.9。

"实践证明，消费券对消费恢复起到一定作用，但还存在消费券对受疫情冲击较多的线下实体企业覆盖较少，助企纾困作用未能充分发挥；政策宣传还有死角，很多消费者无法获取消费券；在领取和使用过程中核销限制多、非智能手机用户使用不便、消费券被套现交易等问题，一定程度上影响了消费券使用效果。"马倩茹建议，健全完善消费券有关政策，增加消费券额度，采取分批发放，扩大消费券涉及品类，除受疫情影响的餐饮、文旅、娱乐等行业品类外，扩大至汽车、家电等行业。完善抢券派券方式，线上线下结合，面向老年群体、低收入群体发放纸质消费券。加强对消费券使用行为的监督管理，商务、市场监管等部门要督促商户制定完善消费券使用规则并公示接受监督，科学精准投放消费券，有效防范消费券被交易、转卖，有效防范骗取、套取政府补贴行为。

马倩茹认为，消费是内需的顶梁柱，是拉动经济增长的"主引擎"，要通过政府引导、企业发力，打通消费堵点，解决消费者后顾之忧，营造公平有序的消费环境，让消费潜力进一步释放。

马倩茹说，作为一名青年政协委员，要用好人民政协平台，深入社区和群众中倾听和反映群众心声和期盼，及时帮助百姓解决实际困难，积极发挥政协委员为党和政府献计献策的作用，架起党和群众之间的连心桥。

（刊发于 2023 年 2 月 17 日　马军　文 / 图）

马 俊

高质量发声 做『有为』委员

"如何当好一名政协委员？不当'无为'名誉委员，要寻找'可为'之处，践行'有为'之路，尽职尽责、用心用力当好责任委员。"自治区、银川市两级政协委员，九三学社社员，数安云信（宁夏）科技有限公司联合创始人、技术总监马俊说。成为政协委员以来，他始终保持奋发有为的精神状态，怀揣当好一名新时代合格委员的责任感和使命感，用实际行动诠释"责任"二字。

◎ 善思考 寻找"可为"之处

参政议政是一门学问，不仅需要深厚的专业知识背景，还需持续的热情和不懈的努力。马俊告诉记者："从2013年初加入九三学社起，就开始学习撰写调研报告和社情民意信息，为如今作为政协委员履职打下了较好基础。"

他先后获得九三学社宁夏区委会坚持和发展中国特色社会主义学习实

践活动先进个人、九三学社创建 70 周年优秀社员、"出彩九三人——我身边的优秀九三学社社员"等荣誉称号。

如何履行好委员职责，建言建在点子上、议政议在关键处，是马俊成为政协委员后一直思考的问题。

"要做就做到最好。"马俊将多年工作中形成的学习和思考习惯引入履职过程，精准聚焦社会热点难点问题开展调研。经过深入调研和反复打磨，银川市政协十四届一次会议期间，他提交了《关于银川市大力发展农村便民服务站点建设的提案》《关于大力推进直播电商业务新农人培训的提案》等提案。其中，《关于建设银川市服务"三农"综合服务平台的提案》直指当前农业农村发展中存在的短板，针对基础设施和公共服务不完善、农村电商运营成本高、营销推广难等问题，从继续加大信息基础设施建设、建设银川市服务"三农"综合服务平台、大力培养信息人才三个方面提出了具体建议。提案引起了银川市委和市政府高度重视，相关部门积极采纳落实建议。在提案办理过程中，银川市启动了数字化现代都市农业大数据服务平台建设项目，打造农业农村线上一站式服务，包括农资服务、精品农业、休闲农业、数字乡村、产权交易、农技服务、金融服务、物流服务八大应用服务模块。加大基层资源有机整合，开展乡村治理中心和农业农村综合服务中心示范创建，目前，乡村治理中心已挂牌 8 个，农业农村综合服务中心已挂牌 9 个。持续推进"12316"便民服务平台建设，组织农业社会化服务组织开展农产品追溯系统使用、无人机统防统治操作等信息化服务培训。在高素质农民培训、雨露计划等各类培训中加入农业信息化课程，广泛宣传推广"中国农技推广"App 等应用程序，全面提升农民数字素养。

"现在银川市数字化现代都市农业大数据服务平台建设项目已经建了二期，建设时，我作为专家参与了论证，后期又一起参与了项目验收。"

马俊在自治区政协全体会议小组讨论时发言

马俊说，看到自己的建议通过政协平台得到重视和落地，今后的履职更加有动力了。

◎ 勤履职　践行"有为"之路

为更好履行委员职责，马俊充分利用各种机会"充电"。4月中旬，他参加了自治区政协举办的委员学习培训班，和其他委员在一起边学习、边交流、边思考，进一步提高履职能力的同时又深感"本领恐慌"。"周围那么多优秀委员，我只有以只争朝夕、时不我待的态度，念好'懂、会、善、专、实、敢、净'七字经，才能建真言、出实招，做一名合格的政协委员。"马俊说。

马俊一直是生活中的有心人，成为自治区政协委员后，他更是坚持从细微处着眼。调研期间，他发现全区再生资源回收行业监管混乱、从业者老龄化严重、回收网点环境脏乱差、安全隐患较多等问题普遍存在。调研结束后，他梳理所思所想，在自治区政协十二届一次会议期间提交了《关于加强再生资源回收利用，建立健全绿色低碳循环发展的提案》。

"针对民生和发展问题，只有坚持走到人民群众中去，走到问题中去，才能更好地开展调研，有针对性地提出意见建议，协助党和政府解决实际问题。"马俊告诉记者，2023年，他提交了《关于打造宁夏特色农业品牌，发展基于区块链的"数智"农业经济，提高产品附加值的提案》《关于尽快设立企业家顾问会工作机制的提案》《关于加强我区家政服务市场规范管理的提案》等7件提案，《关于当下学前教育师资严重匮乏亟待解决的建议》《关于盘活闲置公共资源，促进经济高质量发展的建议》等4条社情民意信息，大部分都被立案和采纳。

政协委员履职既要如春夜雨"润物无声"，又要如及时雨"落地有声"。4月下旬，马俊跟随自治区政协教科卫体委员会赴北京走访各类科技企业17家，深入考察北京市"深化'科技支宁'东西部合作，促进东西部科技合作引领区建设"情况。5月，主动参与自治区政协专题协商调研，在调查中寻问题、在研究中谋良策，提出重视培育科技型中小企业，精准扶持其不断创新、做强；激发科技创新"内生动力"，激活本地人才科技创新能力等意见建议，为宁夏科技创新发展建言献策。

马俊认为，作为政协委员，就要在学习中研究，在研究中精进；要提高建言质量、提升履职水平。正是因为这份初心与使命，他努力写好"委员作业"，力争交出一份满意的"履职答卷"。

（刊发于2023年6月9日 吴倩 文/图）

马 科

为祖国医学事业发展贡献力量

推动中医药发展、呼吁中医人才建设、关注青年干部心理健康……作为十一届、十二届自治区政协委员，宁夏医科大学中医学院副院长马科充分发挥专长优势，及时了解、掌握和反映界别群众诉求和困难，以社情民意信息及提案形式向自治区政协提交，助推事关人民群众切身利益的问题及时得到解决。

◎ 为中医药事业发展鼓与呼

翻看马科履职记录，在中医方面的提案不胜枚举：《关于加快研发我区公立中医医院院内制剂的提案》《关于尽快推进医科院校临床类学生加强〈中医学〉学习比重的提案》等，每件提案从现状、问题、建议入手，内容翔实、建议具体，足以看出他对中医事业的用心用情。

中医药博物馆承载着实践教学、科普宣传等职能，尤其在传播中医药文化、推动中医药走向国际方面功不可没。目前，很多省份和中医药院校均设立了不同级别的中医药博物馆。

了解到这个情况后，马科经过调研走访，撰写了《关于尽快建设区级宁夏中医药博物馆的提案》，呼吁宁夏建设中医药博物馆。他说："截至目前，我区仅有宁夏医科大学的中药标本馆和宁夏药用植物资源博物馆，虽然自治区文物局同意改建宁夏中医药博物馆，但其体量、承担的作用及社会影响力均有限。"马科认为，建设中医药博物馆对推进宁夏中医药事业发展有着重要意义。

他建议，尽快启动由自治区政府主导，自治区发展改革委牵头，自治区教育厅、卫生健康委参与，对成立自治区级宁夏中医药博物馆建设进行论证，在论证可行性的基础上列出专项经费重点推进建设事宜，整合或在宁夏医科大学现有的中药标本馆、宁夏药用植物资源博物馆基础上筹建。

做好人才储备是极为重要的一环。作为宁夏医科大学中医学院副院长，马科深知，新时期中医药的传承创新发展需要高素质人才的引领与支撑，他期待宁夏能培养更多"下得去、留得住、用得上"的中医学人才。

在《关于尽快推进医科院校临床类学生加强〈中医学〉学习比重的提案》中，马科建议尽快出台加强临床各类学生开设《中医学》教学内容，组织专家修订新的《中医学》教材。

他的建议很快得到自治区卫生健康委员会答复，对"自治区高等医学院校临床类专业在现有开设中医课程基础上，进一步增加课程比重和实习内容，提高临床类学生的中医基础理论和基本技能，使其具备常规中医诊疗能力，为加强中医人才培养，开展中医、中西医结合工作打好基础"的建议给予认可。

马科说他还提交了一份《关于加快推进我区中医药学科建设的提案》，呼吁加大宁夏中医药人才和团队建设力度，建议在中医学入选"西部一流学科"基础上，更加注重学科的布局和人才的孵化，按照中医药学科特有

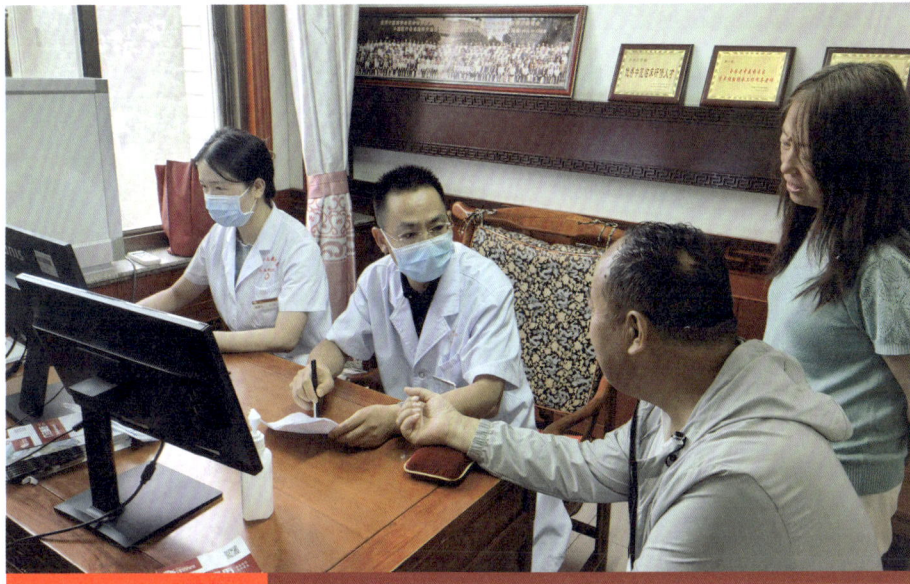

马科（左二）为病人把脉诊治

的发展规律制定符合中医药学科的评价体系和特殊政策。围绕中医学一流学科建设和新一轮中医学一级学科博士点申报等精细规划、精准引进在国内有影响力的领军人才。稳定现有人才团队，从工作、生活等方面给予关心，使其既乐业又安居。

"最开心的事，莫过于建议被相关部门采纳，成为推动中医药事业发展大潮中的朵朵浪花。"马科说，"如果要用一句话总结我的履职工作，我想是'言为中医建、事为中医做、心为中医红'。"

◎ 护航青年干部健康成长

"近年来，心理行为异常和常见精神障碍人数逐年增多，个人极端情绪引发的恶性案件时有发生，加强心理健康教育也引起人们的关注。"作为一名医生，心理健康同样是马科关注的焦点问题之一。

　　2023 年，他在自治区政协民族和宗教委员会举办的委员沙龙活动上开展专题讲座，从"心理健康重在预防""压力管理的重要性""中医对心理健康的调试"等方面为委员们开出心理排压"良方"，引导委员们自觉养成良好的生活习惯，加强锻炼、注重中医保健，以强健的体魄、健康的心理、充沛的精力投入到工作和生活中。

　　他还发现，青年干部心理健康问题成为一个新的问题。

　　"近年来，全区加大了青年干部的选拔任用，干部年轻化为改革开放事业继续前进和中华民族伟大复兴注入了强大的活力和动力，但同时也要注意到青年干部自身不容忽视的问题，一些青年干部由于未能经历应有的身心锻炼，而出现抗压能力不强、心理承受能力不足等一系列身心问题。"马科调研发现，一些干部因自身心理问题在工作中出现焦虑、情绪不稳定、惰性思想，甚至抑郁等情况。随着快节奏工作常态化、国内国际环境大变化，青年干部心理健康问题越来越凸显，应从长远着手统筹青年干部心理健康调适工作。

　　马科认为，在给青年干部发展空间的同时，还要用心守护他们的心理健康。"在干部选拔任用中要注重个人心理健康，对选拔岗位符合人员在考察前进行必要的心理测试和评估；在考察谈话环节中可探索选择长期从事心理健康诊治的专家或心理咨询师参与面试工作。"马科建议，在生活中加强对青年干部的人文关怀，注重思想关怀；常做思想工作，有助于从思想层面让年轻干部放下包袱、卸去心理负担。还应注重工作关怀，很多青年干部历练少，需要工作中传帮带的"引路人"。

　　这件提案得到了承办单位的关注，自治区党委组织部打电话和马科沟通了解提案情况，采纳了部分建议，这让他感到很欣慰。

　　在履职道路上，马科表示将认真履行好政协委员职责使命，继续围绕民生领域和发展问题积极建言献策，展现委员担当，实现履职价值。

（刊发于 2023 年 8 月 11 日　郝婧　文 / 图）

马晓宏，自治区、中卫市政协常委、民建中卫市总支主委、海原县人大常委会副主任。无论在本职工作中，还是在委员履职中，他始终坚持为国履职、为民尽责的情怀，积极建言献策。

马晓宏

扎根基层践初心　为民发声担使命

◎ 心怀使命　把学习贯穿履职始终

"加强学习是人民政协的优良传统，也是政协委员提高履职能力的重要途径。"马晓宏说，2022年他成为中卫市政协委员，2023年又被推荐为自治区政协委员。"起初，我对政协工作并不熟悉，对委员履职也很陌生。"马晓宏坦言。随后他多次参加中卫市政协举办的委员培训班、学习班，在老委员的带领和帮助下，逐渐对政协组织架构、职能作用及委员职责使命有了更多了解，对如何成为一名合格政协委员有了更深入的理解。

学习，是贯穿马晓宏履职的关键词。"自治区政协精心组织的会议、调研、学习等机会弥足珍贵，让我与其他委员有更多机会交流心得，力求履行好职责，确保参政议政更符合实际，反映问题更准确，提出的意见和建议更有前瞻性和可行性。"马晓宏说，他认真学习习近平总书记关于加强和改进人民政协工作的重要思想，学习全国政协出台的一系列关于委员履职、协商、议政等方面的规则和制度，不断提高政治站位、理论素养。他提交的《关于对中小学及幼儿园开展环境污染监测和超标治理的提案》《关于推动实施藏粮于地、藏粮于技战略的提案》《关于加强 3 岁以下婴幼儿照护服务，促进我国人口事业健康发展的提案》等提案，助推解决了一大批群众关心关注的热点难点问题。

他强烈地感受到，政协委员的责任感和使命感像一盏指路明灯，清晰地指引着他前进的方向，成为他履职的动力。

◎ 深入调研　找准履职"契合点"

"探索发展低碳经济过程中，社会普遍关注的重点主要集中在城市建设、交通运输、工业生产等领域。除了重视上述领域的节能减排外，还需高度重视农业领域特别是畜牧业的节能减排。建议实施牛产业光伏化改造，推动畜牧业形成绿色低碳生产方式。"在自治区政协十二届一次会议小组讨论中，马晓宏的发言赢得委员们的认同。

马晓宏介绍，宁夏畜牧业发展规模大，截至 2022 年三季度末，牛存栏达 225.94 万头，增长 21.9%。资料显示，畜牧业的碳排放量约占全球总排放量 15%。而在畜牧业中，61% 的碳排放来自养牛，他建议积极争取政策支持，充分利用养牛场圈棚屋顶、运动场地等开展"光伏 + 畜牧业"项目建设，力争在生产能力、环境设施和技术集成等方面，达到国内先进水平，降低畜牧业能耗和碳排放强度。

马晓宏回忆，2021 年，他在走访中无意发现，住宅小区物业企业使用

马晓宏（前排右一）在海原县参加调研活动

的门禁系统各不相同，针对居民收集的个人信息也千差万别，包括但不限于身份证号、姓名、户籍地址、居住地址及手机号等。"居民个人信息数据如何储存、管理？系统的安全性是否达标？"这引发了他的思考。在2023年自治区两会上，他提交《关于规范人脸识别门禁，防止个人信息"裸奔"的提案》，建议由网信办牵头，工信、住建等相关部门配合，针对住宅小区人脸识别门禁及类似设备使用情况进行调研，对发现违法违规收集使用个人信息、个人信息管理不当等行为，依法依规督促整改，消除个人信息泄露风险。建立个人信息收集审查制度。由政府相关职能部门对个人信息收集主体进行全面审查，在确保个人数据收集、使用、存储全过程安全、合法的情况下，方可批准使用，有效防止个人信息泄露。

"真正的好提案不是写出来的，而是走出来的。有没有一双发现问题的眼睛，能不能掌握真实的情况，是否能够寻找到现象背后的原因，都是调查研究的基本功。"马晓宏说。

◎ 尽心竭力　当好社情民意传达者

马晓宏认为，委员所提交的社情民意信息既要精准又要接地气。

有一次，路过广场看见一位老人摔倒，马晓宏上前扶老人时注意到，原来地面铺设的是抛光大理石。"下雨下雪天容易滑倒。"老人的一句话引发他的思考。之后，他在仔细翻阅相关材料、查找数据的基础上，提交了《户外公共场所应铺设防滑材料》的社情民意信息，呼吁逐步推动防滑材料铺设改造工作，对新建项目铺设防滑材料作出全面部署并进行梳理，对当前所有新建户外公共场所铺设符合标准的防滑材料，对现已铺设不符合要求的铺装材料，根据各地实际分阶段实施改造，逐步实现防滑材料全覆盖。建立健全项目审核制度，对户外公共场所项目使用防滑材料严格审核把关，从源头上杜绝项目建设使用非防滑材料或不符合标准的防滑材料，切实保障户外公共场所活动安全。

马晓宏认为，要在平时生活中多观察积累，将本职工作和委员履职结合起来，在本职工作中挖掘线索，撰写成提案、社情民意信息，向政府部门提出相关建议，推动问题解决。

"马委员，您那边信号不好啊。""不好意思啊，我正在山里调研，等我忙完给你回消息。"6月12日，记者再次电话采访马晓宏时，他正跟随民建中卫市委会调研，恰好了解到近年来宁夏新能源行业不断发展，光伏发电大规模应用的同时，衍生出了废旧光伏组件回收、循环利用等问题，他准备再次深入调研，提交相关提案和社情民意信息。

"作为政协委员就要深入基层，贴近实际生活，通过提案和社情民意信息帮助更多人解决问题，我的履职热情就愈发高涨，脚步就越停不下来。"马晓宏说。

（刊发于 2023 年 6 月 16 日　邓蕾　文／图）

马莉焘**深耕履职『责任田』 展现委员新形象**

马莉焘，自治区政协委员、精艺裘皮制品股份有限公司副董事长。成为委员以来，她着力加强对人民政协基本理论知识的学习，深入调查研究，广泛了解民情民意，深耕自己熟悉的领域建言献策，展现出政协委员的良好形象。

◎ **把学习贯穿履职尽责全过程**

"自从加入政协这个'大家庭'，我感到身上有了沉甸甸的担子，为了能跟得上趟、承得了重，我的第一项任务就是加强理论学习。"马莉焘说。

为此，她抓住每一次学习机会，无论手头工作再忙，都按时参加自治区政协组织的学习会、培训班。"认真对待学习的过程，才能更加深入了解人民政协性质定位、工作原则、职责使命，为我们更好履职打下坚实基础。"马莉焘说，例如参加自治区政协农业和农村委员会全体会议，既有学习要求，也有工作部署，让她切身感受到要想提升履职本领，应该把学习的内容贯穿始终，把所学转化为所用。

2023 年以来，自治区政协农业和农村委员会多次召开会议，部署委员联系界别群众工作点、三级政协委员服务"六特"产业工作站等工作。按照专委会安排，马莉焘通过政协搭建的工作平台积极加强与界别群众的联系，参与"关于落实党员委员联系党外委员"和"委员联系界别群众"工作，深入宣传党的创新理论、政策方针，在界别群众中进一步凝聚共识、深化共识。

"党的二十大报告提出'完善委员联系界别群众制度机制'的要求，自治区政协农业和农村委员会深入贯彻落实，立足专委会特色优势不断强化这方面工作，通过各项活动安排，进一步开拓了委员的新思路、新视野，围绕加强这方面工作进行深入思考、探索和实践。"马莉焘表示，在深入学习理论知识的过程中，切实增强了委员的责任感和使命感。看到几个月来农业和农村委员会组织委员在界别群众中广泛开展界别活动，也激励着她向身边委员学习，以更勤奋的态度把委员职责落到实处。

对马莉焘来说，学习只有进行时，没有完成时。现在，她每天都要收听、阅读时事新闻，了解国家大事，关注群众所需，努力做到紧扣中心工作履职尽责、围绕民生实事建言献策。

◎ 发挥专业特长　积极建言献策

作为一名企业家委员，马莉焘十分关注科技创新、生产服务、营商环境等方面的现状和问题，从这些角度积极建言献策，谋发展、促履职。

"从'专精特新'中小企业一路成长为示范企业，我们走过了企业转型发展的科技创新之路，虽然历尽艰辛和波折，但也为企业争取到了可期的发展前景，我也希望区内一直以来专注实业、注重创新的企业能够有长足的发展。"自治区政协十二届一次会议上，她提交了《关于大力支持"专精特

新"中小企业高质
量发展的建议》，
聚焦企业梯度建设、
数字赋能、研发创
新、人才培养等方面
谋划未来前景。

马莉焘查看产品质量

提案提到，宁
夏还存在"专精特
新"企业发展不平
衡，示范作用带动不明显，以及产业链核心领域关键创新环节研发投入不
足等瓶颈和短板。建议支持"专精特新"企业平衡且有特色发展，鼓励企
业提高自主创新能力，强化企业梯度培育，为"专精特新"企业提供定制
专属服务。

马莉焘从事的毛皮加工生产属滩羊产业链上的一环，是自治区确定的
"六特"产业之一，受到各级政府部门的高度重视。围绕产业发展，她广
泛开展调研勤思多问，从中找到联系界别群众的切入口，及时反映意见建议，
以期做到与特定群体牵得上线、说得上话、做得好工作。

"发挥自身专长，为行业和界别群众代言，是委员履职的应有之义。"
马莉焘表示，会继续围绕产业发展深入开展调查研究，以科技创新推动产
业高质量发展为目标，对照所从事行业，查找科技创新的堵点，思考行业
发展难点，提出更具前瞻性的意见建议。

◎ **多思为民之道　多谋利民之策**

"委员是界别群众的代表，提建议时自然要回归初心。2023年，自治

区政协对委员联系界别群众工作作出安排部署，我们要按照相关工作要求，在履职过程中，多思为民之道，多谋富民之策，多办利民之事，在联系群众中服务群众，搭建党委和政府与群众沟通的桥梁。"马莉焘表示。

8月中旬，她参加了自治区政协农业和农村委员会组织开展的动物疫病防控工作情况"回头看"民主监督调研。跟随调研组的步伐，马莉焘和委员们实地走访多个养殖场、动物检疫卡点、畜牧兽医站，深入了解情况，加深了对动物疫病防控工作重要性的认识。

一路走访，一路思考，在座谈会上，马莉焘深有感触地谈道，动物疫病发生给养殖户带来的损失不可估量，特别是养殖业散户应对风险能力弱，应予以重点关注。建议宁夏加大对养殖业散户群体的保险覆盖面，特别对经济能力弱的散户免费投保一年，之后设置3年过渡期，从政策上给予保险费补助，补助可根据情况逐年递减，既为产业托底，也为农户解忧。

马莉焘深知，只有站在利国利民的立场资政建言，才能无愧于身上肩负的责任。她常常关注教育、医疗和就业等民生方面的话题，关注优化营商环境、维护市场公平、提振民营经济发展信心、推动经济高质量发展等经济热点问题，希望找准角度为今后履职提供选题思路。她表示，要强化联系群众的意识，发挥好委员主体作用，更多地参与到政协组织的调研活动中，争做党的政策宣传员、界别群众贴心人，做协商民主制度实践者，让协商之果惠及民生、惠及群众。

（刊发于2023年9月8日　李莹　文/图）

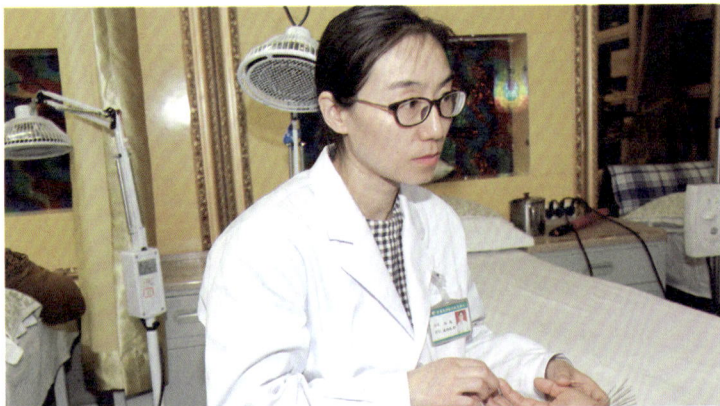

马玉，十一届、十二届自治区政协委员，民盟盟员，运动医学副主任医师，从事运动损伤诊疗及康复、科普宣传、竞技体育科研医疗服务、反兴奋剂等工作，现任宁夏体育科学技术中心反兴奋剂科科长。履职中，她牢记委员的使命职责，坚持运用专长优势，每年在相关领域提出专业性建议。她还坚持聚焦社会热点难点问题，积极建言献策反映百姓所想所需，以实际行动写好"委员作业"。

马玉

发挥专长优势在政协舞台履职有为

◎ 发挥专业特长 倡导科学健身

"作为来自体育界别的政协委员，积极发挥专长优势，提出有价值的提案建议，是履行委员职责的重要一环，也是发挥委员主体作用的重要方面。"马玉说。

随着全民健身上升为国家战略，马玉通过多种形式和渠道宣传科学健身及运动损伤防治知识，积极参与健康宁夏塞上行活动，累计服务万余名群众。履职中，她运用所学专长，为科学开展全民健身活动积极发声呼吁。

"踝关节扭伤、肌肉拉伤、网球肘……一些常见的运动损伤，康复的重要性不亚于治疗。在临床工作中，我发现大众对运动性损伤的日常预防、现场处理规范性及早期康复介入的重要性缺乏科学认识。"马玉说。她提交《关于全民健身活动中运动性损伤预防及康复工作的建议》，呼吁出台常见运动损伤康复指南，对康复介入时间、方式方法给予规范性指导，得到相关部门重视和采纳。

聚焦宁夏康复医疗资源严重不足、康复医疗人才严重匮乏的局面，她提交了《关于加强宁夏康复医疗人才队伍建设的提案》，推动相关部门支持宁夏医科大学增设中医康复学、康复物理治疗、康复作业治疗等专业，不断扩宽拓展康复医学和治疗学人才培养渠道。

了解到近年来因运动伤害事件导致学校体育教学陷入尴尬境地，体育课普遍过于保守，学生身体素质得不到应有提高，她提交了《关于将运动伤害防护和现场处置作为必学内容纳入小学校园安全教育的建议》，呼吁通过减少运动伤害风险，促进学校体育有力开展。

《"健康中国 2030"规划纲要》首次在国家层面提出完善全民健身公共服务体系，加强体医融合和非医疗健康干预。2023 年，她又提交《关于加大体医融合人才培养的提案》，建议在宁夏高等院校的体育学院开设运动康复专业，在医学院校增设运动医学专业，尝试医学院校和体育学院互为实训基地，实现医学专业与体育专业的交叉融合。加强体医融合人才的继续教育培训，全面提高医务人员制定运动处方的能力。

◎ 立足本职工作　推动兴奋剂监管

作为宁夏反兴奋剂工作专职负责人，马玉不断深入开展反兴奋剂宣传，

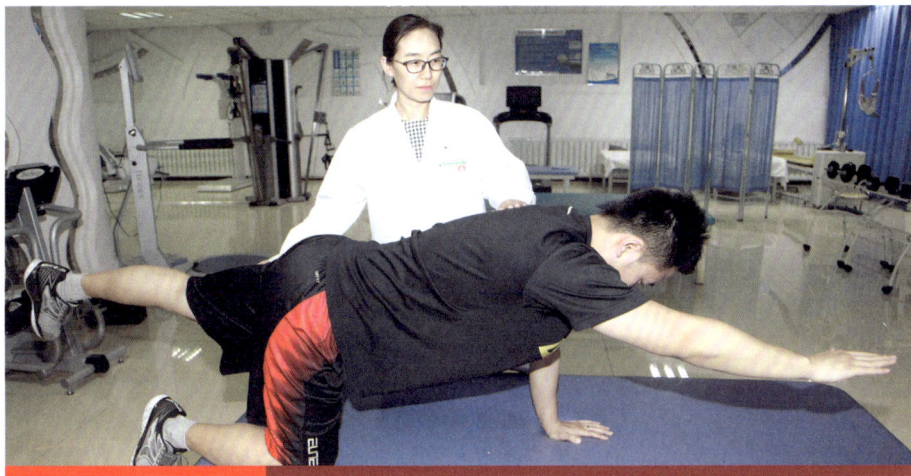

马玉指导患者开展康复运动

扎实组织实施兴奋剂检查，为保护宁夏青少年运动员身心健康、营造干净的竞赛环境作出努力。

"大家在新闻中发现，有些运动员因为使用兴奋剂被禁赛、被退出运动界，兴奋剂问题有损国家形象、有损运动员身心健康、破坏科学训练及公平公正的竞赛环境。"马玉介绍，国家对兴奋剂"从严"的政策导向凸显了对兴奋剂问题的"零容忍"态度。宁夏在含兴奋剂药品经营管理方面，还存在经营监管制度不完善等问题，直接影响兴奋剂问题源头治理效果。立足本职工作，她积极撰写提交《关于加强对含兴奋剂药品经营监管的建议》，建议完善对含兴奋剂药品经营监管制度，确保兴奋剂管理不留死角，加强对药品经营人员的反兴奋剂宣传教育，树立一定的反兴奋剂意识。

针对提案建议，自治区药品监督管理局按照药品管理法及《药品注册管理办法》开展药品注册和重新注册，确保标识有"运动员慎用"字样，督促企业建立完善的经营管理制度，强化法规培训。将含特殊管理药品、含兴奋剂药品生产企业监督检查列入年度重点检查范畴，开展专项检查杜绝特药流失，共同抵制药物滥用。

◎　了解群众所需　认真建言发声

"使命在肩,履职脚步不能停歇。"马玉说,关注群众所需所盼,尽己所能解民所忧,是履职尽责的题中之义。

2019年,马玉提交了《关于对有条件的老旧小区加装电梯的建议》,与其他委员提案并案立案,并被确定为重点提案,反映老旧小区大多为多层住宅,没有设置电梯,"悬空老人"成为亟待解决的社会问题。

这件提案的办理让马玉印象深刻。"实施老旧小区居民楼加装电梯,对完善住宅功能、改善居住条件、提高生活质量有着积极的社会意义,是一项民心工程。"马玉说。2019年5月底,银川市出台《既有住宅加装电梯工作的指导意见(试行)》,按照"业主主导、政府指导、简化手续、稳妥推进"的原则,从适用范围、职责分工、资金筹集及实施步骤和流程等十个方面作出相关规定。纸上的建议变成了看得见的实事,这让马玉感到十分高兴。

工作中,马玉还关注到运动员退役后续发展问题。她认为这些运动员经过多年专业培养,技能全面,体能扎实,思想政治素质过硬,能够担负提高学校体育服务质量的重任。为此,她提交《关于专业队优秀退役运动员担任学校体育教师和教练员的提案》的方案,及时反映这一群体的呼声,得到自治区体育局、教育厅、人社厅等相关部门重视,组织摸底了解全区退役运动员情况,加强调查研究,搭建沟通平台,体育、教育部门签订合作协议,积极推进退役运动员转岗体育教师、体育教练等工作落实。

"坚持深入群众、深入基层、深入一线,围绕群众的困难需求和民意动向深入调查研究,用好委员话语权,推动解决大家最关心最直接最现实的问题,令我感到履职价值所在。"马玉说,要在人民政协的宽阔舞台上继续贡献才智发光发热,切实担负起委员的职责使命。

（刊发于 2023 年 9 月 8 日　陈敏　文／图）

牛尔惠

诗书传情意 翰墨写人生

在镇北堡西部影城镇北堡书院，自治区政协委员，民盟宁夏书画院院长牛尔惠带着一拨又一拨孩子在这里开启了读书、练字、绘画的学习之旅，将"翰墨少年志"助学支教志愿服务活动打造得有声有色。

◎ **心怀感恩　筑牢新时代文明村风基础**

"为什么我的眼里常含泪水，因为我对这土地爱得深沉……"这句诗正是牛尔惠内心的真实写照。1996 年，牛尔惠从老家的大山走出来后，感到茫然无助。2002 年，他来到镇北堡西部影城工作。在著名作家张贤亮鼓励下，他开始练习书法并逐渐找到自己的价值，他自创的"福"毛笔字和姓名藏头诗成为镇北堡西部影城的一大亮点。

在镇北堡西部影城工作 20 多年来，他不知给多少游人、小孩写过诗词。他的书法不仅被众多游客珍藏，更成为一种坚守和期待。

2022 年夏天，一名山西籍的浙江大学大三学生致电牛尔惠，称 18 年前她的父母带着两岁的她来镇北堡西部影城"都督府"写过姓名藏头全家福。后来她家有了弟弟，当弟弟会认字后，发现这幅姓名藏头全家福里没有他的名字便哭闹，父母劝他说："等你姐姐考上大学，去银川镇北堡西部影城，让牛尔惠叔叔为你姐奖励一幅作品，把你的名字写上。"一晃眼的工夫，姐姐已经大三了，她专程来镇北堡西部影城圆弟弟的梦。听到电话那头的叙述，牛尔惠连夜为这名大学生写下精心创作的诗作，并鼓励她的弟弟将来考上大学再奖励书法作品。

自 2019 年创建镇北堡书院以来，每天都有慕名者前来拜访牛尔惠。有望子成龙心切教育不得法的父母，有喜欢传统书法的老人和小孩。看到他们，牛尔惠想到当年的自己，便竭尽全力想办法、抽时间，以艺载道，为镇北堡镇各社区及周边村民、留守儿童免费教书法、传统文化。目前，他已举办中华优秀传统文化讲堂 400 余场，受益近万人，为创建新时代文明乡风作出积极贡献。

◎ 姓名藏头诗被奥运冠军珍藏

2007 年，牛尔惠被选为 2008 年北京奥运会火炬手，并且以火炬明星身份做客中央电视台。在北京奥运会期间，每产生一位中国冠军，牛尔惠都会创作一首藏头诗，写到大红纸上，呈挂在工作室，与游客分享奥运冠军的荣耀。从奥运冠军陈燮霞到张小平，牛尔惠的姓名藏头诗巧妙构思，读来令人称绝：

陈述喜庆荣桂冠，燮仁文礼火云传。

霞蒸云蔚神州壮，赢举金牌撼地天。

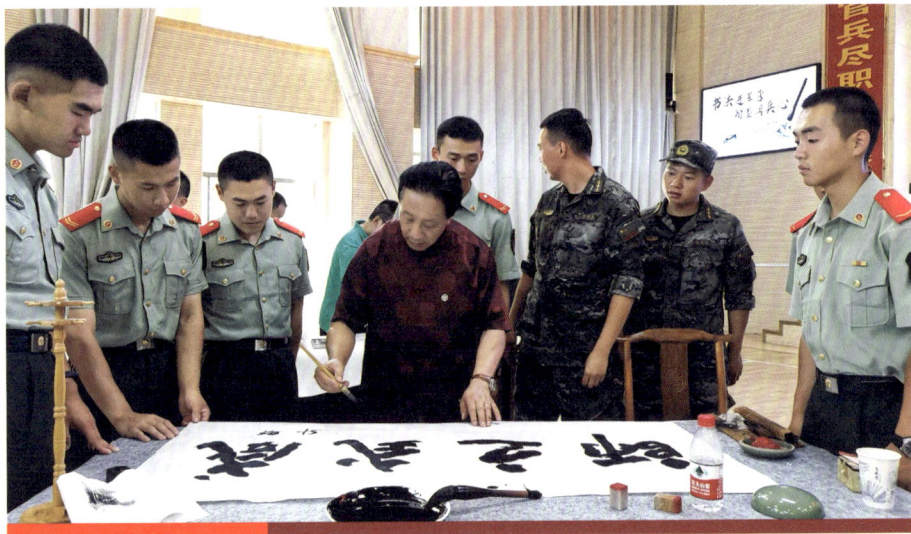

牛尔惠参加"书法进军营"活动

从为陈燮霞写的第一首诗,到第51首为张小平写的诗,以及为89位残奥冠军和部分外国健儿写诗,牛尔惠用手中的笔墨书写着对冠军的赞美、对奥运精神的诠释,同时也用奥运精神激励自己和所有追逐梦想的人。2009年,他的作品由宁夏人民出版社出版发行《擦亮金牌的诗书》,成为青年励志读物。

2022年北京冬奥会期间,牛尔惠为38名获奖的中国健儿分别创作书写了藏头七绝诗书作品,以此恭贺冬奥会和冬残奥冠军们。在曲春雨等5人速滑接力赛夺冠后,他以"曲春雨祥"藏头七绝诗书恭贺:

曲径通幽意境延,春花撩笔吐华篇。

雨敲蕉叶琴弦抚,祥凤金龙捷报传。

文艺志愿服务是传承和普及传统文化的重要形式。作为一名书法工作者,牛尔惠经常参加文艺志愿服务,深入学校、社区等基层一线与大家交流学习。2019 年至 2022 年，他和西夏区书协等文艺工作者积极参与 5 场诗词网络展，完成书法作品 200 余幅。牛尔惠在志愿一线服务期间，始终心怀感恩，在志愿者服务工作这条道路上越干越有力量。他说，今后将一如既往坚持工作高标准，发扬"奉献、友爱、互助、进步"的志愿者服务精神，勤奋努力，踏实工作，用自己的实际行动践行志愿者服务的初心和使命。

有句古话说："师父领进门，修行在个人。"牛尔惠认为，一个人的成功主要还是要靠自己努力奋斗。采访结束后，牛尔惠自创一首诗送给年轻朋友共勉：

众生孰判重与轻，名望身份难一凭。
草芥怀有凌云志，弹扣即响金石声。

（刊发于 2023 年 4 月 4 日　束蓉　文／图）

牛小苗

知责于心 担责于身 履责于行

　　牛小苗，自治区政协委员、民盟盟员、宁夏国信嘉华律师事务所副主任。作为来自民主党派的政协委员，她注重发挥专长，调查研究，积极建言献策，以"多听、多思、多行"的自我要求，积极践行委员职责使命，在履职道路上扎实走好每一步。

◎ 牢记职责使命　积极建言献策

　　思维敏捷、目光敏锐、视角独特是牛小苗在工作中养成的基本素养，作为一名法律工作者，履职中，她积极关注法律、经济等方面问题，结合专业优势参政议政建言献策。

　　"成为政协委员我感到十分荣幸，这不仅是一份荣誉，更是一份责任。"牛小苗说。履职伊始，她深刻认识到政协委员作为各党派团体和各族各界的代表，应以奋发有为的精神状态为国履职、为民尽责，要敢于发声、善于发声，积极建言献策，才能不负委员身份。首次参加政协全体会议，牛小苗精心准备提案素材，经过认真打磨，向自治区政协十二届一次会议提交的《关于推进我区直播电商高质量发展》的提案被立案办理，提交的《关于出台宁夏献血条例》转为社情民意信息办理。

随着互联网技术的发展，直播带货给消费者带来更直观、更生动的购物体验，转化率高，营销效果好，逐渐成为电商平台、内容平台的新增长动力。"一方面可以满足多元社会需求，另一方面可以赋能实体经济，可以预见，'直播电商'将更加深刻改变新零售业态。"牛小苗说。她在《关于推进我区直播电商高质量发展》的提案中建议：按照包容审慎和协同监管的原则推进宁夏直播电商经济高质量发展，制定促进直播电商高质量发展的法规政策，有序做好与其他相关政策法规的衔接，进一步研究对直播电商领域企业优化税收征管措施；鼓励金融机构结合直播电商领域相关企业经营特点，积极开发金融产品和服务；加大对销售假冒伪劣商品、侵犯知识产权、虚假宣传、价格欺诈、泄露隐私等行为的打击力度；支持和鼓励平台企业、行业组织、研究机构等制定支撑新型消费的服务标准，健全市场监测、用户权益保护、重要产品追溯等机制。建立健全数字化商品流通体系，加快布局数字化消费网络。加强对直播消费的统计监测，及时反映消费现状和发展趋势，提高政策调控的前瞻性和有效性。

"用血量上升，血液供求关系紧张，血库血荒成为难题。近年来，上海、北京等地先后修改献血条例。"牛小苗呼吁以法律形式明确无偿献血宣传组织及区域，制定符合社会环境、确实充分的法律依据，大力开展无偿献血公益性宣传，从根本上扭转了这一困局。

◎　**发挥专长优势　积极服务社会**

"多听、多思、多行"是牛小苗对履职尽责提出的自我要求，在她看来，

牛小苗（左一）参加调研活动

"多听"就是要紧密联系界别群众，倾听他们的呼声，在工作生活中做发现问题的有心人；"多思"就是要深入调查研究，探究事物深层次本质，思考破解问题的根本性办法；"多行"就是要以实际行动践行职责使命，立足本职行业岗位，积极发挥专长优势，在推动经济社会发展中实现个人价值。

在疫情期间，牛小苗撰写的《关于疫情防控立法的建议》《网络疫情消息公布加盖公章的建议》等参政议政素材被党派重视。其中《建议制定宁夏回族自治区传染病防治条例》被立案办理，呼吁从立法层面完善政府为应急救援所需征用单位或个人的设备、设施、场地、交通工具和其他物资的程序和范围，以及补偿标准和程序，突发公共卫生事件的物资储备，紧缺医疗物资调配，得到自治区领导批示，相关部门积极采纳相关建议。

作为律师，牛小苗还积极发挥专长服务社会，她组织参与撰写疫情期间企业复工法律风险防控编制的法律指引，积极普及常见法律风险帮助企业共克时艰，为困难企业减免法律服务费用，开展宪法、民法典、劳动法等普法宣传，就合同履行、法律风险防控等实务开展讲座，为困难企业、个人提供免费法律咨询，主持开展纠纷调解化解矛盾，维护社会稳定。凭借优异的成绩，牛小苗所在的民盟宁夏区直工委法律支部被民盟宁夏区委会评为社会服务工作先进基层组织。

　　从民主党派一员到政协委员，牛小苗深刻感受到参政议政的平台更加广阔，发挥作用的渠道更加畅通，服务社会的举措更加丰富。她说，要把学习作为第一要务，认真学习贯彻习近平总书记关于加强和改进人民政协工作的重要思想，把事业放在心上，把责任扛在肩上，努力做到"懂政协、会协商、善议政，守纪律、讲规矩、重品行"，用实际行动答好履职答卷。

（刊发于 2023 年 4 月 21 日　陈敏　文／图）

牛学玲

用专业精神打造高质量学前教育

　　牛学玲，自治区政协委员、银川市第五幼儿园园长。从业 37 年，从一名普通幼师成长为自治区级优秀教师、自治区教育国培项目授课专家。她研发的几款学前玩教具获得自治区幼儿园玩教具设计一等奖，《教师如何观察和记录幼儿游戏行为的策略研究》课题获自治区级学前教育课题一等奖。先后被银川市教育局、银川市妇联聘任为首批家庭教育讲师。

◎　爱字当先　培育幼儿综合素养

　　1986 年 7 月，从宁夏幼儿师范学校毕业的牛学玲进入了自己喜欢的幼师行业。她先后担任贺兰县幼儿园、银川市第三幼儿园、银川市第五幼儿园园长，坚持"发展孩子、服务家长、成就教师"的教学目标，开展了很多教学上的创新。其中，"打造以游戏为引导的教育方式"被大家熟知。

　　牛学玲认为，创新素养教育是以培养全体儿童创新素养为基本价值取向和实践遵循的教育，"把游戏还给孩子"是创新素养教育的价值体现。

在牛学玲记忆中，有一名叫甜甜的小姑娘，刚到园时由于动手能力差，自己不会系鞋带，经常急得大哭，后期甚至出现抗拒到幼儿园的情况。得知这一情况后，牛学玲多次主动与甜甜互动，在与孩子玩耍过程中，有针对性地设计了几款手指游戏，帮助孩子提高动手能力。一段时间后，甜甜的手指灵活多了，还学会了自己系鞋带、折纸飞机，在幼儿园参加集体生活时开心多了。

牛学玲认识到，对幼儿来说，提高动手能力有助于大脑发育。于是，在园期间，牛学玲利用餐前、饭后、课间休息时间、离园前等空白时段，组织教师和小朋友一起玩手指游戏。通过手做动作、口念儿歌、眼做协调，让孩子全身的能动系统被充分调动起来，从而使注意力、记忆力、整体统合能力、节奏感和韵律感得到训练。幼儿园的孩子们在这一教学理念下通过游戏得到技能提升，学到更多知识。

◎ 专业引领　储备青年教师力量

牛学玲所工作的幼儿园为自治区级示范幼儿园，为此，她高度重视园所的教师队伍培养。牛学玲说："要让孩子上高质量的幼儿园，就要努力培养一支专业过硬、坚韧能干、心系孩子的教师队伍。"

兴庆区月牙湖第二幼儿园是兴庆区政府为解决月牙湖乡幼儿入园问题兴建的公办幼儿园，由银川市第五幼儿园托管。接手之初，牛学玲发现，这所幼儿园教师较为年轻，教学经验相对欠缺。为了规范保教工作管理，牛学玲一方面采取月牙湖第二幼儿园和银川市第五幼儿园同步授课的方式，另一方面驻守幼儿园，定期与青年教师分享教学心得，从专业视角将自己的见解和教学经验倾囊相授，通过讲思路、教方法、压担子等方法，激发

牛学玲（左一）委员与孩子们交流绘本阅读感受

青年教师的工作积极性，鼓励大家树立自信，强化责任，成为优秀的幼教后备力量。

在牛学玲努力下，合作园所青年教师的教学、教研水平如雨后春笋般节节攀高，为促进银川市公办幼儿园发展起到积极作用。

◎ **研发课题 推动园所高质量发展**

"要给别人一碗水，自己首先要有一桶水。"日常教学之余，牛学玲高度重视学习。在自学的同时，牛学玲还常常督促各园所骨干教师发挥示范引领作用，定期在园所内开展示范带教、讲座活动等，打造学习型教师队伍。

为进一步激发幼儿的创造力和想象力，牛学玲创新研发了幼儿园自制玩教具《会唱歌的图谱》《魔幻城堡》。幼教老师和孩子们一起用木板、彩纸、木棍等简单材料做成形状多变的物体，制作过程不仅可以提高幼儿的动手能力，还可以培养孩子们的创造性思维，锻炼幼儿的空间想象力和手眼协调能力等。在牛学玲的用心创造和不断改进下，她研发的几款学前玩教具获得自治区幼儿园玩教具设计一等奖。

2004年12月，从香港公开大学毕业的牛学玲取得了教育管理硕士研究生学位，使她对学前教育有了更深入思考。她注意到，在国际幼教体系中，记录个体幼儿的游戏行为可以更有效地掌握幼儿的个体特点，因材施教。为此，她经过详细观察并开展了课题《教师如何观察和记录幼儿游戏行为的策略研究》，该课题获自治区级学前教育课题一等奖。

牛学玲爱学习善反思，专业理论功底扎实。近年来，她先后被银川市师资培训中心、宁夏幼儿师范高等专科学校聘为授课专家，被银川市教育局、银川市妇联聘为首批家庭教育讲师。"执着、专注、热爱"是牛学玲对幼教事业无悔的追求。从青春昂扬到带队前行，从"漂亮姐姐"到"园长奶奶"，牛学玲始终在幼儿教育这片沃土上精耕细作，用满腔的热忱推动幼教事业高质量发展，让更多孩子在家门口享受到优质学前教育。

（刊发于2023年8月15日　束蓉　文/图）

王东新

坚守科研初心　深耕专业破难题

王东新，自治区政协委员，中色（宁夏）东方集团有限公司副总经理，稀有金属特种材料国家重点实验室主任，也是我国唯一的稀有金属铍材料科技创新团队学术带头人。先后主持和参与国家级、省部级项目 10 多项；参与在研国家自然科学基金、自治区自然科学基金等 20 余项；申请专利 80 多项，授权 30 多项，授权国际专利 6 项，发表学术论文 100 多篇。

◎ 勤奋钻研　深造苦练

1996 年，大学毕业的王东新放弃了去大城市发展的机会，回到家乡宁夏，来到了位于贺兰山脚下的西北稀有金属材料研究院，开始了与新材料研究的不解之缘，这一干，就是二十多个春秋。

干一行、钻一行。王东新对工作充满了干劲，对新课题、新设备，他总想学会弄通。他的勤奋好学赢得了老师傅们的喜爱，大家毫无保留地向他传授经验。刚入职不久，单位引进一台价值几百万元的透射电子显微镜需要尽快投入使用，但全英文的说明书和复杂的操作流程，让厂里没人敢随便动这个新"宝贝"。作为一名技术新人，王东新接过了这项任务，每天花 10 多个小时进行翻译，反复研读几本设备操作、结构原理说明书，分析总结，消化吸收，认真与设备进行比对、核实。功夫不负有心人，3 个月后，他已经可以独自操作这台复杂的设备，半年后，设备正式投入科研实际应用。王东新也完成了人生中的第一个铍的电镜样制备，拍出了铍的微观组织照片，把位错等细节展现了出来，宣告该设备操作消化吸收工作全面完成。

　　然而，随着承担的课题量增多，在一次次的技术攻关和与专业人士的沟通交流中，王东新愈发感到知识匮乏，于是他决定继续深造。"我考博士那年，没有任何娱乐活动，考完博士想打开电视看看，才发现电视都坏了……"王东新笑谈考博士的那段日子。经过不懈努力，2005 年，王东新被英国拉夫堡大学录取为全额奖学金博士研究生，并于 2008 年完成博士学业。

◎ 家国情怀　不忘初心

　　王东新回国后，被身边人问得最多的问题就是"为什么回来？"王东新说："我的根在这里，宁夏是养育我的家乡。中色东方拥有我国最具权威的铍产业研究和生产基地，也具有中国第一个铍博士钟景明打下的铍材料科研国家级研发平台，我在这里能为家乡新材料产业发展和国防军工发挥更大的作用，这也是我的梦想所在。"

　　20 多年来，王东新默默奋战在科研一线，致力于新工艺及新产品的研究、开发与试制。先后主持和参与国家级、省部级项目 10 多项；参与在研国家

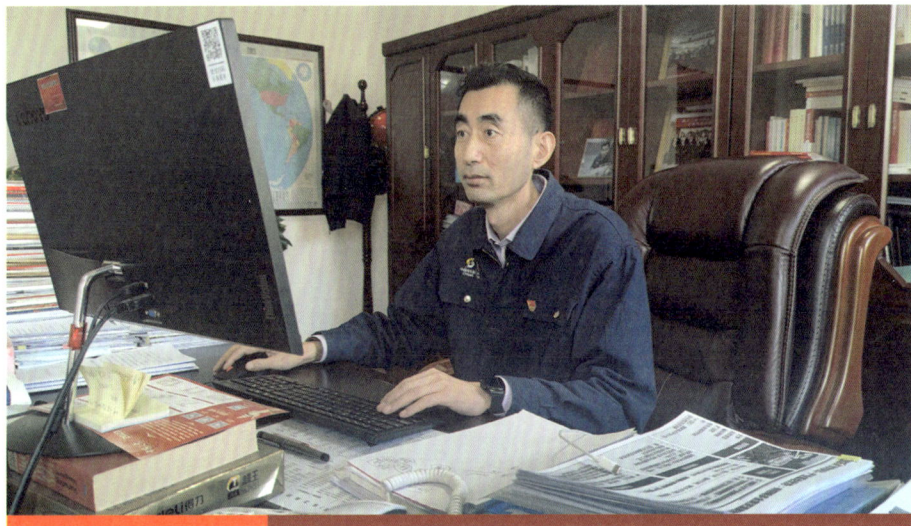

王东新工作照

自然科学基金、自治区自然科学基金等 20 余项；申请专利 80 多项，授权 30 多项，授权国际专利 6 项，发表学术论文 100 多篇。

作为自治区级科技创新团队"稀有金属铍及铍合金研发科技创新团队"的重要成员及学术带头人，王东新主持的自治区自然基金项目《精密铸造铍铝合金缺陷与工艺研究》和《铍铝合金微观组织、结构与性能关系研究》解决了工艺疏松、组织不均、性能较低等方面的技术瓶颈。这些项目研究成果，填补了我国铍及铍铝合金产品在航空航天等领域应用的空白。

在"十四五"开局之年，王东新主持我国铍产业国家重点研发项目"铍绿色冶炼与精深加工"并担任首席科学家，首次开展我国铍产业从矿石冶炼到材料、制品的全链条协同攻关，推进了我国铍产业技术升级换代，在国际大科学工程 ITER 项目实现第一壁铍瓦制造技术突破，使我国铍材料跻身世界一流水平；研发三代核电用芯块实现进口替代，卫星用铍扫描镜体实现尺寸瓶颈突破、实现自主可控等，解决了我国相关领域的战略急需，为关键核心材料的安全可控和国家战略保障作出了重要贡献。

◎ 情系于民　不断突破

近年来，王东新带领企业不仅在科研方面下功夫，而且将科技创新助力安全环保作为企业生存发展的头等大事来抓。他把石嘴山市的污水处理厂走了个遍，积极参与开展贺兰山整治工作及一些环保项目建设工程，带领团队从原材料使用、设备升级等方面加强环保投入，让整个生产过程向绿色发展转型。"在宁夏加快推进黄河流域生态保护和高质量发展先行区建设的重要时期，我们必须把科技创新融入企业生产各环节，助力企业在源头控制、源头减量上下功夫，为守护贺兰山山青草绿、黄河安澜作出应有贡献。"王东新说。

"我来自基层，对基层群众的所感所想比较了解，帮助大家解决实实在在的困难是我的责任，也是我感到最有价值的事。成为十二届自治区政协委员，内心很激动，我明白这份沉甸甸的使命和责任是国家和人民对我们的期望。"王东新说，今后将站稳政治立场，履行政治责任，肩负起人民赋予的光荣职责，展现新时代政协委员的风采。

（刊发于 2023 年 4 月 25 日　梁静　文／图）

王 燕

做百姓眼健康的守护者

王燕，自治区政协委员，中卫爱尔眼科医院总经理。她用1年半的时间，带领新成立的中卫爱尔眼科医院在当地落地开花，将优质眼科诊疗服务带到了当地群众身边。在她的带领下，医院组建多个专项医疗小组，为贫困眼病患者进行医疗检查。一年来，累计开展500余场公益普查，受益群众30000余人，为800余名经济困难的患者实施了公益救助手术。

◎ 提升诊疗能力 共享优质服务

在王燕的记忆里，曾经有一位叫谢明（化名）的患者，家住中卫市沙坡头区。2019年，他在银川爱尔眼科医院进行了角膜移植手术，由于中卫当地医疗条件所限，术后每月几次地复查、开药以及来回的路费和时间，成为他很大的困扰。自从中卫爱尔眼科医院开业后，每周都有固定的专家巡诊，解决了像谢明一样的患者看病难、看病远的问题。王燕说，医院的建立就是要让周边的老百姓在家门口就能享受到高质量的眼科医疗服务。

2020 年，王燕决定将眼科医疗服务网络延伸到中卫更多地方。在她的带领下，医院持续推动优质眼科医疗资源下沉，在多个社区卫生服务中心共建爱眼 E 站，无偿投入设备及专业技术人才，在社区开展糖尿病视网膜病变等眼健康筛查，开通 AI 智能读片及疑难眼病绿色通道会诊。

2022 年，在王燕的协调下，新墩社区在中卫市率先开展糖尿病视网膜病变眼健康筛查。王燕遇到了一名 10 年糖尿病的患者。由于常年患病，该患者眼底情况较为复杂。因为糖尿病视网膜病变没有办法通过手术或其他途径恢复，王燕便联系上级医院开通 AI 智能读片及疑难眼病绿色会诊通道，经多名专家联合线上会诊，并与患者家属多次沟通后，患者家属清晰地了解并认可了后续治疗的方法及流程，对此次会诊给予了很高的评价。

随着医疗技术不断进步，王燕内心萌生了新的想法：如何能让更多患者享受到便捷的优质医疗服务？于是，她在中卫率先提出"互联网 + 医疗健康"新模式，以改善患者就医体验、提升诊疗能力为着力点，重点推进以"互联网 +"为依托的智能家庭医生签约服务、远程医疗等建设，借助区、镇、村三级智能分级诊疗远程系统，架起患者、医院、专家"无接触式"就医桥梁，让群众享受到了"互联网 +"带来的就医便利。

◎ 投身公益慈善　践行初心使命

在中卫爱尔眼科医院入驻中卫一年多时间里，王燕多方奔走，联络社会各界筹措慈善基金，专门用于支持老年人和弱势群体眼病治疗，为家庭困难患者减免手术费用以及在基层眼健康医生中开展培训。

"患者李永虎、马夫花，家住海原县贾塘乡。去年，我们在下乡检查时，发现夫妻二人均患有双眼白内障。这对夫妻没有经济来源，靠领取救助

王燕给中卫市养老院的老人送爱心西瓜

金为生。"王燕说，当他们听到可以免费治疗的消息后，十分欣喜。很快，王燕为其申请救助基金并在本院手术。手术后，患者重见光明，万分感激。

在中卫像李永虎、马夫花这样的情况不是个例，由于身处偏远地区，经济条件有限，许多患者常年饱受眼疾痛苦。"正是看到了太多这样的例子，所以我们开设慈善基金，为困难群众伸出援助之手。真正实现医院'使所有人无论贫穷富裕，都享有很健康的权利'的承诺。"王燕说。

在王燕的带领下，医院组建了多个专项医疗扶贫小组，携带专业设备深入乡镇，采取普查、集中诊疗等方式，为贫困眼病患者进行医疗检查。一年来，累计开展 500 余场公益普查，受益群众 30000 余人，为 800 余名经济困难的患者实施公益救助手术，为他们的家庭带去光明与希望。

不仅如此，她还组织联合中卫市公益慈善基金会实施"爱眼光明行——中卫眼健康公益活动"，开展防盲治盲工作，累计投入公益资金 200 余万元，对中卫市低保户、残疾、困难户及优抚对象等群体实行全额援助，建立专业的公益眼健康档案 25000 余份，方便后续有就医需求的患者，随时提供眼部检查档案。

　　"坚守初心、践行使命，打造卓越的医疗服务品牌，不断提升患者满意度，以博爱之心为人类的眼健康事业奉献一份力量。"王燕说。未来，她将带领中卫爱尔眼科医院的全体职工继续砥砺前行，不断提高诊疗水平和服务质量，推动管理创新，着力满足中卫群众对眼健康的需求，为促进社会办医高质量发展努力奋斗。

　　　　　　　　　　　（刊发于 2023 年 8 月 22 日　孙振星　文 / 图）

王新英

择一事终一生　逐梦中华武术

王新英，自治区政协委员，自治区体育运动训练管理中心武术队教练员、国家级教练员。2002年执教宁夏武术队至今，所带运动员获得全国各类比赛冠军百余个，培养出国家运动健将数十名、国际运动健将4名。她还远赴美国、德国、捷克传播中华武术，为宁夏的竞技体育事业贡献了自己的力量。

◎ 以武为梦坚守初心

王新英自小习武，谈及习武初衷，王新英说："一直以来，我对武术有一种说不出的崇敬和喜爱。另一方面觉得女孩子学习武术既可以强身健体，还可以防身自卫。随着对武术的认识越来越深，热爱就越来越强烈，更加想要在这条道路上走得长远。也正是因为自己多年的努力与坚持，才有机会从事自己热爱的事业。"

1983年，王新英入选宁夏武术队接受专业训练，在队里担任队长，成为教练的好帮手。2002年，王新英从一名学员成长为武术队教练，那时队伍正值低谷，只有4名运动员，为了项目发展，王新英首先着手选才，根据运动员的年龄、特点，对高静、刘海云、吴晓龙、史龙龙进行训练，在一招一式、一板一眼的灌输练习中，4名运动员逐步成熟。

在河北外训期间，王新英和运动员同吃同住，从早到晚一天四练，利用有限的器材，提升运动员技术。第一次参加全国青少年比赛，吴晓龙、史龙龙就获得男子对练空手进枪第一名，高静的刀术获得第五名。随后，在全国各类比赛中不断获得男子对练、女子对练比赛奖牌。

王新英成为教练员时，儿子还小，上幼儿园期间一直由奶奶照顾，外训时间有时长达8个月，回来后，儿子第一眼都不敢认妈妈，也不敢喊妈妈，王新英五味杂陈。据她回忆，在一个冬训季，临出发的那个早上，儿子听到开门声，一股脑儿从床上爬起来，抱住她的腿，哭得撕心裂肺，说什么也不让她走。看着从小就缺少母亲陪伴的儿子，王新英心里说不出的痛苦，当时就想不干了。"自己的孩子都照顾不上，时间却全用来培养别人的孩子，值得吗？但是冷静下来又劝自己，一直追逐的武术事业不就是用全心全意付出换来的吗？"王新英说。

◎ 用一生弘扬武术

在王新英看来，练武术要先修武德，要有团队合作意识。在执教中，王新英经常要求学员之间互相鼓励，互相帮助。王新英说："我的要求就是练武要先修武德，要团结、诚实，有韧劲，有不怕苦的拼搏精神。"

运动员高静反应快，动作灵活，王新英就让她专攻"空手进枪"，这个项目属于表演项目，要求表演要逼真惊险，枪尖都是贴肉擦过。在一次训练中，为了追求逼真效果，高静要求搭档刘海云的枪靠得再近一点，追

王新英对运动员进行武术动作指导

求擦着鼻尖过的感觉，结果刘海云没控制好，一枪戳到了高静的牙齿。尽管高静连忙安慰"没事没事"，但被吓得不轻的刘海云却产生了"不练了"的想法。王新英不断鼓励她们，让她们牢记团队合作的重要性，在不懈努力下，二人的默契程度直线上升，甚至不用交谈，就知道下一个动作是什么。功夫不负有心人，2009年，二人在世界武术锦标赛中获得了冠军。

"训练中，我是他们的教练；生活中，我可以是姐姐，是妈妈，是朋友。可以做他们成长路上的陪伴者，当他们人生路上的引领者。"这是王新英一直以来坚持的理念。

王新英在武术项目执教方面经验丰富，尤其擅长青少年队员的执教、管理工作。由于项目特点，武术运动员入队年龄通常在10岁至12岁，这群孩子常年住在运动队，王新英就像妈妈一样，在生活、训练、学习各个方面都事无巨细、关怀备至。当孩子们遇到困难、迷茫、困顿时谆谆善诱、指明方向，在孩子们犯错误时严厉批评、耐心教导，孩子们也亲切地称王新英为"王妈妈"。

队员陈陆主攻女子刀术、棍术单项。常年发力和落地支撑对下肢关节造成的慢性损伤，在第十四届全国运动会决赛前暴发，赛前，王新英时刻关注着陈陆的伤情，从饮食、训练各方面对她进行无微不至的照顾，还与她谈心交流，让她放下包袱，轻松应赛。最终，陈陆打着绷带，咬牙坚持完比赛，为全运会团体比赛贡献了自己的力量。

培养一个武术运动员，少则三五年，长的要十年之久。王新英就像看着自己的孩子一样，看着一个个运动员在她身边逐渐长大，在比赛中不断取得好成绩，为家乡、为国家争光。

（刊发于 2023 年 8 月 22 日　梁静　文 / 图）

王晓兵
一米暖阳护正义

　　王晓兵，自治区政协委员、全国青联常委、宁夏天器律师事务所主任。律师专职执业 22 年中，致力于对律师行业法律服务质量、管理模式、分配体制和青年律师发展问题的研究与实践，创设"律师计时授薪""合伙人公共案源"制并率先实践。常年坚持带领律师团队开展法律服务进村居、公益普法、免费担任公益机构法律顾问、捐资助学、扶贫慰问等各项公益活动。

◎ 用公益服务滋养人心

　　执业 23 年来，王晓兵从一名普通律师到律所合伙人，再到掌舵律所，一步步走来，他把"善"字做成了企业文化核心，一件件公益法律服务的善举让天器律师事务所被行业认可，被百姓称赞。

　　为了让困难群众能够享受到便利的公益法律服务，2016 年，宁夏天器律师事务所启动了"善行天器"公益项目，推动律所的公益法律服务进入常态化、制度化轨道。

"我们两家的矛盾化解了，要不是律师详细讲解法律知识，恐怕这个事还僵着呢，律师们很专业也很认真……"日前，走进金凤区新绣苑社区，值班律师帮助两位当事人化解了一起民事纠纷。该社区是宁夏天器律师事务所定点公益法律服务点，布告栏里公示着每个星期值班律师姓名、咨询时间、地点及热线电话。多年来，口口相传，附近居民都知道家门口有免费的法律服务。

在王晓兵的带领下，宁夏天器律师事务所一改以往"摆桌子、挂条幅，无固定地点"的律师咨询方式，每周三安排法律咨询，向基层群众提供无偿法律服务，由临时化变为常态化，由流动化变为固定化。

针对小微企业经营者法律意识淡薄、法律知识匮乏的特点，宁夏天器律师事务所精心挑选与小微企业经营密切相关的热点案例，邀请退休高级法官，组织部分小微企业负责人参加，利用模拟法庭的硬件条件，针对困难小微企业在发展中遭遇较多的合同纠纷，开展模拟法庭活动，使小微企业负责人直观了解不当经营行为可能导致的法律风险。

善不在一时，而是一世之功。王晓兵始终用实际行动带动团队践行公益，让"善行"在律所生根发芽，蓬勃旺盛生长在律所发展的每一个枝节。

◎ **永不停息的逐梦者**

"合久必分，分久必合"是律师行业更新重组较为频繁的现状。在这种大环境中，王晓兵思考最多的是如何把律所做大做强。

经过市场、客户群体等调研和评估，王晓兵决定在北京开设分所，这一想法最初让律所合伙人及员工产生怀疑，在名牌律所云集、高手辈出的北京市场设立分支机构谈何容易。

王晓兵参加自治区政协有关会议时发言

　　"对于市场，我们不是鲁莽的。基于多年深耕行业的实力自信，根据我的从业经历，我觉得宁夏律师平均水平相较于中东部省区毫不逊色。"王晓兵表示，律所有一定的客户资源，同时在北京也发展了一些志同道合的律师同行。

　　王晓兵说，最重要的一点，宁夏天器律师事务所在实践中探索出了一套符合律所管理的新模式：创设"律师计时授薪""合伙人公共案源"制，使青年律师收入提高 50% 以上，资深律师用人成本节约 80% 以上，律所业绩每年稳定增长 30% 以上。研发"实习律师帮带规则"，将实习律师需要掌握的技能分解，并将需要完成的培训科目进行菜单式罗列，使实习律师业务成长周期缩短 50% 以上。通过一步步实践，这种模式展现出了强大的生命力。

　　最终，王晓兵的这一想法得到了大家认可，他们相信"天器"有勇气走出去。2019 年 7 月，宁夏天器（北京）律师事务所在北京市海淀区成立，成为宁夏首家在北京设立分所的律所。王晓兵以自信的心态和永不停歇的脚步，让宁夏本土律所实现了在登上顶尖平台的初次亮相。

◎ 让法律成为青少年成长的灯塔

组织开展"预防校园欺凌，共创和谐校园"主题座谈会，聚焦未成年人保护法、预防未成年人犯罪法、家庭教育促进法等法律法规在校园实施，发挥律师在"平安校园"建设中的作用。

组织开展宁夏青少年"铸牢中华民族共同体意识"主题教育专题培训班，把铸牢中华民族共同体意识的种子埋在每个青少年心中。

组织开展"法护春芽，爱我祖国"青少年法治夏令营、未成年人反诈宣传等活动，改变传统"重灌输轻引导""重知识轻实践"的方式，用法治情景体验引导青少年增强遵纪守法和自我保护意识。

法治的力量润物无声，却掷地有声。作为中华全国青年联合会常委，王晓兵的关注点还涉及青少年的成长。近年来，王晓兵主导开展了多个面向青少年的宣讲活动，在他看来，每个人都是自己航船的舵手，青少年成长的社会环境是大海，法治教育就是航行途中的灯塔，时刻为舵手指明前进的方向，则是法律工作者义不容辞的职责。

在法律教育工作和法律服务工作中，作为北方民族大学法学院客座教授、法律专业硕士点校外兼职硕士生导师，王晓兵将继续发挥自身优势，担负社会发展责任，为培养更多坚定理想信念、秉持正义思维、精通专业技能的卓越青年人才贡献力量。

（刊发于 2023 年 9 月 5 日　郝婧　文／图）

王芳平

发挥专长优势 助力民营经济发展

王芳平，自治区、固原市两级政协委员，民盟盟员，宁夏六盘珍坊生态农业科技有限公司董事长，固原市供销合作社联合社理事会副主任，固原市六盘山生态农产品联盟会长。他立足本职工作，以饱满的热情和强烈的责任感积极参政议政，围绕助推民营企业发展、绿色食品产业等提交提案，为推动地方经济社会发展贡献力量。

◎ 加强学习夯实理论基础

自担任政协委员以来，王芳平把学习作为一种政治责任，作为增长才干、提高工作能力和履职水平的基础和源泉。翻开王芳平的学习笔记，工整地记录着参加政协委员学习培训班、报告会等活动的学习内容。他说，只有多学习，发言才能有理有据、与时俱进；只有多学习，提出的建议才能准确、有用。

王芳平把深入学习贯彻习近平新时代中国特色社会主义思想作为首要

政治任务，组织公司员工学习党的二十大精神、习近平总书记视察宁夏重要讲话重要指示批示精神、自治区第十三次党代会和固原市委五届五次全会精神。"通过培训和学习，让我对习近平新时代中国特色社会主义思想的理解认识更加全面系统深入，进一步坚定了理想信念，进而转化为推进工作的思路、方法和举措。"王芳平说。

除了坚持学习党的创新理论知识，王芳平每年还组织开展迎"七一"系列主题党日活动，协助党支部组织公司全体党员、预备党员、入党积极分子重走红军路、到六盘山开展重温入党誓词活动。每年六一国际儿童节期间，他都会组织公司年轻党员及入党积极分子，带着公司全体人员的祝福和问候，到西吉县偏远乡村小学开展捐助活动和看望农村留守儿童。

◎ 积极为民营经济发展建言

作为民营企业的一员，王芳平十分关注民营经济发展。党的二十大报告指出，坚持和完善社会主义基本经济制度，毫不动摇巩固和发展公有制经济，毫不动摇鼓励、支持、引导非公有制经济发展，充分发挥市场在资源配置中的决定性作用，更好发挥政府作用，这更加坚定了民营企业发展的信心和决心。

"受经济下行压力的影响，全区民营企业尤其是民营实体企业遇到了前所未有的困难。"调研中，王芳平发现，数字经济的快速发展，加速了实体企业变革，地方民营企业经营规模小、抗风险能力差、缺乏互联网人才、持续融资能力不足等问题逐渐显露。

在自治区政协十二届一次会议上，王芳平提交《关于鼓励和支持国有企业参与民营企业混合所有制改革的提案》，建议结合自治区"六新六特六优"产业布局，选择全区产业基础好、具备发展潜力的民营企业，鼓励

在自治区政协委员学习培训班上，王芳平（右）和其他委员交流学习收获

国资委下属国企、商投、农投、供销集团、农垦集团参与民企经营发展，支持民企做强做大。

撰写提案是政协委员参政议政、为国家建设献计出力的重要方式，也是协助党政部门联系各方面代表人士，听取意见，实现决策科学化、民主化的一条重要渠道。"只有高质量的提案才会有高质量的办结率和采纳率。"王芳平说。随着履职深入，他将目光聚焦到地方产业发展、社会保障等方面，不断深入调查研究，先后提交《关于开展"绿色营养·消费扶贫"固原地标走全国营销活动的建议》《关于固原重视打造农业区域公用品牌的建议》《关于支持固原市发展绿色食品产业，助力国家农业绿色发展先行区建设的提案》《关于继续实施肉牛"见犊补母"政策的提案》《关于对固原古城墙进行修缮提升的提案》，为推动地方经济社会发展出谋划策。

为了让六盘山区天然绿色农产品快速进入全国消费市场，做好固原"土特产"这篇大文章，带动更多农户和企业发展，王芳平联合固原市供销社、农牧局、商务局，发起成立"六盘山生态农产品联盟"，整合固原市120家农产品加工企业、农民专业合作社、种植养殖大户加盟，带动1万户农户参与原料种植供应，帮助联盟企业1000余人稳定就业。

"作为一名政协委员，这是我应尽的责任和义务。今后我将继续加强学习，努力将学习成果转化为履职动力，深入一线调查研究，提出高质量的建议，为推动宁夏经济社会高质量发展贡献智慧和力量。"王芳平说。

（刊发于2023年4月21日　马军　文/图）

王林伶

用实际行动诠释委员的使命担当

　　在网页搜索栏中输入"宁夏社会科学院综合经济研究所所长王林伶",页面出现了《2013年中国西北地区生态文明建设研究报告》《宁夏民营经济发展深层次问题研究》等多篇学术论文的链接,体现了他在专业领域的精耕细作,无疑也是他潜心科研、让科研成果服务社会、助推发展的有力证明。而这些身份之外,他还是自治区政协委员、民革党员,他将脚踏实地的学者风范带到了解民意、建言献策的履职舞台上,用实际行动诠释着一名学者型委员的担当。

◎ 学术研究与履职相结合　更好服务公共决策

　　与王林伶接触后发现,他有着广博的视野、清晰的思路、精准的表达,这些都展现了作为一名学者型委员的风采。

　　然而,在政协做学问并非易事。刻苦的理论学习和扎实的实践调研对王林伶来说已成为日常,他始终坚持一个理念——没有调查就没有发言权,没有调查就没有建议权；他始终坚持点滴积累，走到哪儿、想到哪儿、记到哪儿，记录的内容被他称为"凝固的智慧"；他始终坚持深入调研，"既要能够发现问题，还要提出解决问题的方案"。

肩负着委员的责任和学者的信念，王林伶积极发挥在经济研究领域的专业优势，在自治区政协十二届一次会议上提交了《关于提高清洁能源就地消纳提升绿电价值的提案》，并被列为重点提案办理。

"氢能是世界能源转型的一个重要战略方向，'绿电'制氢被广泛应用，形成了绿氢产业、绿氢经济。"王林伶在前期调研中了解到，目前，宁东能源化工基地已形成氢气产能 247 万吨，占全国产氢量的 7.5%。利用光伏发的"绿电"为电解水制氢气提供了"绿色能源"，再用所制的"绿氢"与煤化工、炼化等产业耦合，利用可再生能源发电，节能降碳效果明显，有力支撑碳达峰目标实现。

"但是我区氢能发展中也遇到了一些亟须解决的难题。"王林伶发现，由于光伏发电、风力发电都存在"看天吃饭"的现象，这类电源时断时续，波动性较大，即使理论上有足够量的光伏装机，绿氢生产企业也很难实现连续生产，造成了电解槽产能浪费，增加了企业生产成本。同时，煤化工项目要求实现连续生产才有实际意义，所以绿氢耦合煤化工必须解决连续生产的问题。

针对发现的问题，王林伶在提案中建议，加强顶层设计，建立制氢光伏与主电网间的调峰置换机制。提高清洁能源就地消纳能力，提升绿电价值。"宁夏已成为首个外送大于内供的省级电网，有力促进了宁夏资源优势转化，拉动了产业链、供应链、价值链增长。但也要考虑外送电力的平衡点，遵循两条腿走路的原则，既要外送，也要提高清洁能源就地消纳的能力，提升绿电价值。"王林伶说。

"提案办理过程中，自治区发展改革委先后两次与我进行了深度沟通。

王林伶参加自治区政协十二届一次会议留影

8 月底，自治区政协经济委也组织相关单位对该提案进行督办调研，我对办理结果很满意。"王林伶说，看到自己的提案建议得到积极采纳，更加坚定了履职信念，增强了履职动力。

◎ **聚焦民生福祉　调研思考发声**

王林伶始终关注民生热点话题，他的提案内容除了涉及专业的经济领域，还有一部分着重聚焦民生福祉。

自治区政协十二届一次会议期间，王林伶提交了《关于我区乡镇卫生院与县级医院就医报销比例的提案》，建议取消乡镇卫生院就医与县级医院就医之间的医保报销比例差异，实行以现有的乡镇卫生院就医报销比例为基准的一体化报销制度。

"我了解到，由于我区农村医疗保障水平偏低以及报销制度的限制，村民因病致贫问题没有完全解决，农村医疗保障制度设置了不同层级医院看病的报销比率差异以及报销目录限制过多是重要原因。"王林伶说。

为了撰写好这件提案，王林伶多次深入基层医院进行调研，详细了解医保报销问题。他的提案得到相关部门的答复，表示将会同相关部门积极落实有关文件要求，着力推进优质医疗资源下沉，提高基层医疗机构供给能力，充分发挥县域医共体、区域医联体作用，促进医疗卫生资源向基层倾斜。

"非机动电动自行车和老年电动代步车给人们出行带来便捷，购买这类电动车的人也越来越多，而这类电动车的充电问题、充电安全也给居民带来了烦恼。"王林伶带着问题先后深入银川市多个社区开展实地调研，聆听居民意见建议。由此，王林伶向自治区政协提交了《关于加快完善银川市居民小区电动车充电设施的提案》，建议通过政府建设、小区自建、物业建设或引入社会投资等方式，加快完善电动车充电桩设施建设，解决好、落实好居民小区电动车充电设施需求。

"促进经济社会发展、民生改善、增进人民福祉是人民政协履职的出发点和落脚点。"王林伶始终将"政协人"的职责使命牢记心中，2023年提交了《关于加快宁夏数字信息产业发展的提案》《关于促进宁夏非遗与旅游融合发展的提案》《关于加快宁夏轻工纺织产业高质量发展的提案》等7件提案（含联名提案），以及《推动储能产业高质量发展的建议》《流动地摊经济该鼓励　液化气罐安全要重视》《加强我区工业固体废处置与利用的建议》等4篇社情民意信息。

2023年的履职工作只是王林伶近6年履职经历的一个缩影。他说，当好政协委员没有什么秘诀，就是勤于学习、深入调研、融会贯通、坚持不懈。"当委员一定要说内行话，不要去对什么事情空泛地发表议论，空泛就是没有研究的结果。"王林伶说。

（刊发于 2023 年 9 月 22 日　吴倩　文／图）

王 宁

心系企业创新发展　情怀市民万家冷暖

　　王宁，自治区政协委员、民革党员，宁夏能源环境科技学会理事长、宁夏百新热力有限公司董事长、宁夏智慧供热技术创新中心主任。2005 年，怀揣着在供热领域干一番事业的梦想，王宁创立宁夏百新热力有限公司。发展企业、关注民生、回报社会，实现员工、企业和社会的共同进步和可持续发展，是他坚持的奋斗目标。在企业发展过程中，王宁披荆斩棘，不断引入新技术，积极推进新跨越，在实现自我价值的同时，以饱满的热情和强烈的责任感践行政协委员的职责。

◎　提升供热品质　造福一方百姓

　　1995 年，王宁大学毕业后进入一家专门做锅炉设备的企业，从基层技术员一直做到公司高层。后来，他怀抱着"提升供热品质，造福一方百姓"的梦想，创立宁夏百新热力有限公司。面对创业初期资金紧张及各种锅炉房的整合、供热锅炉技术含量低、供热行业人员层次低等困难，王宁坚持孜孜不倦学习，他发现，作为传统供热企业，提升供热品质必须坚持走科技创

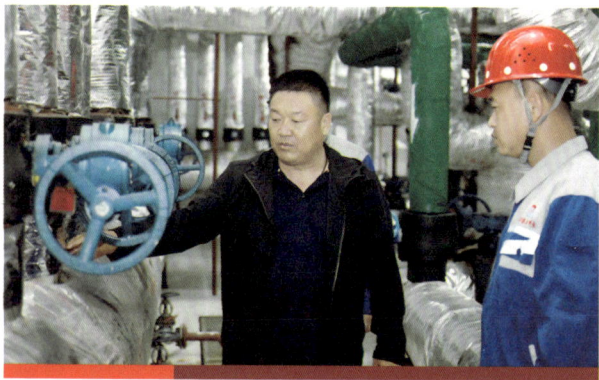

王宁（左）查看换热站供暖前期阀门保养及设备维护情况

新与人才培养之路，实施精细化管理。

2010 年，公司投资 3100 余万元，引进行业先进技术水平流化床锅炉，对供热锅炉进行系统的技术改造，形成集热供、环保领域产品的研究、开发、制造、销售、科技服务为一体的现代产业链。2013 年，公司投资引进供暖节能智能控制系统，获得国家知识产权局颁发的"实用性专利证书"，解决了因供暖管网调控手段落后浪费能源的问题。

2018 年，为升级、延伸百新热力公司产业链，促进宁夏供热行业的快速升级换代，公司以投资控股方式，引进国家高新技术企业深圳市丰利源节能科技有限公司，成立丰利源（宁夏）智能制造有限公司，致力于智慧供热系统解决方案及其关键核心产品的研究开发、应用与推广。

2021 年，宁夏百新热力有限公司立足行业新标准、新方向，以新能源（空气源热泵、地源热泵、光伏、太阳能）为发展方向，聚焦低碳、环保的供热理念，于 2021 年 6 月成立宁夏百新能源科技发展有限公司。截至 2023 年，供热区域以唐徕渠以西，亲水大街以东，沈阳路以南，大连路以北，虹桥街以东至友爱街为主。

冬季供暖是涉及百姓切身利益、事关民生、事关群众冷暖的大事。为切实做好 2023 年冬季供暖期供热保障工作，着力解决好人民群众急难愁盼问题，王宁组织公司成立检查组，重点对供热设施运行、管网维护、注水加压等情况进行检查，确保居民温暖过冬。

每年这个时候，在入户服务过程中，针对困难家庭、老年人家庭，王宁都会给予重点关注和帮扶，主动帮助这些群体改造室内供热系统，提升室内供热温度。每逢过年都会组织慰问，让百姓身暖心更暖。

◎ 创新是企业生生不息的希望所在

新时代下供热企业如何顺应时代发展，提升城市服务功能？王宁表示，创新才是企业生生不息的希望所在。他经常把这句话挂在嘴边、记在心中、践行在企业管理中。

2019 年，公司投资 500 万元，建设了拥有 10 多套大型演示台，可以演示 50 多个实验项目的科普实训基地，填补了宁夏供热培训行业的空白。"我们与宁夏建设职业技术学院、宁夏现代高级技工学校等高等院校签订校企合作协议，最大限度发挥基地的科普实训功能。"王宁介绍，如今，基地拥有专业培训师 30 多人，具有扎实的理论基础与丰富的实战经验，被自治区科技厅认定为区级科普基地。

要主动服务和融入新发展格局，尽快掌握智慧供热的关键和核心技术，是社会发展给予宁夏供热企业的一道"民生考题"。作为民营企业家和政协委员，王宁敢啃"硬骨头"，勇挑"硬担子"，与清华大学签订技术研发合作协议，实现丰利源宁夏公司在智慧供热系统软件、大数据模型建立、类脑技术的实质性突破，创建宁夏智慧供热互联网平台，构建能感知、会思考、可进化、有温度的"供热智能体"。

2021 年，王宁聚焦低碳、环保供热理念，成立宁夏百新能源科技发展有限公司。截至 2023 年，百新能源供热入网面积 1036 万平方米，供热管网覆盖 2000 万平方米供热面积，管理服务项目类型包括城市综合体、居民住宅、商业楼宇、学校等。

2022 年，公司探索农业新发展路径，结合国家乡村振兴战略，整合百新公司资源，成立宁夏百新农业科技发展有限公司，集现代农业基地设计与规划、农业高新技术研发及花卉、蔬菜等绿色无公害的高端农产品种植与培育为一体。首批产品以高端客户为主要客户群体，产品已销往北京、深圳，得到一致好评并已形成自己的市场群体。

◎ 企业家委员要在慈善事业中善作善为

在发展壮大企业的同时，王宁积极参与各个领域的公益活动，带领企业关注公共事业发展，关爱弱势群体。

"2015 年冬天，我到西吉县调研时，发现这里的部分学校条件艰苦，有些学生家庭贫困，交不起学费，甚至连防寒的衣物和鞋子都没有，孩子们光着脚丫子，小腿冻得通红。"这一场景王宁到现在都记忆犹新。多年来，他持续为西吉县白涯乡阳洼村小学、幼儿园困难学生解决生活费及学杂费，捐赠学习用具、图书，无偿向学校、幼儿园供应冬季取暖用煤，帮扶捐助近 45 万元。

2020 年至 2021 年，王宁参与自治区扶贫基金会"点亮中国梦　牵手校园行"公益活动，慈善捐款 14.4 万元；2021 年，出资近 100 万元，建设星光村老年膳食中心，为星光村 100 余名 60 周岁以上的老年人提供就餐服务，并为残障老人、部分生活有困难的老年人及 70 岁以上的老年人提供免费就餐服务；2020 年至今，向贺兰县总工会捐款 5 万元、贺兰县发展和改革局捐款 5 万元、贺兰县住房和城乡建设局捐款 5 万元……截至 2023 年，王宁已向社会慈善、教育事业和体育事业等捐助近 200 万元。

"民生不只是国家的宏大叙事，更关乎百姓生活的安危冷暖和一餐一饭，要解决涉及群众切身利益的'冷暖'。"这是王宁初入供暖行业的誓言，也是他作为政协委员对百姓的承诺，他将一如既往，抓好事关百姓"冷暖"的供热"小事"。

（刊发于 2023 年 10 月 17 日　张红霞　文 / 图）

王航，自治区政协委员，好大夫在线创始人兼CEO。王航学医出身，有着17年互联网医疗经验，4次创业经历，无论前进路上有多少困难，他始终乐观面对。他认为，互联网一定能改变中国的医疗服务，提升医疗效率，让患者受益。

王 航

做医疗互联网服务的坚守者

◎ 打造互联网医疗平台

1993年，青春年华的王航从河南医科大学预防医学专业毕业后，在郑州市卫生防疫站流行病科工作。1997年加入中美史克公司，负责区域药品销售工作。许是有一颗悲天悯人之心，王航在工作过程中，和不少医患打交道：当他看到患者饱受病痛折磨时，内心波澜起伏；发现医患矛盾时更是常常深思，究竟如何能帮到医患双方？

1999年，国内互联网蓬勃发展。王航随之进入了这一领域，先后担任雅虎中国搜索事业部总经理、奇虎360副总裁。2006年，他成为最早涉足互联网医疗的创业者之一，创办好大夫在线至今。在王航看来，互联网的首要优势在于高效传递信息，这对于信息不透明的行业来说最有价值。

一开始，王航带领团队经常在各大医院"扫街"，他经常听到患者聚集在一起交流看病经历、分享"哪个大夫更有耐心、看得更好"，由此意识到患者就诊决策需要一张"就诊地图"，从中了解"应该找哪个大夫"。于是，王航开始把医生信息收集起来，放在网上供人查阅。尽管好大夫在线点击量上来了，但"不赚取药品利润，不做面向患者的医疗广告，不开实体医院"的底线始终未变。

刚把好大夫在线平台搭建起来时，他和团队经常会接到医生半夜打来的"抱怨"电话。有一次，王航接到一位专家的电话，要求关闭其在好大夫在线的账号。原来，这位专家白天忙着线下门诊、手术，晚上还要回复网友的提问，经常回复患者信息要到凌晨一两点，体力实在支撑不住。出现这种问题，王航意识到，在患者信息抵达医生端前，必须要做分诊。如果患者提交上来的信息不是这个医生涉足的领域，就分配给更合适的医生。沿着提高医生工作效率这个思路，王航带领的好大夫在线摸索出了"预问诊"体系，这在整个行业里又是一次变革。

经过多年发展，好大夫在线从最早被全国各地医生熟知熟用的互联网医疗服务平台，到今天实现了多种功能的集成。患者在好大夫在线上不只局限于查询医生信息，还能使用图文及电话问诊、远程视频门诊、门诊精准预约、诊后疾病管理、家庭医生、疾病知识科普等功能。截至2023年12月，好大夫在线上有27万名医生实名注册，直接向患者提供线上医疗服务。其中，三甲医院的医生占比72%，主治医师及以上职称占比84%。平台已累计服务超过8600万名患者。

王航在参加自治区政协十二届一次会议时留影

◎ 发挥互联网医疗惠民作用

2017年4月，好大夫在线在银川开展了"远程专家门诊"服务。"远程专家门诊"作为开展"互联网＋医疗健康"服务的主要创新模式之一，成为"互联网＋医疗健康"促进宁夏地区医疗卫生服务发展的亮点之一。2022年3月31日，银川市卫生健康委正式批复"远程专家门诊"升级为"银川市国家级专家远程诊疗中心"。

患者通过银川市国家级专家远程诊疗中心，可以快速获得来自北京、上海等地国家级专家的权威方案，并由银川市第一人民医院专家团队负责实施。因为在银川本地治疗，患者还可以享受到本地医保报销政策，省去很多麻烦，家人还可以随时照料，也不用盲目跑到北京、上海进行就诊，节约了很多非医疗花费。

一天，银川市国家级专家远程诊疗中心接待了一位小患者，陪同孩子来看病的老人眉头紧锁。老人说："孙子今年11岁，做了很多检查，都没找到孩子发烧的原因。"

经中心工作人员协助，北京儿童医院感染病科主任刘翠英与银川儿科专家迅速会诊。刘翠英认为，患儿所患疾病是临床较少见的重症感染伴多脏器损伤，考虑细菌血症、败血症。会诊结束后，家属如释重负，表示会积极配合医生。在不耽误孩子学习的情况下，经过精心治疗，患儿的病情得到了控制。

据统计，截至 2023 年 12 月初，共有 912 名北京及上海等地专家为宁夏患者提供了远程专家门诊服务，服务患者 3326 人次。

不仅如此，王航还开通了"直播义诊"，大大提高了专家的工作效率，让三甲医院获得了更多符合分级诊疗原则的转诊病例。截至 2023 年 12 月初，共开展线上直播义诊 287 场，累计参与人数达 29.4 万余人次。

王航说，本着对互联网医疗行业执着的理想和坚韧意志，他将带领团队不断创新和实践，坚信互联网医疗一定能带来实在的惠民成果，解决群众看病过程中的"疑难杂症"。

不仅如此，在银川市卫生健康委的指导下，王航牵头成立了"银川互联网+医疗健康"协会，现有会员单位 89 家，包括好大夫在线、丁香园、微医、平安健康、京东健康等互联网医疗企业。王航介绍，协会下设学术委员会、药事管理专业委员会、互联网医患纠纷调解中心、医药伦理委员会、媒体专业委员会等主要机构，希望针对性研究行业发展中存在的潜在风险，通过行业自律等主动手段，防范风险，探索规范的发展模式，共创良好发展环境，让社会、行业参与者、政府多方受益。

截至目前，协会下设的学术委员会成员已经先后承担了国务院研究室、北京市医改办和银川市卫生健康委相关互联网医疗课题研究工作。协会每月定期发布行业简报，已成为会员单位、政府相关部门、投资界、学术界获取行业发展动态的参考资料之一。

（刊发于 2023 年 12 月 26 日　束蓉　文/图）

让生存有质量 让生命放光彩

冯 涛

冯涛，自治区政协委员、宁夏中西医结合医院重症康复科主任。多年来他带领团队深耕重症康复领域，率先在宁夏创建首家重症康复病房，创新性将早期康复理念融入重症患者管理学科，形成院内"重症治疗—重症康复—加强康复—慢病康复"一体化治疗模式，先后荣获"自治区塞上名医""最美西夏人""白求恩式好医生"等称号。

◎ 精湛医术挽救重症患者生命

"中西医古今联璧，急患者所急，想患者所想。"这是悬挂在重症康复科墙面上的服务口号。科室内，医护人员忙碌的身影与口号情景相融。

科室刚成立接诊的第一例病人，至今让冯涛记忆犹新。

"这位患者是一名50岁的女性，她被牛顶倒后导致颈椎受损，确诊为颈椎第五、六椎体出现脱位和骨折，压迫到脊髓，在宁夏医科大学总医院脊柱外科做完手术后被转入重症监护室。"冯涛说，经过手术治疗，患者神志、意识状态恢复得非常好，生命体征平稳，但却面临两大难题：一是，病人的颈椎受损平面影响到了膈肌，出现呼吸无力症状，每天需持续戴呼吸机；二是，由于病人颈椎受损导致四肢瘫痪，颈部血管张力条件下降，维持血压稳定需要血管活性药物。虽然治疗2个月，但这两个因素改善情况不太理想。

为进一步治疗，宁夏医科大学总医院脊柱外科专家和病人家属沟通后，决定转入宁夏中西医结合医院重症康复科进行康复治疗。

"为了让病人脱机，我们制定了个体化的康复方案，利用针灸、中药疗效的特点，结合临床西医，针对其心肺功能进行康复，同时锻炼病人膈肌功能，以此来增强她自主呼吸的能力。"冯涛说，医院还为此特邀北京中医医院吴彦青教授对患者做了辨证施治，决定用红参提升她的元气，间接提升她的血压。

冯涛回忆，通过近2个月康复治疗，病人已完全脱机，甚至可以不用吸氧，氧饱和度都在理想状态，病人的血压、心率也非常稳定。

"对于一些危急重症患者，之前只是单纯考虑患者手术问题，而忽略了后期的康复，病人愈后往往不好。"冯涛告诉记者，希望通过早期重症康复的介入，对患者康复起到良好效果。

◎ 不仅要"活下来"　还要"活得好"

作为自治区级重点学科，重症康复科通过双向转诊：向上主动接收三级医院下转患者，将早期床旁康复融入急、危重症患者管理中；向下做实患者康复锻炼指导和培训，赢得了三级医院、基层医疗机构同行及患者家属的认可和肯定。

冯涛受邀参加"健康银川"科普栏目

　　冯涛告诉记者，科室先后收治下转的重症康复患者近百例，患者分布宁夏及内蒙古乌海等地，覆盖病种包括颈脊髓损伤、脑卒中、重症肺炎合并获得性衰弱、格林巴利综合征、重症肌无力等，其中机械通气困难撤机患者脱机成功率高达70%，实现了由三级医院向二级医院过渡的治疗模式。

　　随着重症康复学科的发展，宁夏中西医结合医院在2019年成功举办了全区首届重症康复学术会议。"这次盛会来了很多国内及全区重症康复方面的专家。通过精彩纷呈的学术及病历研讨，不仅让我们了解到目前重症康复的最新动向，增长了学术见识，还与参会同行进行了友好交流。"冯涛说，此次会议作为宁夏首届重症康复学术会议，开创了宁夏重症康复领域无相关学术交流的先河，填补了宁夏重症康复的空白。

　　正是因为不断学习和进步，2021年10月23日，中国康复医学会重症康复专业委员会换届选举中，冯涛当选为中国康复医学会重症康复专业委员会第二届委员会常务委员。

　　此后，冯涛更加注重临床与科研齐头并进。他带领团队申报自治区卫生健康委员会科研课题 10 项，参编重症康复教材 2 部，在核心期刊等发表论文 10 余篇，持续提升重症康复创新能力。随后，他参与组织全区重症康复学术会议、重症康复技能培训班、重症学科建设与管理基层行等系列学术会议的召开，逐步扩大重症康复学科影响力，形成了示范带动作用明显的区域临床重点专科。

　　"爱在左，同情在右，走在生命路的两旁，随时撒种，随时开花，将这一径长途，点缀得花香弥漫，使穿枝拂叶的行人，踏着荆棘，不觉痛苦，有泪可落，也不觉悲凉。"冰心先生的这段话完美诠释了医务人员的大爱，作为一名临床医生，冯涛用实际行动和无悔的信念执着，在平凡的工作岗位上默默奉献。

（刊发于 2023 年 8 月 15 日　郝婧　文／图）

叶 金

从调查研究中来 到真抓实干中去

　　叶金，自治区、银川市两级政协委员，民盟盟员，中国广电宁夏网络有限公司高级工程师。履职中，叶金注重紧密联系界别群众倾听民意，认真调查研究，所提建议既有事关农业产业、民营经济发展等站位全局的大事，又有物业管理、老旧小区改造、汽修服务等与群众生活密切相关的"小事"。无论关注哪个领域，在叶金看来，都要尽职尽责履行好政协委员的责任。

◎ **扎实调研打牢履职根基**

　　2021 年年底，叶金成为银川市政协委员。"心情很激动，政协委员是一份荣誉，更是沉甸甸的责任。"叶金说，作为民主党派的一员，他对参政议政并不陌生。在他看来，履职建言，要在调查研究上下真功夫，客观实际情况是调研的"源头活水"，唯有对真实情况了然于胸，才能心中有"法"，建言有"方"。

　　为了让履职工作更接地气，日常工作生活中，叶金善于和界别群众联系沟通，与街道社区党支部和社区群众保持紧密联系，针对群众反映强烈、关心关注的问题开展调查研究，在此基础上认真做好提案撰写和反映社情民意信息工作。他积极参政履职，以"政协委员与界别群众组队"联合攻关的形式开展调研、撰写提案。一年多来，叶金向银川市政协提交了30余件提案，其中《关于在住宅小区增设无障碍通道的提案》《关于大力提升老旧小区改造功能品质的提案》《关于大力提升末端处置能力加快垃圾资源化利用》《关于规范汽车维修服务行业经营场所的提案》等18件提案立案办理，得到有关部门重视。

　　"依托政协平台能够更好知情明政，使调研视野更加宽广，掌握情况也更全面具体，建言献策更具针对性。"叶金说。2022年，在参加银川市政协农业和农村委员会组织的调研活动中，叶金发现银川市在经济果蔬制种、畜牧良种繁育等领域存在专业技术人才不足、科研基地重点实验室短缺、农业农科生产一线与涉农高校联系不够紧密等短板。调研结束后，他立即着手撰写社情民意信息，提出《撮合科研单位与银川市涉农企业联合建设"一县一品"科技小院的建议》，呼吁相关部门将科技小院纳入农业技术服务体系，引导"研究生培养单位"把研究生长期派驻农业生产一线，重点研究解决农业农村生产实践中的实际问题。这一建议为解决现实困难提供了可行方案，得到有关部门高度重视。

　　2023年作为自治区政协委员首次履新，叶金精心准备提案，向自治区政协十二届一次会议提交的《关于促进殡葬服务转型升级的提案》被立案办理，提案呼吁在自治区层面建立政府对殡葬事业的政策引导性投入机制，稳步推进以殡仪馆、农村公益性墓地为重点的殡葬基础设施建设。充分利用互联网、区块链、云计算等先进技术，打造一套交互体验好、服务模式全的网络祭扫新生态。

叶金（右三）与界别群众交流

叶金说："我所在的自治区政协文化文史和学习委员会先后开展了以'加快推进传统媒体与新兴媒体深度融合发展''传承历史文化'为主题的委员界别活动，委员们交流热烈，为我们开展调查研究提供了很好的平台和载体。我要积极参与到界别提案撰写中，为全面建设社会主义现代化美丽新宁夏建真言、献良策。"

◎ 坚持学习拓宽履职视角

从加强基层中医药事业发展到增加基层法院员额法官，从打造宁夏枸杞品牌市场影响力到拓展中小学劳动教育实践校企链接……翻阅近年来叶金提交立案办理的提案目录，我们发现涉及内容广泛。叶金介绍，他的本职工作主要从事5G通信和文化数据专网建设，在熟悉的领域提出质量高、可行建议的同时，他还要求自己不断践行终身学习理念，逐步拓宽履职视野，将党委和政府的中心工作和宏观经济、社会民生领域政策指引方向当作学习充电的"指挥棒"，在充分理解全过程人民民主核心内涵和积极践行协商式民主的过程中，踏踏实实地为家乡做点实事。

2023年，他格外关注民营经济发展，这也是从国家到地方经济发展中的大事要事。这方面的思考折射在他提交的《关于加大力度帮助中小型民营企业渡过难关的提案》《关于促进银川市民营经济健康发展的提案》中。叶金认为，民营企业是经济社会发展的重要力量，是创业就业的主要领域、技术创新的重要主体、国家税收的重要来源。但民营企业特别是小微企业，在发展过程中仍面临诸多困难和矛盾。"缺乏足够的信息来源，经营者需要政策引导和信息支持。筹资融资瓶颈依然突出，政务环境不够宽松，管理部门检查多、罚款多，教育引导和咨询服务相对少，这些亟须引起重视。"叶金通过提案建议，建立健全政策引导和信息支持平台，明确引导中小企业发展的产业政策，推动中小企业持续走好"科创＋产业""科创＋制造"路子。着力解决民营企业融资难融资贵问题，定期召开座谈会，由发展改革部门发布未来规划，由民营企业提出融资需求，由银行、信贷机构研究金融服务新政策新产品，有效降低贷款风险，提高资金运营效率。坚持服务型政府的理念，按照"更少干预、更多支持"的原则，创新对民营企业的法治监管方式和执法方式，让政府和企业之间的沟通更加顺畅。

针对白天和夜晚经济活动差异化较小、夜经济区定位不够鲜明等问题，叶金与多名委员联名提交《关于高质量发展银川"夜经济"的提案》《关于加强银川市夜间经济规划建设的提案》，为推动地方经济发展积极出谋划策。

从调查研究中来，到真抓实干中去。叶金表示，要始终不忘委员职责使命，加强理论联系实践能力，在履职道路上一步一个脚印坚定地走下去。

（刊发于 2023 年 4 月 14 日　陈敏　文／图）

庄 宁

让算力赋能科技未来

庄宁，自治区政协委员、宁夏西部云基地发展有限公司总经理。作为云计算和大数据产业专家，庄宁负责建设国家算力枢纽宁夏节点京津冀飞地园区，落地北京市海淀区中关村核心地带，该园区设计了以算力券为纽带带动东西协同、推动企业"东部研发＋西部计算""东部市场＋西部生产"的模式，推进与国家信息中心、北京大数据研究院、清华启元实验室等东部科研院所的合作关系，成为宁夏招才引智的重要抓手。

◎ 把劣势变为优势　吸引人才进驻中卫

"人才储备主要从本地人才培养与外部人才引进两方面着手。"庄宁说，云计算作为新基建发展的核心，行业发展势头迅猛，企业需求旺盛，发展前景广阔，但人才相对稀缺，中卫发展云计算和大数据产业应加强人才储备。

对于人才培养与引进，庄宁有着自己的见解："人才培养应从人才层次、所属专业、培养周期与难易度等角度做好人才规划。培养周期较短的人才，可通过实用型培训与现场实践相结合的方式进行本地培养，以迅速满足用人需求。培养周期相对较长的人才，可依托本地院校、本地院校与外部培训机构联合、邀请东部院校到本地开设分院等多种方式培养。培养周期长且难度大的人才，如经营类、研发类等行业领军人才，建议从东部地区引进。"庄宁说，应提供良好的人才保障条件，鼓励本地企业走出去，主动引进人才来中卫工作；创造良好的干事创业环境，吸引人才主动来中卫创业。主动引进人才方面，应给予更高、更好的人才保障，如个税返还奖励，提供安家费用等，提供生活条件的改善。吸引人才创业方面，应提升中卫的吸引力，从金融支持、创业支持、应用场景倾斜等方面，营造更好的创业环境。

◎ 全力打造宁夏高性能算力平台

为推动宁夏大数据产业转型升级，庄宁组建技术研发团队，带领团队开展技术研发，目前已有三项实用新型专利《一种纵向散热机房》《运维机房风冷三级除尘系统》和《一种机房局部区域风冷降温装置在中国大脑数据中心搭建》进入申请阶段。他带领公司转型，在公司投资建设的中国大脑数据中心搭建"西部云基地高性能算力平台"，该平台总投资18.85亿元，提供六个应用场景的算力服务，是宁夏第一家从机柜租赁、服务器托管业务向算力服务全面转型的企业。

"我们一直致力于'推动东数西算　弥合数字鸿沟'。西部云基地数字生态示范园主要是以基金加基地的模式，在建设高可靠、高能效、低碳数据中心集群的同时，以科技创新、产业孵化推进创新链、资金链、产业

庄宁参加行业会议留影

链融合。"庄宁说,通过建立覆盖数据存储、离线分析、后台加工等领域的绿色数字经济生态系统,打造具有全国标杆效应的数字生态示范区。通过商业模式创新,真正增强中卫市云计算大数据产业聚集虹吸能力,从"两头在外"转变为"两头在内"。

庄宁介绍,同样被列为宁夏"十四五"期间重点项目的西部云基地算力自主可控服务平台则致力于提供算力资源服务。该平台旨在改变目前宁夏数据中心仅提供服务器托管、机柜租赁等基础业务的局面,增加服务器等硬件和操作系统、中间件以及算法模型等软件的投入,从而抓住国家"东数西算"战略机遇,提升宁夏大数据产业的含金量和战略地位。

西部云基地算力平台目标是建设成西部最大的高性能算力集群。规划分三期完成,最终将为生物医疗、气象能源、工业制造、建筑设计、影视娱乐及基础科学研究等领域提供图形计算、实景建模、仿真实验及 AI 模型训练等算力服务,为人工智能、数字孪生、虚拟数字人、元宇宙等业务提

供基础赋能。项目建设周期为 2022 年至 2025 年。"项目建成后，可提供
5 个以上的应用场景。"庄宁说。

　　孔雀东南飞，西北有高楼。"我们将与中卫市政府联合，共同打造西
部云基地数字生态示范园（数字小镇），将西部云基地打造成为'东数西算'
的标杆。"庄宁说。

（刊发于 2023 年 7 月 27 日　孙振星　文 / 图 ）

朱彪，自治区政协委员，宁夏中山书画院院长、中国美术家协会会员、宁夏美术家协会副秘书长，银川市文联委员，银川市美术家协会副主席，宁夏文联美术高研班"朱彪工作室"导师。多年来，朱彪用画笔画出了宁夏的山水之美，也用画笔画出了对家乡的热爱。

用画笔『勾勒』宁夏山水之美

朱 彪

◎ 因热爱与美术结缘

50 多年前，朱彪的父母曾在南京当兵，之后服从组织分配来到宁夏。朱彪从小热爱美术，因此，他辞去了在国营企业团委的工作，专门从事美术创作，后又去北京拜名师学习。他非常崇拜北京画院专业画家、国家一级美术师王文芳。他说："恩师在中国山水画方面有很高的造诣，在学术界，他为人为艺都有广泛的影响。"

2001 年，朱彪来到北京。他第一次见到王文芳是在中国美术馆。当大画家突然出现在他面前时，他鼓起勇气向王文芳提出了拜师的想法。自此，便跟随王文芳学习国画。王文芳的教学不仅是在课堂上，在生活中也给同学们讲解艺术创作的画理画论，他的教学涉及很多艺术门类。

在北京求学的十多年时间里，朱彪还师从中国当代工笔画领军人物孙志钧，中国现代水墨大家刘进安和当代国画大家贾浩义、石齐、王明明等多位大家。朱彪从这些老师身上学到的不仅仅是绘画技巧，还有"发现自己的天性"，领悟自然。

◎ 用国画展现家乡的山水

朱彪先后从事油画、版画、漫画、国画创作，他时常尝试将中国画和西画进行融合。"油画颜料的材质跟国画还是有差距的，但是国画中的一些主题，创作的时候也可以借鉴不同画种的特点，比如木版画的刀味、木味都可以借鉴。"朱彪说，"中国画是由中国文化的基因决定的，里面有中华民族的血脉。有很多画家从别的画种转过来，能转过来的这些画家的能力都特别好，对他们而言只是换了个工具和材料。毛笔、水墨无不体现了中国人的审美和哲学思想。现在很多有成就的油画家或多或少借鉴了中国画的表现方法。"

用国画描绘家乡的山水，也是朱彪心中一直存在的情怀。这些年，他一直到全国多地学习、交流、办展，与同行一同用画笔描绘着祖国的山山水水。2019年，朱彪和他人合作创作的两幅巨幅山水画《六盘山上高峰》《巍巍贺兰》，悬挂于人民大会堂宁夏厅。2017年至2018年，他先后受邀参加"精准扶贫"和"自治区成立60周年庆祝大会"主题创作。

在朱彪看来，宁夏人淳朴、热情、智慧，宁夏山川大地景色秀美，为他的创作提供了丰富素材。他的绘画作品涉及人物、山水、花鸟走兽，题材宽泛。在现实题材的人物画创作中，他关注当下身边的人和物，如农民

朱彪参加全国美术作品展

工等，注重人物给观众的切身感受，营造画面气氛，用自己多年积累的笔墨修养，使画面有很强的可读性，其山水画主要表现宁夏的山川地貌和西部山水的雄浑壮美。

◎ 用作品讲述脱贫攻坚故事

2009年，朱彪创作系列作品《西海固纪事》，反映宁夏南部山区人民与严苛的自然环境抗争的故事。其中，《西海固纪事·暖春》入选第十一届全国美术作品展，荣获自治区第九届文学艺术奖。"宁夏南部山区是我多年来长期采风写生的基地，这里的人民朴实善良，热爱生活，是我创作的源泉。"朱彪说。

2020年，朱彪和他人合作创作的巨幅国画作品《"时代楷模"，闽宁协作，扶贫协作，援宁群体》，参展"美丽新宁夏·脱贫攻坚全面建成小康社会美术摄影主题作品展"，作品以生动的艺术语言，展现了脱贫攻坚伟大实践。作品展出后，受到了业界和社会广泛关注和好评。

　　在谈到创作西海固群众脱贫攻坚的故事时，朱彪推荐了他的作品《家园》。这件作品打破时空，在一幅画里呈现出西海固地区移民搬迁致富的历史进程，画幅由四部分组成：出山、创业奋斗、安居发展、幸福生活。朱彪说："将发生在不同时空的四个阶段组织到同一个画面中，背景用葡萄酒的生产设备、酒窖、管线等元素，把这些画面融合起来，这是我的主要创作手法，也是我对家乡时代特色的写照。"

　　　　　　　　　　　　（刊发于 2023 年 7 月 18 日　梁静　文 / 图）

刘媛

三十年『虫口夺粮』 让大地『写』满丰收

　　刘媛，自治区政协委员，自治区农作物病虫害防控首席专家、宁夏农业技术推广总站研究员，她从事植物保护工作已有 30 多年。自毕业起，刘媛就扎根田间，一边做技术研究，一边做示范推广，为全区农业种植户解决病虫害"疑难杂症"，用奉献让大地"写"满丰收。

◎ 牢记"国之大者"　守护粮食安全

　　粮食安全是"国之大者"。作为一名农业工作者，刘媛始终牢记身上担负的职责，在增强科研实力上不懈努力，矢志不渝将农业技术研究成果运用到宁夏粮食种植的田间地头。

　　作为一线工作人员，刘媛与团队并肩协作开展宁夏主要粮食作物病虫草害农药减量控害技术集成示范推广项目的研究。

　　一个科研项目从立项到研究，再到形成成果，非旦夕之功，而是要靠大量田间试验来完成。为了取得试验成果，刘媛和团队成员顶烈日、冒酷暑，风雨无阻。"我们开展的项目主要针对小麦、水稻、玉米等粮食作物，研究如何既减少农药使用量，又确保农户稳产增收。"刘媛说，在病虫害防治上，需要按照区域特点制定方案，采取数字化监测预警等综合措施实现精准防控，找到病虫草害防治和农业增产增效的最大平衡点。经过3年攻坚，刘媛和她的团队针对宁夏主要粮食作物病虫草害防控，集成了农药减量增效技术在全区推广应用，实现农产品安全、生态环境保护双重效益。

◎ "虫口夺粮" 打好农业丰收主动仗

在农业技术推广中，刘媛主要从事农作物病虫害预警监测和防控，通过专业技术指导帮助农民挽回损失，打好"虫口夺粮"攻坚战。

2021年6月，正值蔬果上市季节。刘媛和当地农技部门工作人员主动对接，在银川市永宁县佳蕾种植专业合作社的田间安装病虫害监测仪器，将监控对象锁定在一种名叫番茄潜叶蛾的害虫上。当时，合作社负责人索立佳并没有在意，可随后这一举措为他挽救了一年的收益，令他庆幸不已。

监测设备安装第二天，刘媛通过监测设备在叶片上发现许多番茄潜叶蛾，并立即采取措施。"我第一次见到这种害虫，真是吓了一跳。如果害虫蔓延到果实上面，果子就没法销售，损失会很大。"索立佳说。

刘媛是宁夏发现番茄潜叶蛾的第一人，为防止害虫危害作物，自发现起，她便投入大量时间和精力，对害虫的来源、生活习性、危害及有效防控措施进行深入研究。刘媛介绍："番茄潜叶蛾被称为番茄上的'埃博拉病毒'，2021年在我区发现其危害番茄，其幼虫潜食叶肉、顶芽、嫩茎、嫩梢、蛀食果实。严重发生可导致80%至100%的产量损失。"在她的努力下，宁夏600多个病虫害监测点协同合作，通过拉网式防控并进行合理消灭，番

刘媛（右）为农户做田间指导

茄潜叶蛾在全区的危害得到有效遏制，为广大农户挽回了损失。

◎ 加强农技指导　守护"舌尖安全"

近年来，刘媛又开始研究主要蔬菜病虫害全程农药减施增效技术，开展了包括番茄、黄瓜、甜瓜等主要瓜菜病虫害农药减施增效技术试验示范，集成了以病虫害预测预报为基础，农业生态调控、生物防治、水肥药一体化、化学农药减量防控、高效植保机械施药等技术模式，从源头上守护群众"舌尖上的安全"。

在她的推动下，这项技术推广应用产生了良好的经济效益。我们从自治区农业技术推广总站了解到，2015 年至 2022 年，全区农药实际用量实现"七连降"，统防绿控面积实现"七连升"，三大粮食作物农药利用率实现"五连增"，这背后包含着全区农技工作者的辛勤付出。刘媛作为广大农技工作者中的一员，在自己研究的领域内辛勤耕耘，取得了一系列丰硕成果。先后获得第十四届宁夏青年科技奖、第五届中国植保学会青年科技奖等 11 项省部级科技奖励，并荣获自治区"313 人才工程"新世纪学术、技术带头人等荣誉称号。

做好植物保护工作不是在办公室、热炕头，而是要走千家、进万户。刘媛在日常工作中经常深入田间地头开展技术培训、咨询、指导工作，将病虫信息、防治技术及时送到农民手中。"每年'刘专家'都会到我们的农田和大棚里进行实地指导，不管是常见的还是不常见的病虫害，她讲解的知识浅显易懂，非常实用。"银川市兴庆区通贵乡司家桥村种植户陈威说。

一生逐一梦。"希望看到广大农民有好的收益、奔向幸福新生活，这也是我事业的幸福所在。"刘媛说。

（刊发于 2023 年 7 月 11 日 李莹 文／图）

刘彩凤

甘做动物疫病防控『守门人』

　　刘彩凤，自治区政协委员、盐池县动物疾病预防控制中心主任。1993年参加工作以来，她始终奋斗在畜牧技术推广服务和动物疫病防控工作一线，兢兢业业为以滩羊产业为主的盐池畜牧业健康发展保驾护航，先后被授予自治区"塞上农业专家""全区十佳农技推广标兵""全国巾帼建功标兵"等荣誉称号。

◎ 不遗余力筑牢动物疫病"防火墙"

　　盐池县是宁夏畜牧大县、全国"滩羊之乡"，地处宁夏"东大门"、陕甘宁蒙四省（区）七县交界地带，交通四通八达，畜禽饲养量大且流通频繁，动物疫病防控任务艰巨。

　　强制免疫、动物检疫、流通监管、无害化处理……动物疫病防控和卫生监督工作有着严格的程序和要求，每一项工作，刘彩凤都一丝不苟认真落实。"责任重大，要时刻保持高度警觉，才能牢牢守住不发生区域性重

刘彩凤（右二）与同事合影

大动物疫情底线。"刘彩凤谨记作为动物疫病防控专业人员所肩负的职责和使命。

工作中，每每有风险大、责任重的情况，她总是冲锋在前率先垂范。2021年，惠安堡镇一家牛场发生结节性皮肤病，刘彩凤第一时间到达现场，全程参与和指导疫情处置。连续2天通宵奋战，防护服内汗水湿透了衣衫，雾气模糊了眼镜，她擦一擦接着干，实在困了就靠在沙发上眯一会儿，直到疫情全部处置结束才松了一口气。

运输监管是畜禽疫病防控中的重要环节。2022年，全区推行畜禽运输车辆备案并与产地检疫关联，要求备案车辆符合条件才能予以备案运行。个别养殖户不理解，认为增加了门槛，聚集到产地检疫报检点，严重影响了检疫秩序和工作开展。刘彩凤一遍遍耐心讲解政策要求和缘由，直到群众充分理解。

刘彩凤说，既然干了这一行，就要做好吃苦耐劳的准备，就要做好对群众的服务工作。在她的带动下，盐池县动物疾控中心，8个乡镇畜牧兽医站，9 个兽医社会化服务组织，150 余名县、乡、村三级动物防疫工作人员，任劳任怨奔走在盐池县各个养殖场、屠宰场和乡村集市，认真完成防疫指导、监测采样、疫情流调各项任务。近 3 年来，盐池县累计组织开展口蹄疫、布病等强制免疫病种 2450 万只（头、羽）次以上，应免免疫密度保持在 100%。成功创建布鲁氏菌病净化场 2 家，指导建成省级动物卫生监督示范场 8 家。

◎ 为构建完善基层兽医服务新格局贡献力量

2018 年起，盐池县推行政府购买基层兽医服务改革。改革初期，社会化服务公司管理松散、条件简陋、服务意识和能力水平较低，防疫服务效果不尽如人意。

刘彩凤看在眼里、记在心里。"随着滩羊产业快速发展，盐池县逐渐成为全区滩羊养殖集散地，带动了肉牛、奶牛、生猪等产业规模迅速增加，外调家畜隔离观察、疫病检测、疫情报告、消毒灭源等工作量激增，但兽医社会化服务存在较大短板。"刘彩凤谈道。

2020 年，刘彩凤从组织防疫公司全面开展规范化培训着手，下大力气推动兽医服务改革工作见实效。每年，盐池县动物疾病预防控制中心组织专门培训班邀请专授课，推荐企业负责人和业务骨干参加高素质农民、农村带头人培训班，以"请进来"和"走出去"结合的方式，

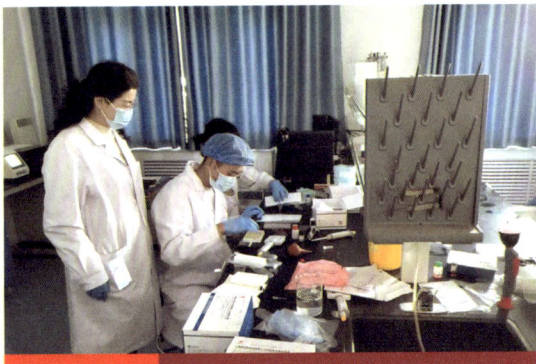

刘彩凤（左一）在实验室监测

确保培训高频次全覆盖。

"主任，2023 年有啥培训班，我们公司还有防疫员想去参加学习，能不能多给几个培训名额？"近日，负责大水坑镇防疫服务的盐池县优沃防疫公司经理冯志玉问道，听到这话刘彩凤开心地笑了。从组织防疫培训请不来，到主动要求名额参加培训，她的付出看到了效果。

政府购买兽医社会化服务是一套完整的工作体系，离不开考评监督环节。2021 年，面对兽医公司"吃大锅饭""干好干坏一个样"的工作现状，刘彩凤在原有基础上，制定优化兽医社会化服务考核方案，进一步细化量化防疫数量、密度、免疫抗体合格率、疫情报告等各项考核指标，将免疫抗体水平作为一项硬性指标进行罚劣奖优。她还积极筹措拓展政府购买服务项目，对接保险机构将防疫公司作为政策性保险协保机构，拓宽了社会化服务组织的业务范围，仅政府购买一项人均收入从 2018 年的 2.5 万元增加到 2022 年的 6.8 万元。

如今，盐池县建立起"政府业务部门＋兽医社会化服务组织＋乡村（执业）兽医＋养殖经营主体"的四级联动动物疫病防控体系，兽医社会化服务组织人员结构得到优化。为了解兽医社会化服务组织服务效果，刘彩凤进村入户向养殖户询问情况。"花马池镇防疫公司的孙学成兽医，给我们帮了大忙，不光上门给羊打免疫针，每次我们遇到问题，第一时间上门服务，降低了不少损失。"养殖户官生成说，家门口的兽医服务，受到大家的欢迎。

刘彩凤创新举措为滩羊产业健康发展保驾护航，甘做动物疫病防控"守门人"，用心用情用力书写着责任与担当。

（刊发于 2023 年 9 月 19 日　李莹　文／图）

刘红梅

履职尽责有作为 倾心为民践于行

刘红梅，自治区政协委员、银川市妇联党组书记、主席。作为连任两届的自治区政协委员，履职工作中，刘红梅高度关注社会热点难点问题，特别是关系到妇女儿童的民生问题，认真调查研究、积极建言献策，在联系和服务妇女群众、助力促进女性全面发展、维护好妇女儿童合法权益、推动社会各界为妇女儿童办实事上下功夫，切实为服务大局、服务妇女儿童发挥委员作用。

◎ 持续发声　力促家庭教育落地生根

家庭是国家发展、民族进步、社会和谐的重要基点，千家万户好，国家才能好，民族才能好。作为妇女群众贴心的"娘家人"，多年来，刘红梅坚持将履职重心聚焦家庭教育，全力助推家庭教育在宁夏落地生根。

在开展相关调研中，刘红梅发现，宁夏家庭教育服务资源匮乏，服务机构缺乏必要的准入机制和专业规范，服务市场混乱，专业素质不高。留守儿童、流动儿童、困境儿童、不良行为未成年人的家庭教育等问题，需要跳出家庭框架，通过政府、社会和家庭合力解决。2020年，刘红梅提交《关于进一步促进家庭教育工作的提案》，提出将家庭教育工作纳入国民教育总体规划、将家庭教育指导服务纳入政府购买服务项目等建议。该提案被列为自治区政协重点提案办理。

"家庭教育是一切教育的基础。"刘红梅说。基于这样的认识，2021年她又提交了《关于尽快出台〈宁夏家庭教育促进条例〉的提案》。结合重庆、湖北、湖南等多省区相继出台《家庭教育促进条例》，为家庭教育指导服务从制度、机制、经费、人员等方面提供法治保障的实际，呼吁尽快出台《宁夏家庭教育促进条例》，明确家庭教育的法律地位、原则，家庭教育主体的权利、责任和义务。

谈及提案办理情况，刘红梅感到很欣慰。目前，自治区妇联正在加强与相关部门的沟通协调，充分整合社会力量，加快推动出台《宁夏家庭教育促进条例》，加强家庭教育指导工作，做好学校教育补充，共同营造有利于儿童健康成长的家庭环境和社会氛围。

◎ 开展"有事好商量"　助力基层治理

2022年，自治区司法厅将婚姻家庭矛盾化解工作案件补助纳入《自治区人民调解员以案定补管理办法》，建立健全婚姻家庭矛盾纠纷调解工作"以案定补"长效机制，实现多元推动婚姻家庭矛盾纠纷调解工作，助力基层社会治理。

这项工作顺利推进实施的背后，刘红梅付出了很多的努力。

"当时，银川市妇联在接待来信来访中发现，婚姻家庭矛盾占较大比例。在银川市司法局执行的人民调解员以案定补管理办法中，因文件未明确婚

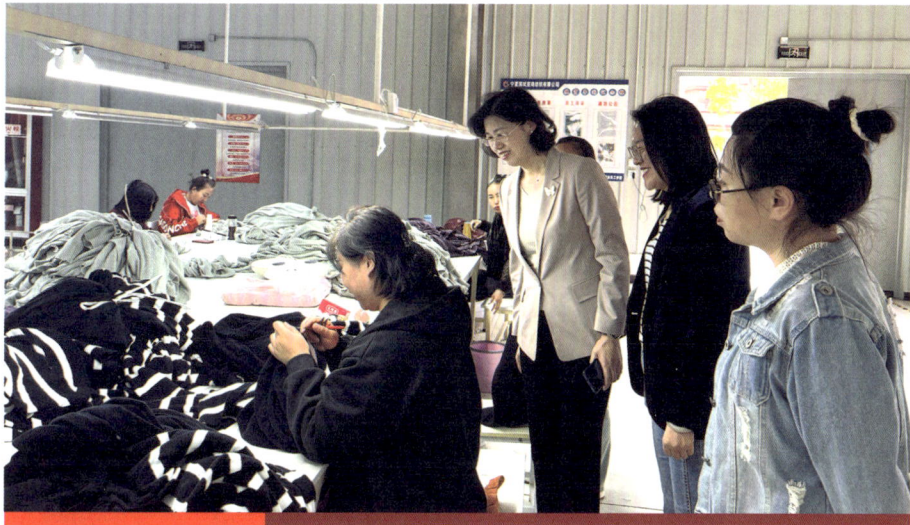

刘红梅（右三）在灵武市城区街道办镇河塔社区妇女手缝车间调研

姻家庭矛盾调解工作的补贴标准，没有享受以案定补，专业调解员也随之流失，影响了婚姻家庭纠纷的化解。"刘红梅希望能够加大对婚姻家庭调解的工作指导、政策支持和经费保障。

婚姻家庭矛盾纠纷预防化解工作关系到家庭和谐稳定和社会长治久安。刘红梅的关切得到了自治区政协社会和法制委员会的高度重视，不久后，一场关于婚姻家庭纠纷调解案件补贴问题"有事好商量"协商会召开。

在这场多方参与的协商座谈会上，大家各抒己见、畅所欲言，达成一个共识——司法行政部门将大力支持妇联组织开展婚姻家庭矛盾纠纷预防化解工作，加大制度层面的顶层设计和操作层面的具体落实。

不久后，在宁夏制定印发的《自治区人民调解员以案定补管理办法》中，已将婚姻家庭矛盾化解工作案件补助纳入其中。刘红梅说，"有事好商量"协商平台不仅为基层群众和党政部门架起了一座各方坦诚对话、真诚交流的"连心桥"，也为委员履职提供了新的舞台。今后，要持续发挥好政协委员面向基层、贴近群众的优势，深入做好反映民意、集中民智、汇聚民力工作，切实把政协制度优势转化为社会治理效能。

◎ 聚力推动社会心理服务体系建设见实效

"一件好提案，首先要选题准确，围绕经济社会发展中的重要问题、人民群众普遍关心的问题建言献策。其次要针对性强，反映情况真实，分析问题深入，提出建议具体，具备严肃性、科学性、可行性。"回顾走过6年委员履职经历，刘红梅有着自己的心得体会。她说，高质量提案的形成离不开深度调研，只有通过深入一线调查研究才能掌握真实情况，提出切实可行的建议，为党和国家决策提供有益参考。

刘红梅是这样说的，也是这样做的。履职中，她积极参加政协组织的各种会议、调研、视察活动。正是在多次的调研走访中，她发现随着经济社会快速转型，人们生活、工作压力加剧，患心理疾病和出现心理健康问题的人群数量增加，因很小的问题激化社会矛盾、家庭矛盾的事情屡见不鲜，影响了家庭和社会和谐稳定。为此，她提交《关于进一步加强社会心理服务体系建设的提案》，建议从健全心理健康服务网络、加大培养心理健康服务专业队伍、大力开展心理咨询和心理治疗服务等方面持续发力，推进宁夏社会心理服务体系建设，加快提升全社会心理健康素养。

谈及连任十二届自治区政协委员，刘红梅认为这是对她履职工作的极大认可，同时也感到沉甸甸的责任。她说："这几年的履职之路上，我最大的感触就是'事事有回应，件件有回响'，政协委员提出的意见建议可以得到有关部门的重视，并在关键时刻发挥一定作用，这让我更加珍视政协委员身份，也极大地激发我履职为民，为妇女儿童事业积极建言献策的动力。"

（刊发于 2023 年 9 月 15 日　单瑞　文／图）

刘冬梅

把调查研究作为履职建言第一环

　　刘冬梅，自治区政协委员、自治区自然资源厅国土空间规划研究中心主任、自治区重大决策社会稳定风险评估专家。她坚持把调查研究作为履职建言的第一环，带领民盟宁夏区直国土资源支部盟员重点围绕发展节水型农业、村集体经济壮大方面进行专题调研，瞄准问题、归纳提炼、议政建言，力求做到高质量建言献策。2023年5月，被民盟宁夏区委会评为参政议政先进个人。

◎　从细处着手实处着力为民生鼓呼

　　从自治区两会期间组织委员进行培训，到4月份对新任委员开展集中培训，再到6月份组织委员远程参加全国政协委员培训班，多场多轮的培训活动让刘冬梅记忆深刻。参加学习的过程，也是责任意识强化、履职能力提升的过程，她深刻感受到作为政协委员，必须始终站稳人民立场，用心用情听民意、察民情、解民忧。为此，刘冬梅充分利用社情民意信息"短、平、快"的特点，注意在生活中收集线索，从细处着手实处着力，深入走访群众，拓宽建言广度，通过政协社情民意信息渠道为民生鼓呼。

"完善的充电基础设施是电动汽车普及的重要保障。"刘冬梅说，电动汽车越来越多地走进大众家庭，但"充电难"却让很多人望而却步。她提交《关于进一步加大充电基础设施建设的建议》，认为宁夏致力打造集聚度高、竞争力强、绿色低碳的沿黄城市带的发展目标，也为电动汽车提供广阔市场。但充电设施布设现状无法满足电动汽车充电需求。建议增加公共充电设施数量，增加公共停车场、路边车位充电桩配置；支持政府机关、企事业单位、工业园区等内部停车场配建或预留相应比例充电设施，鼓励对外开放。采用交通、电力等大数据对车流量等进行分析，合理规划布局快充和慢充。引进先进充电技术模式，如带储能的共享式充电桩、立体车库无线供电技术，逐步解决电动汽车"充电难"问题。

楼宇亮化、城市景观、文旅设施……随着城市建设的快速发展，夜间经济日益丰富，文旅游玩日渐多元，新建改建了大量夜间景观照明设施，但由于缺乏科学规划和智能化调控措施，一些夜间景观照明设施彻夜通明。

"这种现象造成了电力资源浪费，在我区电力能源主要来源于火力发电的背景下，也产生大量碳排放。"刘冬梅说，这一问题也是群众反映较多的问题。她提交《关于优化城市夜间景观照明布局降低碳排放的建议》，呼吁科学规划夜间景观照明设施，结合区域内基础设施建设情况，因地制宜改扩建。加大智能化景观照明设施引进力度，采取分时段、分区域、分人流量精准调控措施。推进智能化应用，可采用将路灯照明控制 Wi-Fi 天线基站、视频监控、交通信号等多种功能聚合的智慧路灯杆，推动减少非必要照明设施建设使用频率。加大社会宣传力度，营造人人参与节能减排的浓厚氛围。

刘冬梅（左二）和同事们一起探讨交流工作

◎ 以专之能以博之长为发展建言

长期从事国土空间规划研究工作，刘冬梅养成了深入调查、科学研究、理性分析的工作作风。她认为，作为政协委员，同样要秉持深入调研、求真务实的履职作风。

"持续推进黄河流域生态保护修复，助力黄河流域生态保护和高质量发展先行区建设"是自治区政协2023年专题议政性常委会会议议题之一，刘冬梅参加了第一调研组调研，围绕"国土绿化、荒漠化治理""黄河安澜、水土保持、水污染治理"2个课题，提出提升绿化质量，科学布局绿化空间，探索水土保持与产业及乡村振兴融合新模式，一体规划"治山、理水、固土、增绿、富民"等建议。"从调研培训到实地调研，再到常委会上专题议政，促使委员们掌握情况、熟悉政策、提前思考，带着问题有针对性地去调研，在与各方交流中积极发声，努力做到言之有理、言之有据、言之有物。"刘冬梅说。

　　"推动乡村全面振兴是我们重点关注的课题。"刘冬梅介绍。作为民盟宁夏区直国土资源支部主委，她带领支部盟员 2023 年重点围绕发展节水型农业、村集体经济壮大等方面进行专题调研，形成的调研报告作为参政议政素材，提交到民盟宁夏区委会、自治区政协被作为提案采用。在《节水型农业推动宁夏农业高质量发展研究》中，建议建立健全节水型农业运行管理机制，严格农业用水全过程管理，在水资源开发、利用、保护、配置、调度各环节突出节水优先地位；推动信息化、数字化技术在农业节水中的运用，推动农业供水精准配置、精准测量、精准灌溉；探索建立"投、建、管、服"一体化灌区建设管理新模式，农业生产因地制宜推进适水种植、量水生产。针对村集体经济发展模式单一、管理方式简单、项目风险防控不足、发展人才短缺等现状，在《关于我区村集体经济壮大发展的建议》中，提出逐步试点建立村集体经济壮大发展投资基金，解决村集体经济发展项目投资痛点；鼓励有条件的同一区域各村集体经济联合实施多元化经营；根据乡村集体经济人才需求，统一公开招聘经营管理人才，通过政府购买方式推动人才向村集体经济组织延伸等建议。

　　刘冬梅表示，将立足自然资源本职工作以及熟悉的领域，围绕如何优化国土空间格局助力经济社会高质量发展和乡村振兴等方面，科学准确提出意见建议，用心用情、持之以恒地做好提案工作。

（刊发于 2023 年 9 月 15 日　陈敏　文/图）

伏国军

深耕社会调查　弘扬求实精神

伏国军，自治区政协委员，民革党员，西夏区政协常委，宁夏艾依斯数据统计调研有限公司董事长。15年来，他深耕大数据、调查统计行业，凭借摸爬滚打积淀的丰富经验，被誉为宁夏民间统计第一人。

◎ 发起建设宁夏调查统计博物馆

"欢迎来指导工作……"一见面，伏国军便热情地邀请我们参观位于他们公司内的宁夏调查统计博物馆。博物馆由伏国军发起建设，收录了近1000份调查统计史料及相关文献、物件。

走进宁夏调查统计博物馆，首先映入眼帘的是一把长2米、高约1米的巨型算盘。"算盘是中国古代发明之一，凝结着古人智慧，每一次珠子的拨动都是一次数据的记录与运算。"伏国军说，算盘代表调查统计事业从古到今的延续，他已从全国各地收藏了多把算盘，年代久远，形态各异，材质多样。

伏国军对馆内藏品如数家珍，对于每一件展品，每一本书籍，每一张照片，他都能讲出背后的故事，他希望通过丰富的展品和文献资料，使参观者对调查统计工作有直观感性的认识，让人们了解更多历史、体悟求真的精神。谈及创办宁夏调查统计博物馆的初衷，伏国军介绍，2019 年正逢新中国成立 70 周年，作为民革党员，他参加了民革宁夏区委会开展的"不忘合作初心，继续携手前进"主题教育。在一次活动中，他认真学习毛泽东同志《反对本本主义》一文，其中"没有调查，没有发言权"的名言再次激发了他的思考。"社会调查不正是我的本职工作吗？我能否把历代领导人关于调查统计的讲话都归整起来，系统整理调查统计行业的一些史料成立博物馆？"

伏国军的想法得到了周围人的支持，大家迅速行动，确定选址和分区，把公司占地面积最大、原本要升级改造的咖啡厅装修改造为博物馆。他不断在网上发帖、广泛发动身边的人脉关系，面向全国搜集一切有关调查统计的资料、书籍、笔记等，并自费购买了大量历史资料与实物，经过 3 年多的努力，终于建立起宁夏调查统计博物馆。

伏国军始终认为，调查统计最重要的就是重视事实，尊重事实，这同样是他创办宁夏民间调查统计博物馆的初衷。他想告诉更多人，调查统计最重要的价值在于能够看清问题展现出来的现象，并透过现象找出背后的症结所在，但这一过程就需要调查，只有深入到最基层，了解到群众实际的困难，才可能想出合适的解决办法。在博物馆中收录了许多社会调研的史料，他欢迎更多的人参观学习，对这一行业有更深入的理解，把求真务实的调查研究精神广泛传播出去。

在宁夏调查统计博物馆，伏国军（右一）向参观者讲述展品背后的故事

◎ 立足本职创造社会价值

2008 年，伏国军创办宁夏艾依斯数据统计调研有限公司，是西北地区第一家民间数据统计调研评估机构。十几年来，他带领团队深耕民间统计、市场调研、民间智库、大数据采集、第三方评估等领域，奋发向上，不断突破，已形成 600 余项调查统计与评估类项目，为经济社会发展提供丰富精准数据，为政府决策提供重要参考依据，得到委托方的一致好评。公司先后被认定为"国家级中小企业公共服务平台""自治区'专精特新'示范企业""自治区科技'小巨人'企业""宁夏名牌服务企业"，是宁夏唯一一家由国家统计局颁发《中华人民共和国涉外调查许可证》的民间智库机构。

乡村振兴是中国经济发展和现代化建设的重要战略，是全面建设社会主义现代化国家的重大任务。伏国军说，2023 年上半年，他主要对乡村振兴进行调查研究，在阅读了大量书籍以及深入部分地方走访后，深深感受到乡村振兴落到实处、乡村要真正发展起来，需要人才与资本"双下乡"。

"我从农村走出来，是土生土长的宁夏人，热爱自己的家乡，想为家乡发展做些事情。"伏国军表示，他现在带领公司除了完成好委托方交办的一些项目外，还依托公司资源和业务经验，发挥所处行业优势，入手调查搜集更多一手数据、资料，为推动社会经济发展尽一份力。

伏国军还将关注点聚焦在产业复苏方面。"近些年来，国际局势纷繁复杂，国内各项产业的发展也面临前所未有的压力，国家的发展需要各行业发力。具体来说，不同的行业复苏面临了什么样的难题？有哪些因素阻碍了企业生产规模的扩张？宁夏市场恢复到了什么样的程度？"伏国军表示，这些问题都是自己接下来将调查研究的内容，他会继续从各行业的生产与销售、成本与市场等多种不同数据入手，了解各行各业发展的现状与困难，用大数据为相关决策展现更真实的行业面貌，让政策制定、发展规划更准确更科学。

（刊发于 2023 年 8 月 22 日　马敏　陈嘉琳　文 / 图）

闫亚美

潜心求索科研路 矢志不渝枸杞情

闫亚美，自治区政协委员、宁夏农林科学院枸杞科学研究所产品加工研究室主任。作为枸杞加工学科带头人，她主持或参与完成国家自然科学基金、自治区科技攻关等科研项目 20 余项；参与研发枸杞类胡萝卜素、花色苷、花粉多糖等分离提制技术 5 项；发表学术论文 40 余篇……先后获评自治区"312 人才"、自治区首批"青年拔尖人才"、自治区"三八红旗手"、九三学社宁夏区委会"出彩九三人"等荣誉称号。

◎ **从科研新人到研发能手**

2007 年，研究生刚毕业，闫亚美便进入宁夏农林科学院从事科研工作。众所周知，做科研就要勇于坐冷板凳、敢于坐冷板凳。刚入职时闫亚美在面临无加工课题的情况下，毅然地将自己完全投身到枸杞育种研发工作中。

　　"每天我不是跟着师傅在田间地头摸爬滚打,就是在办公室查阅资料、设计实验、撰写报告。"就是这样重复类似的工作,闫亚美依然乐此不疲。"我师傅钟鉎元先生被誉为'宁夏枸杞之父'。看着师傅十年如一日地潜心科研,我非常敬佩,渐渐地我也爱上了这份工作。"闫亚美说。

　　枸杞是宁夏的地域符号、特色产业、文化品牌,独特的光、热、水、土资源,造就了宁夏枸杞"甘美异于他乡"的超群品质,已成为宁夏面向全国走向世界的一张亮丽"红色名片"。

　　随着枸杞产业的不断发展,科技含量低、产业链条短、产品附加值低等诸多短板日渐显现。宁夏枸杞产业如何突破发展瓶颈? 2009 年,刚刚走上工作岗位不到 3 年的闫亚美便接到了重要任务:负责研究枸杞功效成分及新产品研发。

　　"当时单位在这方面的研究几乎为零,而国内功效成分的研发技术领域也几乎空白,这项工作对我来讲是巨大挑战。"闫亚美说,为了能尽快掌握熟悉相关知识顺利展开工作,她考取了南京农业大学博士研究生,以枸杞功效物质基础研究作为博士论文课题,查阅文献、开展实验、寻求突破。

　　读博期间,闫亚美每天都要在实验室连续工作十几个小时以上,她顾不上给家里打电话,也无法照顾孩子……在这样的坚持下,经过无数次的实验和失败,闫亚美带领团队创新了枸杞多糖、花色苷等枸杞功效成分的提取分离方法和制备工艺,首次从黑果枸杞中分离出 7 个黑果枸杞特有化合物,获得纯度大于99%的黑果枸杞花色苷和枸杞玉米黄素二棕榈酸酯单体。利用掌握的系列技术,先后研发了 10 个枸杞深加工产品。6 项产品专利技术先后有偿转让宁夏本地企业,为单位和企业创造了经济效益和社会效益,也为促进宁夏枸杞产业提质增效发挥了重要作用。

◎ 深耕加工领域　助力枸杞产业"茁壮成长"

科研的道路上，没有最高，只有更高，唯有寻找突破，才能使一项项的研究从无到有，从小到大。多年来，闫亚美是这样想的，也是这样做的。

协同创新是提升农业科技创新水平的重要途径。针对宁夏枸杞领域基础研究相对滞后，研究技术和实力较差的现状，闫亚美不仅不断学习生物技术领域新知识理论，还积极对接美国新泽西州立罗格斯大学、南京农业大学等国内外杰出科研团队，通过"引进来""走出去"等方式，借鉴国内外新技术新方法，大胆实践，为产业解决技术和理论难题。

建立反映道地药材宁夏枸杞不同种类功效成分的"多元"化学指纹图谱，为宁夏枸杞的质量鉴定提供全面、可靠检测依据；研究阐明枸杞及其主要功效成分滋肝明目、抗衰老、预防前列腺、降脂减肥等作用机理。细数这些科研成果，闫亚美感触颇深，想要把科研工作作为一项事业来做，就要有坐冷板凳的精神，更要严谨、务实、勤奋、踏实。科研来不得半点虚假，也没有任何捷径可走。

为进一步加强科企合作和科技成果转化，闫亚美积极对接联系，与百瑞源、沃福百瑞、宁夏红等区内外企业进行枸杞成分分析、提取及加工方面的人才团队共建、技术服务与合作研发，联

2023 年 7 月，闫亚美参加食药同源功能食品与健康国际论坛会议

合申报共建枸杞深加工人才小高地 1 个；合作中试生产黑果枸杞果酒 1 个；孵化转化枸杞鲜颗粒冲剂产品 2 个。通过拓展合作渠道，努力提升开放合作与研发水平。

闫亚美还参与撰写《宁夏回族自治区科技创新"十四五"规划》《宁夏回族自治区科技厅枸杞产业"十四五"重大项目建议》等"十四五"科技发展规划、学科前沿动态 19 份，力争"枸杞精深加工"在新一轮发展中赢时间、抢先机。

政协委员身份不仅代表政治荣誉，更是一份沉甸甸的职责和担当。作为十二届自治区政协委员，闫亚美在干好本职工作的同时，积极参加各项学习和调研活动，先后对宁夏农业产业尤其是枸杞、小麦进行了深入调查研究、分析思考，撰写提案 4 件，为推动宁夏枸杞产业高质量发展助力。

闫亚美说，今后，将借助政协搭建的广阔平台，全面提升履职能力和水平，积极参加会议活动、学习调研，广泛听取群众心声，积极参政议政，在破解难题、推动发展上提出有针对性的意见建议，为宁夏经济社会发展献计出力，为政协事业增光添彩。

（刊发于 2023 年 9 月 19 日　单瑞　文／图）

何 杰

在马拉松赛道逐梦奔跑

　　3月19日，在2023年无锡马拉松比赛中，自治区政协委员、宁夏选手何杰以2小时7分30秒的成绩获得男子组亚军，并打破尘封近16年的男子马拉松全国纪录，帮助中国马拉松进入"207时代"，成为中国马拉松精英跑圈中的"主角"。

◎ 天生就爱跑的"赤脚少年"

　　1998年12月，何杰出生在平罗县灵沙乡一个普通家庭。他从小就展现出了运动天赋，在小学五年级校运会上，拿到了800米和1500米两项冠军。

　　在小升初过程中，由于体育成绩突出，何杰被推荐到县里的中学就读，课余时间开始训练。2014年，何杰入选宁夏体育运动训练管理中心田径队，跟随马自成教练专攻5000米和10000米项目。

　　何杰坦言，刚开始他对体育就是单纯的爱好。真正让何杰"开窍"的是2014年自治区第十四届运动会5000米比赛。当时，15岁的何杰在第二圈被踩掉跑鞋的情况下，赤脚忍痛跑完剩下的 10 圈并夺得银牌，赛后被教练背下田径场。仅仅隔了一天，脚伤未愈的何杰再次站上 10000 米起跑线，又拿下一枚银牌。这位"赤脚少年"开始被外界关注。

然而，在那两场抢眼的比赛之后，何杰进入了瓶颈期。2016 年至 2017 年，宁夏和山东进行体育交流合作，何杰以陪练的身份到山东队训练。"当时的场地成绩卡在一级的门槛，怎么都跨不过去，到山东后给万米选手做陪练，每一次想懈怠时，教练总会把我拽起来，那段时间成绩有了很大提高。"何杰说。

2017 年，天津全运会后交流合作结束，何杰回到宁夏。彼时宁夏队聘请了内蒙古名将单长明执教，考虑到何杰有氧能力强、训练底子厚的特点，教练组提出让他转项练习马拉松。

2018 年，20 岁的何杰正式开启马拉松生涯。当年的长春国际马拉松赛中，何杰以 2 小时 28 分的成绩开启"首马"。随后，何杰与队友铁亮、付文国等 6 人组团参加 2018 年全国马拉松锦标赛（吉林站），斩获团体冠军。这次夺冠让何杰信心倍增。不久他考入宁夏大学体育学院，更加刻苦地投入训练中，在漫长的赛道上默默耕耘，追逐梦想。

◎ 十年磨一剑 从"配角"到"主角"

2019 年 5 月，在秦皇岛国际马拉松暨全国马拉松锦标赛中，何杰以 2 小时 18 分 35 秒的成绩获得男子个人亚军，达到国家健将级运动员水平。2020 年末的南京锦标赛，何杰把成绩又提高到 2 小时 15 分 33 秒。南京比赛后，何杰结识了现在的教练肖丽，开启了职业生涯的又一段历程。在肖丽的带领下，他与董国建、杨绍辉、彭建华等国内高水平运动员一起训练，成绩进一步提升。

何杰参加 2023 第五届"丝绸之路"宁夏·银川马拉松赛

在云南集训时，何杰花了一个月时间才适应教练高密度、大调整的训练方式。4 个月后，何杰在徐州马拉松跑出 2 小时 12 分 00 秒的成绩，达到国际级运动健将标准。虽然最终因 30 秒的差距无缘征战东京奥运会，但何杰并没有气馁。不久之后的江苏淮安马拉松比赛中，何杰以 2 小时 14 分 14 秒的成绩夺冠。

在跟随肖丽教练不到一年时间里，何杰除了马拉松成绩迎来大提高，5000 米、10000 米项目也在 2021 年迎来突破，在第十四届全国学生运动会上，他代表宁夏大学登上了领奖台，在场地赛中创造了个人最好成绩。

2021 年全运会马拉松赛前一周，何杰患上了重感冒，比赛时身体尚未痊愈，但他拼劲十足，在高手云集的激烈竞争中坚持到了最后。最终，他以 2 小时 14 分 56 秒拼得第四名，创造了宁夏马拉松项目在全运会上的最好成绩。2022 年杭州亚运会选拔赛，何杰以 2 小时 12 分 58 秒同样位列第四。

2022 年 9 月，是何杰职业生涯的里程碑。在国家队教练员苏伟的带领下，何杰与上届全运会马拉松冠军青海选手仁青东知布代表中国队备赛柏林马拉松（柏林马拉松，是世界马拉松大赛六大赛事之一，也是马拉松世界纪录的诞生地）。他们与马拉松世界纪录保持者肯尼亚选手基普乔格等世界顶尖运动员站在同一起跑线上，向个人最好成绩发起冲击。比赛鸣枪后，基普乔格在配速员的带领下领先大部队前进。5 公里计时点，何杰用时 15 分 06 秒，平均配速 3 分 02 秒，最终以 2 小时 11 分 18 秒冲线，位列赛会第 16 名，创造该项目个人最好成绩。

柏林马拉松比赛后，何杰从未想过会在马拉松比赛中战胜埃塞俄比亚、肯尼亚等非洲强队。作为 2023 年国内首场大型马拉松赛事，深圳马拉松吸引了 1 万名田径高手参赛，既有来自全国各地的跑者，也有来自 14 个不同国家和地区的选手。在焦灼的比赛态势中，何杰表现出非常强的战意，多次尝试加速领跑，以拼到底的气势一路冲过终点，以 2 小时 13 分 29 秒的成绩力压外籍特邀选手拿下冠军。

作为"全国纪录保持者"，何杰正在备战杭州亚运会。"中国马拉松的梦想，就是创造新纪录。我要给大家看看，中国马拉松不差。我们所有人一直在冲击，我们还要走出国门，创造更好的成绩。"何杰信心满满地说。

（刊发于 2023 年 9 月 19 日　邓蕾　文／图）

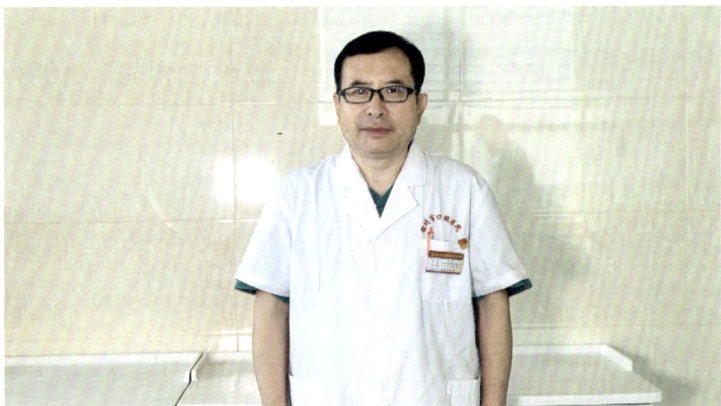

张雷　对患者有『情』　对诊治有『心』

张雷，自治区政协委员、银川市口腔医院颌面外科主任。1989年从西安医科大学毕业至今，深耕口腔颌面外科35年。他从普通医生成长为专家学者，在口腔种植技术、面部微整形美容、毛发再生与移植、颞颌关节病治疗等方面，积累了丰富的临床经验。

◎ 唇腭裂修复让患儿重绽笑容

"啊一下，让我看看小嘴巴长好了没？""孩子恢复得挺好，你们听，她的哭声非常响亮，接下来就要教她慢慢发音，还要注意别给吃太硬的东西，过段时间再来复查。"在银川市口腔医院颌面外科诊室，记者见到张雷时，他正在为一名术后10天的唇腭裂患儿做检查。

修补唇腭裂是张雷的主要工作之一，他总是以严谨细致的态度，面对每一位患者。张雷总说，自己的一举一动都关乎着患者的健康和形象，必须精益求精。

　　2000 年，银川市口腔医院颌面外科通过"国际微笑列车"唇腭裂基金会认可，对唇腭裂患者进行免费治疗。热衷于公益事业的张雷成为该项目的主刀医生。他带领团队利用各种渠道，进山区、下农村进行唇腭裂相关宣传，大大提高了农村群众对唇腭裂治疗的认识。先天的缺憾在他的手术刀下奇迹般得以修复，患儿重展笑容。

　　在张雷记忆中，有一些令他印象深刻的事例。"有一个孩子出生于1985 年，家里很穷，他的出生给全家带来喜悦的同时，也带来了无限的忧愁，因为他是一名先天性唇腭裂患者。"张雷说，那时孩子两三岁，父母带着四处求医，当时的口腔医学对他的帮助并不大，唯一的希望是去北京，但昂贵的医药费让父母望而却步。在走访中得知此事的张雷，率领团队将患者及家属接到医院，免费为患儿进行唇腭裂修补手术，并在住院期间，为其带去零食、小礼物等。在团队精心照顾下，小患者走出唇腭裂阴影，拥有了甜美的微笑和自信的声音。如今这个孩子已长大成人并参加工作，但仍与科室医护人员保持着联系。对此，张雷无比欣慰。

　　迄今为止，张雷和他的团队已为 2000 余名困难群众实施免费手术。"唇腭裂修复改变的不仅是患者外貌，很可能改变他们的整个人生。"张雷说。

　　在帮助患者治疗疾病的同时，张雷还常常为一些家庭生活困难的患者慷慨解囊。这些年，他陆续为家庭困难的患者捐赠衣服 500 余件，奶粉200 余袋，捐款 2000 余元；在为 1150 多名患儿治疗过程中，减免费用达230 万元，使原本面部缺陷、语言障碍的患者有机会通过手术矫治获得新生。

◎　**做医生就要学无止境**

　　"做医生，就要学无止境。口腔颌面外科是个系统的学科，只有不断学习和探索，才能更好地服务患者。"张雷说，除了耐心，精湛的医术更

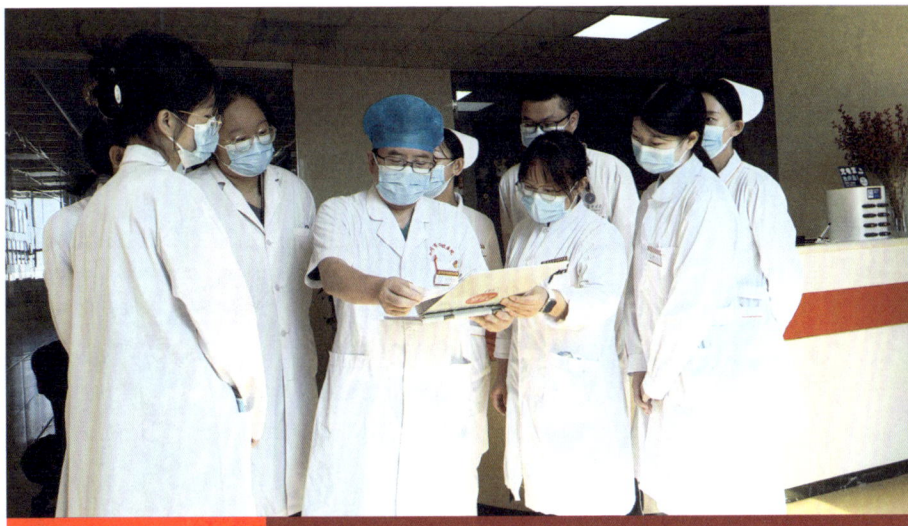

张雷（前排右三）为学生现场授课

是至关重要。

从医 35 载，他在学习上从未止步。先后主持自治区、银川市科研项目 10 余项，通过自治区科技成果鉴定 6 项，其中 2 项获自治区科技进步奖三等奖、2 项获银川市科技进步奖三等奖。先后荣获自治区"313 人才"、自治区"劳动模范"、"塞上名医"、中华慈善总会"突出贡献天使奖"等称号。

2019 年，张雷承担宁夏医科大学口腔颌面外科专业硕士研究生教学任务。在做好临床工作的同时认真执教，其备课、讲课及手术示教工作，受到学生和老师的好评，使多名优秀医学生顺利走上工作岗位，为社会培养了一批优秀医学人才。

（刊发于 2023 年 8 月 7 日　郝婧　文 / 图）

张志

让患者重获健康是我最大的幸福

　　有人说用自己的左手温暖右手是一种本能，而用自己的双手去温暖别人的双手却是一种奉献。自治区政协委员、固原市人民医院骨科主任张志就是这样一位时刻心怀大爱，把病人当亲人，把奉献当责任的好医生。查房时，他常常细心地为患者做局部按摩，舒松肿胀。"让患者重获健康，就是我最大的幸福。"这是张志常挂在嘴边的话。30年来，他始终牢记医者初心，用自己的实际行动诠释了一名优秀医生不忘初心、大医精诚的初心与使命。

◎ 情系患者　用爱谱写生命之歌

　　张志长期从事临床、教学及科研工作，在关节、创伤、脊柱、运动医学等方面经验丰富，尤其对髋、膝关节置换和膝关节单髁置换有着丰富的临床经验。从业以来，他以精湛的技术和严谨的态度成功实施了多例高难度手术。

走进固原市人民医院骨科住院部办公室，墙上挂着的一排锦旗耀眼夺目，表达着患者对张志和科室医务人员的认可。其中，彭阳县的一位患者送给张志的一面锦旗上写着"医德高尚众人赞　医术高超创奇迹"，是这位患者对张志发自肺腑的称赞。这位 76 岁的患者患有先天性髋关节脱位，一侧的髋关节相比正常一侧短了 10 厘米，从 16 岁开始已影响正常生活，50 多岁时完全丧失了行动能力，手术难度非常高。接诊后，张志组织团队开展病例分析，联系各科室会诊，制定治疗方案，在张志的治疗下，病人髋关节术后矫正差距缩小了 8 厘米，不仅可以正常行走，还可以干农活，患者的心情无以言表，于是送了这面锦旗表达感激之情。

一颗仁心是医者的灵魂，只有感同身受才能站在患者角度思考问题，从而解决他们的病痛，张志就是这样的医者。一路走来，每一位患者的病情都牵动着张志的心，认真分析、精准手术、言语安抚、回访问询……除了解除病痛，张志的亲和贴心让患者更有安全感，更加信任他。

◎ 精益求精悉心钻研治病良方

从医是一场艰苦的修行，需要不断学习，节节拔高，树立坚定的目标，才能勇攀高峰。多年来，张志不断学习临床知识，丰富临床阅历，总结临床经验，与时俱进积极研究新业务、新技术，把业务学习与工作实践相结合，在学习中提高工作能力，在工作中实践所学。

这些年，他带领团队爱岗敬业研究实践，先后完成"胸 8 椎体血管瘤术后复发病灶清除椎体置换前后路固定术""全脊椎切除重建术""骨盆肿瘤半骨盆切除重建术"等高难度手术。率先在固原市人民医院开展"双膝关节表面置换术"，随后每年有 100 余名患者在固原市人民医院

张志在泾源县做义诊

接受该项手术；他主持开展"断指再植术"，与西京医院骨科医院合作建立"固原市医院数字骨科 3D 打印技术中心"，将骨科 3D 模型打印与导板设计应用于骨科临床工作，使医生设计手术方案更加精准。他在医院首创提出医护一体化查房，推动了护理技术与新医疗技术同步协调发展。

这些新技术、新业务的开展，有效填补了自治区和固原市医疗技术的空白，提升了宁夏对外医疗技术的知名度，也为广大患者提供了方便，使群众免除了远赴西安、银川等地就医的窘迫。

张志深知"授人以鱼不如授人以渔"的道理，也希望通过努力为固原骨科诊疗技术作出贡献。因此，他结合工作实际，积极参与科研项目，形成了 10 余篇相关学术论文，发表在《中华创伤骨科杂志》《中国矫形外科杂志》《中国组织工程研究与临床康复》《现代生物医学进展》等国家核心期刊上发表了 10 余篇相关学术论文，并牵头建立了宁夏骨科材料（固原技术创新中心，完成自治区科技支撑项目《多孔钛合金椎间融合器的设计与应用研究》。

◎ 注重合作促进医疗技术提升

协作交流是提升医院整体服务水平的有效途径，医院彼此间交流活跃程度大小和层次高低，是体现医院医疗技术水平、业界影响的最佳侧影。张志经常积极参加行业学术交流、专题经验交流和外出短期培训等，其所在科室已成为周边省区同行业的领跑者，引起一些知名医疗机构和一流医疗专家的关注，使越来越多的医疗精英在日益频繁的医疗交流活动中选择了固原。

2006 年，张志利用参加西京医院培训学习的机会，和国家重点项目首席科学家、全国科技进步奖一等奖获得者、西京医院著名教授郭征成为了朋友。在日常相处中，张志时常和郭征聊起家乡，随着两人感情日益深厚，两支医疗团队的感情也由此建立，张志便牵线搭起了固原市人民医院和西京医院之间的桥梁。在随后的 10 余年间，郭征团队每年数十次到固原市开展医疗服务活动。2017 年，在张志的建议和积极配合下，固原市人民医院成立了郭征教授专家门诊，便于开展诊疗工作和讲学，更好地服务当地群众，也为固原市人民医院的学科发展和对外交流合作增添了浓墨重彩的一笔。

精医、重德、博爱、奋进，这不仅仅是一种理念，更是一种选择、一种忠诚、一种挑战、一种宣言。从医 30 年，张志以淳厚的医德和精湛的医术，为这八个字作出了精彩注解。2022 年 6 月，张志带队"组团式"帮扶泾源县人民医院。"能为医疗事业贡献自己的一份力量是我的荣幸，我也将全身心地投入到这份工作中，尽全力把工作做得更好。"张志说。这些年，他先后获得"自治区医疗卫生骨干""塞上名医""六盘名医"等荣誉称号，并多次获得固原市人民医院新技术新业务奖，还在中华医学会医学工程学分会数字骨科学会、中国研究型医院学会骨科创新与转化专业委员会、中国医药教育协会骨科培训中心等任职，他说，自己将继续默默发挥光和热，照亮广大患者的康复之路。

（刊发于 2023 年 10 月 24 日　邓蕾　文／图）

讲好宁夏故事　舞出精彩人生

张　涛

　　张涛，自治区政协委员、民盟盟员、宁夏首席青年回族舞蹈家，宁夏舞蹈家协会副主席、银川艺术剧院一级演员、艺术总监。先后主演40多台大型歌舞晚会、歌舞剧等，多次参加国内外舞蹈比赛并获得优异成绩。在30多年的舞蹈生涯中，他先后获得"宁夏青年五四奖章""宁夏十大优秀青年""贺兰山文艺奖""宁夏文艺界德艺双馨艺术家"等多项荣誉。

◎　年少立志　深耕舞蹈事业

　　1979年，张涛出生于中卫市一个普通工人家庭，他从小品学兼优，热爱艺术，在课余时间接受县文化馆舞蹈老师的辅导和培训。1991年，张涛以优异的成绩考入宁夏艺术学校。进入学校的那一刻，张涛告诉自己，"要成为班里最优秀的学生"。为此，他比其他人训练都刻苦，以最严格的标准要求自己，不断给自己提出新目标。这也练就了他扎实的基本功和高超的表演技能。1996年，张涛从宁夏艺术学校毕业，出色的舞蹈技能让他一毕业就被宁夏歌舞团选中，从此开启了他的艺术人生。

在宁夏歌舞团，张涛曾参演庆祝自治区成立40周年大型歌舞晚会《塞上春潮》，为了跳好自己的角色，张涛虚心向前辈学习，仔细观察前辈们如何在生活中找寻作品灵感，如何将灵感融入舞蹈动作里。为了提高专业水准，2000年，张涛再次背起行囊，进入中央民族大学学习深造，毕业后他进入北京音乐舞蹈学院成为民间舞教研组组长。张涛认为，家乡培养了他，他也要为家乡发展作出贡献，最终张涛毅然放弃北京稳定高薪的工作，回到宁夏，带领家乡的文艺工作者一起用舞蹈展现宁夏故事，创作出如《月上贺兰》《羊逗羊倌》《火红的日子》《新宁夏·梦飞扬》《昨夜无钟声》等作品。

◎ 潜心打造 贡献精品力作

《月上贺兰》是张涛回到宁夏接手的一部反映宁夏历史的舞剧，它以丝绸之路为背景，着力表现不同文化之间的交融交流，作为宁夏首台大型原创舞剧受到社会关注极高。

在创作《月上贺兰》舞剧的过程中，张涛积极带头和其他舞蹈演员每天风雨无阻训练十几个小时，把全部精力投入舞蹈艺术的研究中。从北京回到宁夏的近20年里，张涛一直是宁夏舞蹈表演的带头人。在演出时，他作为领舞场场挥汗如雨，甚至带伤连续演出；在日常生活中，他全身心参与到银川市舞蹈艺术事业的建设中，积极发挥传帮带作用，以优秀的舞台艺术作风，平易近人的性格不断感染、带动和培育年轻的舞蹈队伍。

因为伤痛和年龄的原因，近年来张涛从台前转向幕后，作为总导演，他创排了全区首部大型廉政舞台剧《昨夜无钟声》，获得成功；《鱼奶奶回家来》曾被文化和旅游部评为"终于看到了中国儿童版本的戏曲"，称

舞台上的张涛

赞其是戏曲进校园的好样板；小品《党费》受到了一致认可和好评；策划及导演中国银川第四届、第五届黄河文化旅游节，聆听山河之唱，大地回响，用诗与歌赞颂黄河，赞美伟大的时代；圆满完成了话剧《情系贺兰》剧组两次采风任务，带领剧组人员走进大山里，回归百姓中，和搬迁群众席地而坐聊天，与扶贫干部田野路边谈心，践行"人民文艺为人民"的艺术创作宗旨；策划及导演了中阿博览会宁夏旅游推介舞台剧《心灵之约》；完成了《岩石上的太阳》入选全国少数民族文艺会演前期申报等大量工作。

◎ 用心用情　讲好宁夏故事

张涛是土生土长的宁夏人，对于宁夏的群众有着自然而然的亲切感与热爱。

有一年，张涛代表宁夏歌舞团与中央心连心艺术团奔赴西吉县将台堡演出，当时已是深秋，正下着雪，非常寒冷。为了让群众有最好的舞蹈享受，

　　张涛带头脱掉大衣，进行热身运动，提前进入状态，以昂扬的精神风貌为群众献出最好的演出。那一次演出，舞台是砖地，张涛用漂亮的"跪转"赢得了掌声，也赢得了群众的认可。张涛表示："舞台不分大小，观众不分高低，哪怕只有一名观众，哪怕只有一分钟的演出，演员也要敬业。"

　　正是这种对舞蹈的热爱与敬业的精神，让张涛成为了宁夏最年轻的一级演员。30多年来，他带领剧团去过30多个国家演出，并且时刻牢记他代表的是中国，有责任向世界展现中国。每一次去国外演出，张涛都告诉团里的所有演员，大家不仅代表自己、代表单位，还代表中国56个民族的大家庭，他要求每个演员都要注意自己的言谈举止，不要给国家丢脸。

　　张涛扎根在宁夏，在这片他从小成长的土地里不断思考生命的价值与意义，并将对生活的感悟融到每一个舞蹈动作中，每一个创排作品中，始终坚持将博大精深的中国文化传播到世界各地，站在时代的脉搏上"为人民而舞"。

（刊发于 2023 年 5 月 16 日　马敏　陈嘉琳　文／图）

张修远，自治区政协委员、民进宁夏区委会常委、宁夏医科大学对外合作交流处处长。作为委员，他善于立足本职岗位，从熟悉的领域入手，精准建言献策，所提提案全部得以立案办理。

张修远

让委员履职与本职工作相互赋能

◎ 从熟悉领域入手精准建言

"如何履行好委员职责，让建言资政落到实处，是我成为政协委员后一直思考的问题。在熟悉的领域里看现象、找问题，才能挖得深、谈得透，提出建设性的意见建议，形成具有可操作性的提案。"张修远从自己熟悉的领域开展调查研究，针对宁夏医学类高等院校科技创新、就业发展、人才培养等问题建言，在自治区政协十二届一次会议上提交的3件提案全部被立案办理。

高校作为科技创新重要发源地，在创新体系中扮演着独一无二的角色，承担着人才培养、知识创新、研究开发的职能。张修远在《关于新医科背景下开拓我区医学类高校创新创业发展新局面的提案》中，分析指出科技成果产出快速提升与科技成果转化率低之间的矛盾，研发与市场脱节，部分研究成果停留在样品和论文阶段等问题需要得到重视。他建议，相关部门支持建设专业化的新医科科研成果转化服务平台，为医疗科学技术人员和需求方牵线搭桥，完善知识产权全链条，建立产学研深度融合的科技创新体制机制，为医疗大健康众多科研成果转化提供通道和路径，释放医科高校科技优势，促进创新发展。推进"人工智能＋新医科"建设，让人工智能、大数据为医学类专业学生、教师、科研人员赋能，培养具备人工智能技术应用新型技能人才，提升宁夏医疗卫生行业整体科研水平。

在《关于高质量发展宁夏医科类高等院校科技工作的提案》中，张修远聚焦宁夏医科大学建设高水平实验室体系存在短板、学科领军型和高精尖型人才匮乏、学校科研优势特色不够突出等问题，呼吁立项建设宁夏医科大学产学研大楼，改善实验室硬件设施条件；支持"高水平科技成果攻坚团队"建设，对具有潜力冲击国家层面人才、项目、成果奖励的团队，给予政策和经费支持，助力科技人员承接高层次科研项目；帮助完善东西部结对帮扶关系，引进急需高水平团队和人才，以项目为依托，加大支持力度，形成东西部高校协调发展、协同发展、共同发展的良好局面。

在《关于有效提升宁夏医学类院校毕业生就业率的提案》中，张修远呼吁相关部门提前住院医师规范化培训结业考试时间，改变毕业生"等证"就业现象；优化全科医学生毕业分配政策，改善定向分配各地不均的问题。

这些提案立案办理后，得到自治区科技厅、教育厅等承办单位的高度重视，多次与其沟通反馈相关问题和提案办理情况。通过政协平台发声，推动相关问题得到重视和解决，令张修远感受到委员履职的意义所在。

◎ 勤思善为让履职本职相互促进

谈到履职以来的感受，张修远用"忙碌"和"收获"两个关键词来概括。

做好本职工作之外，张修远积极参加自治区政协组织的多项委员学习培训活动，通过集中学习、专题授课、交流探讨，深入学习领会习近平新时代中国特色社会主义思想和党的二十大精神，提升了政治素养；通过学习，对如何做好调查研究、人民政协经常性工作及履职实践等内容有了具体掌握，增强了履职能力。他还积极参加自治区政协港澳台侨和外事委员会开展的多项调研活动，在实地走访中了解区情民情，在履职活动中积极发挥委员主体作用。

"政协委员的本职工作和履职工作有时难免会产生冲突，起初我也担心履职活动占用时间、精力，会影响到本职工作。但在具体实践中我收获很多，不仅消除了这种顾虑，而且觉得政协工作很有干头。"张修远说。

2023年3月，自治区政协港澳台侨和外事委员会组织委员赴欧美同学会海归小镇，对海归人才创业情况开展调研。张修远在调研中了解到，海归小镇打造了集医疗器械、生物医药研发生产、健康管理服务于一体的"链式"产业体，运营以来落地医疗健康

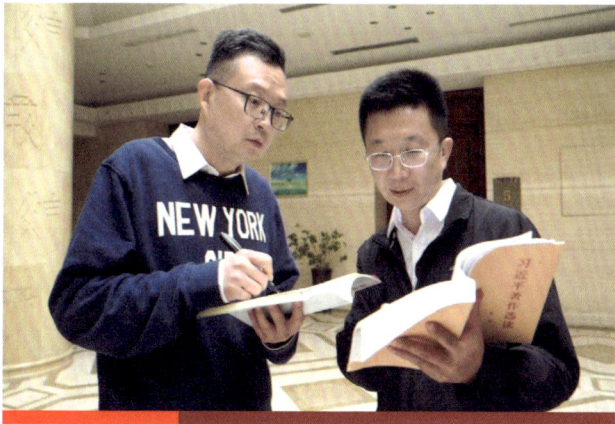

张修远（左）与其他委员探讨交流学习心得

板块企业 23 家，所在的苏银产业园也在积极构建人才、科技、产业"三合一"发展平台。联想到自己所在的宁夏医科大学在医疗健康方面的人才培养、科研创新等工作，张修远萌生了"发挥本职岗位优势搭建校企合作的产学研用平台"的想法。

结合调研了解的情况，张修远第一时间向单位领导汇报想法和思路，得到认可后着手学校与企业的合作交流。2023 年 4 月，宁夏医科大学调研组实地调研了解苏银产业园医疗卫生健康产业发展情况，与 8 家企业负责人进行座谈交流，围绕科研项目合作、产学研合作、企业人才招聘等方面进行深入交流，达成合作意向，实现互利共赢协同发展，助力宁夏医疗卫生健康产业高质量发展。

作为民进宁夏医科大学总支主委，张修远秉承把专长优势转化为履职之能的理念，持续优化总支的社会服务功能。2023 年以来，组织医疗战线民进会员深入全区各地，先后开展了"同心·彩虹"送医送药义诊、"学雷锋"暨卫生健康宣传志愿服务、"科学爱耳护耳 实现主动健康""世界无烟日"主题宣传义诊等活动，打造民进宁医特色社会服务品牌，得到了社会广泛的关注和好评。

"政协是能够学习新知识、增长新本领的'大学校'，也是可以各展所长、有所作为的'大舞台'，更是担当尽责、双岗建功的'大考场'。在不断履职实践与学习交流中，让我站位更高、视野更宽、胸怀更广，也看到自己还有很大的进步空间。"张修远说，履职经历让他感悟到本职和履职应相互融合、互相赋能，要把本职工作和委员履职有机结合起来，做到认识上同等重视、工作上统筹安排，努力在履职尽责上有所建树，在推动发展上有所作为，"正如我名字'修远'二字，为人民服务、为国家尽责是永恒不变的宗旨"。

（刊发于 2023 年 6 月 9 日　陈敏　文／图）

张艳芬，自治区政协委员、民盟银川市委会主委。作为来自民主党派的政协委员，她积极发挥党派优势，聚焦国之大者、民之关切，主动担当尽责，积极协商议政，精准建言献策，把行动落实到服务经济社会发展中，以饱满的热情、务实的干劲书写履职答卷。

张艳芬 用实干担当书写委员履职生动答卷

◎ 撰写高质量提案　发出委员声音

"撰写提案是对委员履职态度、履职水平的一个综合检验，提出一件高质量的提案，要保持'念念不忘、必有回应、久久为功，才能善作善成'的态度。"张艳芬说，作为一名党外干部，被推荐为自治区政协委员，让她参政议政有了新的平台和渠道。她通过深入调查研究，积极撰写提案，用好委员"话语权"，在自治区政协十二届一次会议上提交的3件提案均被立案办理。

"非物质文化遗产作为中华优秀传统文化的重要组成部分，其发展和壮大对于中华优秀传统文化的丰富和发展具有重要意义。"张艳芬十分关注非物质文化遗产传承问题。当前非物质文化遗产传承人老龄化现象严重，传承者青黄不接，不少民间绝活濒临消亡。年轻人觉得从事这项工作成就感不足，对传统文化缺乏认同，非遗传承发展受到制约。非遗保护财政投入落实难度大，非遗的普查、发掘、整理、评审、保护、利用等工作开展不畅，这些都影响了非遗传承和保护。

在《关于进一步加强非物质文化遗产传承的提案》中，张艳芬建议，建立人才培养机制，将非遗保护传承工作融入国民教育体系，开展非遗教学实践活动，培养具有工匠精神和创新能力非遗传承人群。多种渠道筹措非遗传承经费，给予相应财政或政策支持。搭建行业交流平台，将各非遗项目传承概况、发展经验进行共享和交流。打造非遗产业，通过建设非遗展览区、非遗旅游景点等进行商业开发，获得经济与社会效益，推动文化产业发展。

聚焦社区居家养老老年人在医疗健康、精神关怀等方面服务需求，张艳芬提交《关于完善社区居家养老服务的提案》，针对养老服务供需错位、社会力量参与居家养老服务不足、缺乏专业化运营和服务队伍等短板，建议建立养老服务联席会议制度，切实发挥统筹协调作用，完善党委领导、政府主导、民政负责、部门协同、社会参与的发展格局。建立完善社区居家养老的管理和服务标准，落实社区养老服务业税费优惠政策，支持社区养老服务企业

张艳芬在政协会议上发言

和组织连锁化、综合化、品牌化运营。推动社区养老服务综合体建设,在街道、乡镇层面大力建设具备全托、日托、上门服务、对下指导等功能的社区养老服务综合体,应用好在社区建立的嵌入式养老机构或日间照料中心,形成以居家为基础、社区为依托、机构为补充的养老服务供给体系。

◎ **积极参政议政　展现党派作为**

作为自治区政协委员、民盟银川市委会主委,身兼双重角色双重责任,张艳芬感到责任重大,她把加强思想政治引领、广泛凝聚共识融入各项履职工作,围绕中心履职尽责,积极发挥示范带头作用,全面加强党派自身建设,认真履行参政党职能。

2022年,张艳芬带领银川市各级民盟组织开展"参政议政建设年"活动,确定了《关于银川市畜禽养殖粪污综合治理的调研》等3项调研课题,经过深度调研,摸清底数、把准实情、找准问题、研究对策,形成了高质量的调研报告,其中:1篇在银川市政协会议上进行大会发言;2篇被民盟宁夏区委会采纳提交自治区政协。

这一调研成果被民盟宁夏区委会采用,向自治区政协提交《关于加快推进我区畜禽粪污资源化利用的提案》被立案办理。提案指出,奶牛养殖高度集群发展而倍量增加的粪污已成为严重制约奶产业健康发展的关键因素,建议坚持绿色发展,充分发挥耕地消纳能力强的特点,加快推进畜禽粪肥就地利用、就近还田,将粪肥还田纳入畜牧业发展规划中予以推进。打破部门藩篱,建立标准统一的互联互通共享机制,严格落实环境影响评价与排污许可证制度。加大科技创新和研发力度,采取"粪便垫料回用""污水肥料化利用""商品有机肥生产""粪肥还田"等多途径综合施策,提高粪污综合利用率。

　　围绕"黄河流域生态保护和高质量发展先行区建设"议题，张艳芬带领民盟银川市委会开展专题协商议政活动和民主监督工作，搭建参政议政平台，拓宽盟员参政议政渠道。她积极开展民主监督工作，制定五年工作方案和年度专项工作方案，针对金凤区餐厨垃圾治理情况开展专项调研。日常工作中，张艳芬还注重加强对口联系工作，开展走访、调研、观摩等活动，并组织开展"我为民盟献一策"活动，征集社情民意信息 100 余件，紧盯提案立案、办理、转化质量，形成了一批质量高、能够反映社会热点难点问题的提案。其中 2 篇提案被民盟中央采纳，提交全国政协会议。

　　"在今后的工作中，我将加强学习，科学选题，抓住重点，抓住要领，建睿智真言，献务实良策，真正做到参政参到点子上，议政议到关键处，为全面建设社会主义现代化美丽新宁夏积极贡献智慧和力量。"张艳芬说。

（刊发于 2023 年 5 月 19 日　陈敏　文 / 图）

张迪

立足本职献良策　尽心履职为人民

张迪，自治区、固原市两级政协委员，泾源县人民医院副院长、内科主任。多年来，张迪用专业视角，不断深入调查研究，积极建言献策，为全区医疗卫生事业发展贡献委员力量。

◎　当好妇女群众的贴心人

作为一名来自基层的政协委员，张迪坦言压力不小。她说，政协委员就要倾听群众的心声，代表群众的利益。"要把基层的心声反映上去，还要把党和国家方针政策传达下来。"怀着这样一份责任和担当，她很善于从工作中发现问题。

近年来，宫颈癌严重危害女性健康、威胁女性生命，而 HPV 持续感染是造成宫颈癌的必要条件。我国女性感染 HPV 的年龄主要在 15 岁至 24 岁、40 岁至 44 岁两个高峰区间，而预防 HPV 病毒感染最好的办法就是接种 HPV 疫苗。"我们在调研中发现，受文化教育程度影响和条件制约，固原市大部分农村妇女对疾病缺乏科学认识，即使生病都不能及时就医，更不会主动接受体检、肿瘤筛查。"张迪说。

为此，在固原市政协五届一次会议上，张迪提交《关于加强两癌筛查力度，助力健康固原的建议》，建议通过电台、微信、短视频等多种途径，进行通俗易懂、深入浅出的宣讲，让广大妇女充分了解疾病的危害，转变"重治疗，轻预防"的观念。相关部门应将集中筛查与日常工作相结合，增加筛查及时性和普及性。依托信息平台，对初筛、复筛、确诊病例做到全流程管理，保证确诊病例及时转诊、治疗后随访，形成防、筛、治、管全流程体系。

"2022 年，固原市免费开展农村适龄妇女宫颈癌筛查 49042 人、乳腺癌筛查 32803 人，开展城镇纳入低保适龄妇女'两癌'筛查 600 人，筛查覆盖率分别达到 98.32% 和 98.65%。我们还为符合条件的 91 名患病妇女每人发放 1 万元救助金，两癌筛查取得了明显成效。"张迪说，看到"两癌"疾病得到有效预防，她由衷地为妇女群体感到高兴。

◎ 发挥专业优势建言献策

"如何在疫情防控中继续完善和优化重大疫病防控救治体系，提升应急能力？""如何减缓基层卫生服务工作人员的流失？"……

翻开张迪的履职手册，上面记录着满满当当的问题。"这些都是下乡调研时发现的问题，我希望能以提案的方式反映到政协平台上，推动各方共同解决。"

近年来，固原市委和政府全面落实党中央、国务院以及自治区党委和政府关于"健康中国""健康宁夏"建设的战略部署及实施全民健康水平提升行动的总体要求，确立实施"十大工程"和 30 项目标任务，建立四清单一包抓、专班推进、月调度、季通报、年度考核工作机制，加快推进各项工作，全市全民健

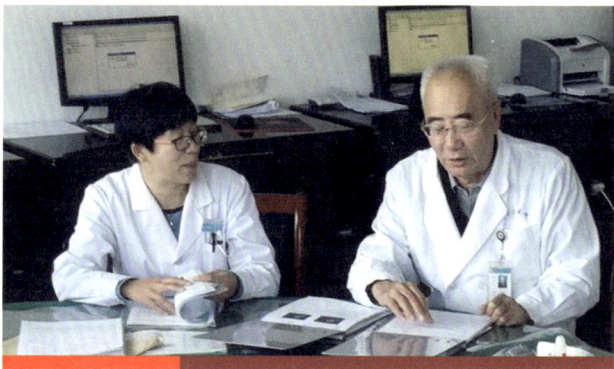

张迪（左）与同行交流经验

康水平提升行动取得阶段性成效。

　　"但与自治区确定的目标要求和群众期盼相比，固原市卫生健康服务质量还不能满足群众高质量、多样化健康需求，恶性肿瘤、白血病等疑难重症诊疗水平不高。部分县医院和城市社区卫生服务中心、乡镇卫生院基础设施、医疗设备存在短板。市、县、乡、村四级卫生应急保障体系还不健全，传染病监测预警、检验检测能力也不足。"张迪建议，高标准落实医疗医生服务水平"双提计划"，高起点谋划和推进固原市人民医院、市中医院省级区域医疗中心建设，以固原市人民医院为龙头，县级综合医院为支撑，强化胸痛、卒中、创伤、危重孕产妇、危重新生儿、肿瘤、健康管理"七大中心"建设。进一步完善中医药服务体系，支持县级中医医院牵头组建县域医共体，加强特色优势重点专科建设，推进中医专科联盟建设，将中医药服务纳入公共卫生服务范畴。

　　近年来，宁夏各市、县高度重视村级卫生服务体系建设，全面加强乡村医生队伍建设，农村公共卫生服务水平明显提升，但村医数量较少、专业素质不强、工资报酬较低等条件依旧阻挠村医发展。在自治区政协十二届一次会议上，张迪提交《关于加强乡村医生队伍建设的提案》，呼吁将乡村医生队伍建设纳入乡镇卫生专业技术人员队伍进行管理，建立招聘、培养、

考核、收入分配一体管理，与区内各医学院校签订定向培养协议，每个村至少配备1名至2名乡村医生，并建议由市、县（区）卫生健康部门牵头，建立完善乡村医生培养机制和乡村医生稳定的收入补偿机制，对乡村医生的补助标准随经济社会发展进行动态调整，保障乡村医生合理的收入水平，确保农村卫生事业稳步发展。

提案是衡量委员履职能力的试金石。对于提案工作，无论是确定选题、开展调研，还是内容撰写、完善提案，张迪都倾注大量精力，做到最好。谈及以后，张迪表示将继续立足岗位，多建务实之言，多出管用之计，多行监督之举，为全力推进宁夏经济社会高质量发展贡献力量。

（刊发于 2023 年 3 月 3 日　马军　文／图）

张盛林，自治区政协委员、民进宁夏区委会副主委。成为自治区政协委员以来，他胸怀"国之大者"、肩扛委员职责，步履不停、思考不止，坚守初心使命，团结引领界别群众，积极议政，用心建言，履行政协委员应尽的责任和义务。

张盛林

勤学善思守初心　履职尽责担使命

◎ 以学习为基　锤炼履职本领

重视学习是人民政协的优良传统。近年来，自治区政协依托政协网站和"履职通"App，搭建"宁夏政协书院"系统，形成了线上线下相结合、读书履职相促进的良好局面。张盛林积极参加自治区政协组织的各类学习活动，踊跃发言讨论，在思想碰撞中不断强化理论武装。在履职过程中，张盛林始终把学习作为首要任务，坚持用习近平新时代中国特色社会主义思想凝心铸魂，深入学习贯彻习近平总书记关于加强和改进人民政协工作的重要思想，按照习近平总书记提出的"懂政协、会协商、善议政，守纪律、讲规矩、重品行"的重要要求，做到学习跟进、认识跟进、行动跟进，准确把握人民政协的性质定位、地位作用、目标任务、职责使命、实践要求。他不仅坚持学习，还积极撰写学习心得体会，在视察调研中深化理论学习、总结提炼规律、推动工作创新，为更好履职打牢基础。

作为来自民主党派的政协委员，张盛林注重在界别群众中发挥表率作用，创新工作机制，引领民进会员、机关干部加强学习、提高本领。"苟有恒，何必三更眠五更起；最无益，莫过一日曝十日寒。"在民进宁夏区委会青年读书会上，他强调坚持学习的重要性。在学习例会机制基础上，创新开展"同心青春路　书香伴我行"青年干部学习会，为增强学习实效，会前精心选定学习内容，大家认真思考精读；会上轮流畅谈学习感悟，互相交流讨论，变"一人讲多人听"为"大家一起谈"，不断引导青年干部在学思践悟中铸就忠诚，在知行合一中担当作为。

◎ 调查研究深入　议政建言有方

履职中，张盛林始终坚持不学习就不调研、不调研就不建言，他认为要提高提案质量，必须进行深入调研，充分了解相关情况，提出有针对性的建议。

他在调研时发现，外来物种入侵从未间断，对生物安全、生态安全以及多个领域的安全造成破坏，形成危害。关注到这一问题后，他撰写并提交了《关于加大外来入侵物种管理的提案》，建议强化生物安全及生物入侵防控的科普教育，让未经批准不得擅自引进、释放或者丢弃外来物种成为一种行为自觉。加强"线上＋线下"的市场监管，严禁对于外来入侵物种的各种交易活动，主动发现相关线索，净化销售环境。完善快递行业的相关法律法规，加强对交易环节的规范和约束，明确规定禁止非法销售、购买外来入侵物种等。

自治区第十三次党代会召开以来，张盛林紧紧围绕"三区建设""四新任务""五大战略"等重大任务，广泛调查研究，撰写了《以数字化赋能打造文化兴盛沃土》调研报告。

2023 年 4 月，民进宁夏区委会副主委张盛林（中排右一）在中卫市西部云基地调研大数据和云计算产业发展情况

以问题导向、目标导向、结果导向为统揽工作，提出了《维护生物多样性，提升西北地区生态环境质量》报告。围绕群众普遍关心、关注的热点，向民进中央和民进宁夏区委会提交"加强核酸检测盲样送检的建议"等 20 余篇社情民意信息，多篇社情民意信息被民进中央和自治区政协采用，力争从"小切口"出发推动解决"大问题"。

9 月，自治区政协十二届常委会第四次会议围绕"严格耕地资源保护 夯实粮食安全根基"专题协商议政，张盛林在积极参与调研组调研的基础上深入思考，作了《管有方护有制 做好高标准农田建后管护》的大会发言，提出了健全管理和维护机制，健全监测评价和跟踪督导机制，建立管护经费稳定保障机制等意见建议，为宁夏耕地保护和粮食安全积极献计出力。

◎ **广泛凝心聚力 主动担当作为**

作为参政党，民进一直秉承着"为执政党助力、为国家尽责、为人民服务"的使命责任。这些价值追求深深影响着张盛林，始终根植于心、践行于行。

人心是最大的政治，共识是奋进的动力。作为民进宁夏区委会副主委，同时又是一名政协委员，张盛林在积极建言献策的同时，注重做好凝心聚力这篇大文章，引导广大会员和界别群众用个人拼搏奋斗的"精彩一笔"，绘就时代的华彩篇章。他积极推进民进宁夏各级组织开展"凝心铸魂强根基、团结奋进新征程"主题教育和"我身边的先进"宣讲活动，深入学习党史、新中国史、改革开放史、社会主义发展史，学习党的光辉历程和民进优良传统，汲取营养动力，增强责任担当。围绕《中国民主促进会章程》作专题辅导报告，引领会员自觉学习会章，严格遵守会章。通过组织座谈会、书画展、纪念大会、征文比赛等多种方式，广泛凝聚思想共识。

各民主党派是中国共产党的好参谋、好帮手、好同事。为发挥好党派参与政协事业的参谋助手作用，张盛林勤思考善把握谋创新，坚持用好"深、实、细、准、效"五字诀，在民进宁夏区委会推动建立"三必"工作机制，即凡调研选题必征询意见、凡调研课题必实地考察、凡调研成果必集体研讨，着力把情况摸清、把问题找准、把对策提实，在调查研究中倾听群众呼声、传递群众意见、反映群众愿望。推动建立了民进宁夏参政议政特邀信息员队伍。积极开展"六个务必"活动，主动搭平台、拓渠道，推动会员履职能力不断提升，推动民进会员中的政协委员聚焦党政关心、社会关注和群众关切的重要课题建言资政，多篇调研报告、提案建议或被领导批示或被立案采用或被重点办理。

在张盛林看来，作为政协委员，要心系国是、情牵民生，要增强本领、积极履职，要凝聚力量、躬行不辍。正是因为这份初心与使命，他努力用心写好委员作业，用力交出满意答卷，肩负起政协委员的政治责任和社会责任。

（刊发于 2023 年 10 月 13 日　韩瑞利　文 / 图）

张文学，自治区政协委员，现任固原市第一中学党委副书记、校长。在他看来，教育工作者的初心使命就是把学生培养成能够为社会作出贡献的优秀人才。

张文学

赓续优秀文化　擦亮教育品牌

◎　让教学质量更高　办学特色更鲜明

1990 年，大学毕业的张文学成为了固原一中一名生物教师。"走上讲台的那一刻，我就下定决心干好这份工作。"张文学说，从教的第三年，他带着 4 个高三毕业班的生物，学生高考生物成绩都格外好，这让他特别有成就感。之后的十多年，张文学先后担任年级主任、教科室主任、教务主任和副校长。

2009 年 2 月，张文学担任固原二中校长。他以"业精于勤　天道酬勤"的管理理念，形成了固原二中"勤"文化体系，开展以"严谨高效课堂"

为核心的教学改革，实现了高考二本以上上线人数"八连增"。

张文学把 2016 年以前从事的教育工作定义为扶贫教育。"那时，更注重追求升学率，让学生走出大山，实现教育移民，但与德智体美劳全面发展要求还有一定差距。"张文学说，那时，他的工作重点还有改造危房、争取资金改善办学条件、联系社会爱心人士帮扶贫困生。

2016 年 8 月，张文学又回到固原一中担任校长，他把教育产品理解为"为学生提供优质服务"，把助力当地"脱贫攻坚　永不返贫"作为办学追求，为党育人、为国育才。经过对国家相关政策研究解析，他明确了学校新时期发展目标，就是要探索"和谐、多元、创新、卓越"发展之路。"学校实施'儒雅自信　立己达人'的新德育模式建设，构建卓越文化体系。对学生实行综合评价，以德为先。"张文学说，通过一系列改革，学校将德智体美劳全部纳入学生考核，在思政教育方面实行一票否决。扩大了体育场面积，更加重视学生的体育发展。借助"互联网 + 教育"，推进以"思维课堂"为核心的课堂教学改革，从提升学生自主学习能力等方面改进教育教学。

在数十年不同的工作岗位上，张文学分别对学生生理、心理、女性教育的特殊性、生物学专业内容、综合实践、学校教科研、管理、基层党建等方面作了一些理性探索和实践。他先后在《生物学通报》《生物学教学》《中学生物教学》《宁夏教育》等刊物上发表论文 20 余篇，先后获宁夏课题或教研成果二等奖 2 项、三等奖 3 项。

◎ **倾情一生育桃李　金秋硕果慰园丁**

在张文学的办公室门后，放着一个专门听评课用的折叠凳。他认为，听评课对促进教师素质和教学质量"双提升"具有积极作用。每学期，张文学都会去听评二三十节课，涉及所有教学科目，并以此确定学校工作要点，

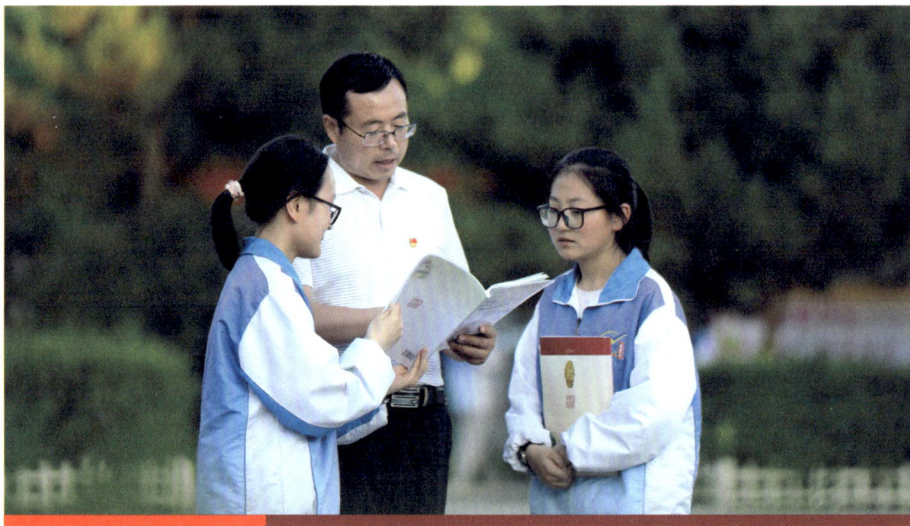

张文学与学生在一起

指导具体教学。他还致力于从青蓝名师、领军名师、卓越名师三个层次促进各年龄段教师专业发展。

"固原市委和政府坚持把教育优先发展作为治本之策，把固原一中作为'固原的一张教育名片'倾心打造。这几年，我们的教学成绩连创历史新高，高考成绩不断刷新历史纪录。2019年夺得全区文科总分第一名；2021年实现北大逐梦计划、强基计划双突破；2022年一本率83.7%，艺术生双上线率96%，清华北大录取18人；双一流A类大学录取人数保持230人以上。有49人次在各类学科竞赛中夺得宁夏赛区一等奖或第一名，艺术展演6次获得宁夏团体一等奖。2023年首届60%切块生高质量毕业，有力推动了区域教育均衡发展。"张文学说，学校文化应接续创新，接续清代书院的"乐育英才"，民国学堂的"救国图存"，新中国成立后的"勤俭办学""红透专深"等奋斗文化，学校传承正统的中华理学教育思想，广纳新时代教育精华，"为民族复兴铺路搭桥、为祖国建设添砖加瓦""争做学科一流人才、主动服务国家创新发展"，让这些理念成为固原一中人的思想自觉。

"无愧今天使命担当，建设特色示范高中"——这是张文学对事业坚守的初心。"我们要基于当地教育实际和时代要求，优先发展学校艺术、学术两项特长，打造和谐、多元、创新、卓越的阶段性办学特色，还要着力建设立体课程体系，建立特色发展的学业支撑。"在采访中，张文学对教育的发展娓娓道来。

"高三老师除睡觉时间几乎都跟学生在一起，寒来暑往，日复一日，他们用智慧和汗水落实了五项管理、实现了减负增效，他们用执着和坚守把教研论文写到了学生的心灵深处，他们用教育情怀和信仰提振了家乡青年的自信和底气。"张文学说，未来仍将坚持全面贯彻党的教育方针，担当为党育人、为国育才使命任务，着力打造"学在固原"的教育品牌，为描绘好全面建设社会主义现代化美丽新宁夏固原新画卷作出教育贡献。

（刊发于 2023 年 3 月 21 日　束蓉　文／图）

吴金霞

爱心公益送温暖　扶贫帮困暖人心

　　为独居残疾老人改造无障碍出行环境、辅导困境儿童完成作业……这一桩桩善举，宛如一点点微光，汇聚起社会的爱与温暖，照耀困难群体沐光而行。宁夏义工联合会（以下简称义工联合会）是一支拥有服务队 141 支，党员义工志愿者 5000 余人，注册义工 16.2 万人的公益组织。作为这支志愿服务队的发起成立人之一，自治区政协委员、宁夏义工志愿服务联合会党支部书记、会长吴金霞将"公益人要时刻践行公益宗旨，服务人民群众"的承诺烙刻在公益路上。

◎ 量体裁衣　对困难群体实施个性化帮扶

　　随着国家政策保障力度的不断加大和经济社会的持续发展，困难群体的诉求也出现了变化。在一次公益捐赠活动中，吴金霞结识了一名肢体残疾人，得知他最大的愿望就是到山顶上看看。在入户另一户家庭时，一位残疾父亲忧心忡忡地表示，自己没有文化辅导不了孩子学习，希望义工能帮帮他。

对于类似这种一家一户的个性化帮扶需求，吴金霞积极链接义工资源，找到相应的志愿者有针对性地帮扶，让残疾人登上贺兰山，满足了其多年的愿望。她协调社区提供教室，由志愿者在周末为孩子开展文化课辅导，辅导作业之余还带着孩子一起做游戏，当看到老师给孩子作业的批语是"优"时，这位残疾父亲露出了开心的笑容。"经统计，2020年后，困难群体个性化的需求逐年增多，这就需要社会组织发挥第三方优势，积极补点，快速回应，在捐赠外还要满足困难群体的个性化需求，实现量体裁衣式的帮扶。"吴金霞说。义工联合会的优势在于可以快速链接社会多方资源，有效提升志愿服务效能。2023年以来，义工们针对各地困难群体的实际需求陆续开展了危房改造、无障碍设施改造、残疾人就业培训、困境儿童微心愿认领等帮扶。

◎ 唱响志愿服务"好声音"

义工联合会的义工们在入户走访时得知石金萍老人家的院墙被大风吹塌，砖头和泥土块掉落了一地。石金萍家经济困难，缺乏劳动力，院墙倒塌后老人一筹莫展，急得晚上睡不着觉。吴金霞在了解到这一情况后，招募会砌墙的爱心义工为老人修补好了墙面。院墙砌好后，义工们又将老人家墙根下的一块菜园收拾规整，"这下就不用担心了，院子也干净多了，真是太好了！"看着重新砌起来的院墙和整洁的小院，石金萍高兴地向义工们表达谢意。

"公益人要时刻践行公益宗旨，服务人民群众"，吴金霞是这样说的，也是这样做的。小恒（化名）的父母外出打工失踪，仅1岁的小恒和爷爷奶奶相依为命。听到小恒奶奶在雷锋饺子计划慰问启动仪式上的诉说，吴金霞将小恒一家列入了帮扶对象，并四处奔波为小恒发起"托起明天的太阳"公益项目。

"第一次见到小恒，他不爱说话，身体也因缺乏营养变得瘦小，我们多次为孩子送去生活用品和营养品。"吴金霞说，她联系了银川爱心园孤

吴金霞在参加政协会议时发言

独症康复中心，康复中心的老师给小恒做了评估后认定为轻微自闭症。吴金霞跟小恒的爷爷奶奶反复沟通商量后，经监护人同意，将孩子送到爱心园接受康复训练。经过一年的康复训练，小恒不仅可以简单与人交流，还具备了一定的学习能力。吴金霞又跑前跑后联系幼儿园，让小恒和正常孩子一样在幼儿园里学习生活。渐渐地，小恒的康复效果越来越好，他说话流利了，胆子也大了，可以跟外界正常沟通了，如今小恒已是兴庆区唐徕小学的一名学生了。

吴金霞说，我们期待更多爱心人士加入我们，对有需要的个案对象精准帮扶，预防和解决他们的问题，提升帮扶对象的生活幸福感，继续唱响志愿服务的"好声音"。

◎ 公益帮扶　用大爱诠释责任担当

吴金霞长期关注妇女同胞的发展，她把女性的善良与温柔用在对困难群体的关爱中。在一次残疾人读书活动中，一位残疾妇女不敢上台参加互动，低头缩在角落里，吴金霞看到后，主动坐在她身旁，从书中挑选了一篇文章，边教边鼓励，又陪着她一起上台表演。在阵阵掌声中，对方握着吴金霞的手激动地流下了泪水。陪伴残疾妇女参加活动、关爱"两癌"妇女生活、进入困难妇女家中慰问、对留守妇女进行心理疏导、开展妇女文化活动、组织妇女手工技能培训等项目和活动中都有吴金霞忙碌的身影。

近年来，吴金霞带领义工联合会聚焦自治区党委和政府中心工作，认真贯彻自治区党委基层社会治理"1+6"文件精神，积极落实社团治理"六个聚焦"行动措施。通过捐赠帮扶、志愿帮扶、技能帮扶、教育帮扶、文化帮扶、精神帮扶6个方面，以贫困户为重点，以老年人、残疾人、困境儿童等群体为帮扶对象，组织开展助老、助学、助残、助幼等公益活动，助力社会基层治理。

主题教育开展以来，吴金霞通过党建引领、党员示范，义工志愿队伍建设进一步推动志愿服务深入开展，宁夏义工志愿服务联合会党支部先后荣获"全区社会组织先进基层党组织""全区先进基层党组织""全区社会组织党建工作示范点"等多项殊荣。宁夏义工志愿服务联合会获"全国学雷锋典型""全国学雷锋四个一百最佳志愿服务组织"，全国志愿助残阳光示范基地等荣誉。

吴金霞用赤诚书写忠诚，用实干践行誓言，用大爱诠释奉献，甘做服务群众的一面旗、一团火，以一名政协委员的担当凝聚起更多人的爱心，用爱心善意书写新时代雷锋故事。

（刊发于 2023 年 7 月 27 日　束蓉　文 / 图）

吴夏蕊

扎根盐碱地　圆五彩藜麦创业梦

　　"从城市到乡村，从繁华到荒凉，多少人离开，她却折返。山川作伴，藜麦私语，多少执着守日夜，多少寂寞卷春秋。她激活沉睡的盐碱地，让贫瘠里滋生出新的希望。"这段"CCTV 中国创业榜样"颁奖词，正是她多年坚守在盐碱地培育藜麦品种的真实写照。她就是自治区政协委员、宁夏绿峰源农业科技有限公司董事长吴夏蕊。多年来，吴夏蕊带领科研团队以"分享农业"为目标，以农业技术研发为核心竞争力，在宁夏开展了多个藜麦品种的试验研究和种植基地示范，将农业科技研发成果进行孵化和推广实现产业化发展。

◎ 怀揣梦想　返乡创业

　　吴夏蕊出生在石嘴山市，是土生土长的宁夏人。她毕业于河海大学农业水土工程专业，在高校当了 8 年老师。

　　2013 年联合国宣布为国际藜麦年时，吴夏蕊出于专业的敏感性，发现被誉为"植物黄金"的藜麦不但营养价值极高，还耐寒、耐旱、耐盐碱，有巨大的市场价值和发展潜力。

"我的家乡宁夏能不能种植？"带着这个疑问，吴夏蕊回到宁夏，多处采集土壤样品和气象资料，与藜麦原产地的种植条件做对比分析、做品种筛选。

可行性报告分析的结果令人欣喜，然而，想把藜麦带回家乡创业的想法，却遭到了家人的反对。

"都读到博士了，你竟然要去种地？""我就想不通你放着大学老师不当，要去种地，那还不如别读那么多书，直接去种地……"

质疑声、反对声不断，吴夏蕊却有自己的坚持。

"我对家乡的盐碱地并不陌生，随处可见田间白茫茫的一片，别说农作物，就是那些非常顽强的野草也难以生长。"吴夏蕊知道，盐碱地是制约家乡农民增收致富的"病根"。

传统的盐碱地改良方法，是用水利工程降低地下水位，或用添加剂改良土壤本身，或在原有的盐碱地上再覆盖土层。"我一直在想有没有可能找到一种作物可以在盐碱地上生长，且有高附加值，还能使土壤的盐碱度降低。"设想要靠理论和科学实践去验证，吴夏蕊查阅古籍发现用作物改良和利用盐碱地的方法早有记载，而且大量现代国内外文献都记载了藜麦耐寒、耐旱、耐盐碱的特性。

把藜麦带回宁夏创业，通过推广种植藜麦作物改良和利用家乡的盐碱地，对吴夏蕊来说，是个无论如何都不能放弃的圆梦机会。

2015年，怀揣着创业梦想和家乡情怀，放弃了多年的从教生涯，吴夏蕊带着藜麦种植研究成果回到了宁夏，创办了宁夏绿峰源农业科技有限公司。

◎ 初心不改　勇闯难关

创业说起来容易，但真正让项目落地却是一个艰难的过程。"我有过

吴夏蕊（中）与科研团队成员在实验室进行土壤样品分析检测

绝收的失落，有过失望的迷茫，也有过放弃的念头。"可吴夏蕊一想到返回家乡的梦想，咬咬牙坚持了下来。

创业初期，没有合适的机械设备，第一年试验产量没有达到预期，第二年又碰上一场50年不遇的暴雨，把将要丰收的藜麦淹在田里，颗粒无收……一个个难题接踵而至，也让吴夏蕊第一次意识到："原来会念书不等于会种地。"

缺少专门的藜麦机械，吴夏蕊和团队就在田间一穴一穴地手动播种锄草，后来又自己动手改良农机下田播种、除草、收割，三伏天顶着烈日在田间监测藜麦各项数据，灌溉时节既要控制水量又要昼夜观察长势……可是，在这片贫瘠的盐碱地上，"博士"光环似乎也没有那么耀眼，农民对这种全然陌生的"洋庄稼"疑虑很大，没有人愿意种植。

为了说服乡亲们合作，吴夏蕊挨家挨户串门唠家常，和农户打成一片，示范种植，让农户看到藜麦生长过程，为了让乡亲们毫无后顾之忧地种植藜麦，吴夏蕊起初不但免费提供种子，还跟农户签订回收合同。通过一年又一年的尝试，通过产量不断增加，销量不断攀升，逐渐获得了农户信任，也打破了以前藜麦种子贵、种植难、产量低、价格一直居高不下的困境。

2016年，吴夏蕊报名参加了自治区团委联合相关部门举办的宁夏青年创新创业大赛，她和团队一路过关斩将，获得了大赛金奖。之后，主办方推荐她们团队参加了中央电视台财经频道的《创业英雄汇》栏目，当场成功签约融资。这次比赛和展示，让吴夏蕊创业信心更加坚定。

◎ 力争超越　未来可期

从繁华的都市到荒凉的乡村田野，整日穿梭于藜麦田间，吴夏蕊利用现代农业化技术，完成了藜麦试验种植示范、推广以及生产基地的建设，建立了宁夏农业科技服务人才小高地、宁夏藜麦育种科技研发中心、绿峰源博士工作站、实验室、绿峰农业科技服务星创天地等。

"我们致力于盐碱地种植品种的培育和产业化开发，产品已有宁藜品种系列、藜享产品系列和藜贮饲草系列。目前是全国唯一提供盐碱地藜麦高蛋白饲草种植品种的企业，拥有《盐碱地藜麦种植方法》发明专利等27项。"吴夏蕊凭着一份执着，带领宁夏绿峰源农业科技有限公司攻克难关，创新的多项产品多次受到国家

吴夏蕊在田间查看藜麦长势

及省级、市级部门认可，在创业创新大赛中多次取得优异成绩。

从开始的一亩试验地艰难创业，到现在全国十几个省份主动寻求种植合作，吴夏蕊带领团队累计种植土地面积达到了3.8万亩，目前已经将藜麦种植技术推广到江苏、四川等地。他们到过最远的地方，坐完飞机还要再坐9个小时汽车，当地农户说："我们这里太远了，想种藜麦好几年了，没人愿意来给我们做技术指导，你们来了太好了！"每当这时候，吴夏蕊心中的成就感都难以用语言表达，更加坚定了继续走下去的决心。

截至2023年，吴夏蕊和她的团队在宁夏累计种植藜麦2871亩，带动1006户农户种植，利用盐碱地2551亩，农民年均增收1万元至3万元，是原本种植小麦、玉米的3到5倍，为农民增收致富开辟了新路子。

走下了讲台，走在实践的路上，盐碱地的藜麦种植推广让吴夏蕊走了一条不寻常的创新之路。"藜麦种植不仅改良和利用了盐碱地，优化了环境，还让许多人都了解了宁夏。"吴夏蕊说，现在她的团队已培育出第四代藜麦品种，它更抗倒伏，更耐盐碱，产量也更高，未来发展可期。

（刊发于2023年4月25日　赵婵莉　文／图）

李 剑

非遗传承　用心更要用『新』

李剑，自治区、银川市两级政协委员，宁夏艺盟礼益文化艺术品有限公司董事长，宁夏非物质文化遗产发展协会会长。她专注于非物质文化遗产的传承保护与创新发展，从传承技艺创办企业到创新方式多元发展，从开展非遗传承教育到文化技能培训，既用心又用"新"，让非遗文化传承"活"起来"潮"起来。

◎ 用心守护　让非遗"活"在当下

作为国家级非物质文化遗产剪纸项目第四代传承人，为了传承和发扬母亲伏兆娥的精湛剪纸技艺，2009 年，李剑大学毕业后便回到宁夏创业，成立宁夏艺盟礼益文化艺术品有限公司。

"母亲这一代人在匠心之路上锲而不舍，把艺术做到极致，创作出很多有意义的作品。耳濡目染之中，我也深深喜欢上传统文化。"李剑认为，一代人有一代人的使命，她要做的就是把传统非遗用现代思路传播出去。

　　创业初期，如何开拓市场成为摆在李剑面前的难题。"当时恰逢过年，我设计推出了自己的第一个剪纸贺卡产品，但只卖出 3000 多张，收入不到 1 万元，亏了近 10 万元。"李剑说，这次经历让她感受到，传统的剪纸市场只有这么大，要想做大做强企业就必须突破传统思维。

　　为了研发出受市场欢迎的产品，李剑专门去江苏、浙江等地考察学习，研发出"丝绸卷轴剪纸条幅"，解决了传统剪纸不易保存、不便携带的问题，这项发明获得"全国妇女手工制品最佳创意奖"。她还将母亲的剪纸艺术融入贺卡、挂历、精装文化礼品等文创产品中，不断以"传统剪纸 + 文创 + 教育 + 科技 + 动漫"的转化模式寻求发展之道，短短几年间便将企业发展为年销售额达 500 万元的公司。目前，公司已申请"伏兆娥""沙银金""生肖购"等 30 余件商标，开发出多种高端剪纸礼品、艺术品、收藏品。

　　在企业稳步发展的同时，李剑思考更多的是如何让更多人喜欢、传承、利用好非物质文化遗产。

　　为此，她投资建设了展示剪纸、刺绣、砖雕、编织、抟土瓦塑等非遗项目的传统文化艺术传承馆，面向广大市民、爱好者提供非物质文化遗产公益普及活动；她联合社区打造 10 个非遗传习室，定期组织非遗文化讲座、非遗技能培训、非遗技能大赛。她还在移民村镇建立手工技能帮扶站，开展移民妇女帮扶培训 1500 人次，带动 1200 余名农村妇女居家就业，实现人均年增收 1.2 万元。2019 年 10 月，李剑获得第十届"中国青年创业奖·脱贫攻坚特别奖"。

◎ 用"新"传承　更好担负文化使命

　　传承和弘扬中华优秀传统文化是推动中华优秀传统文化复兴的应有之义，也是中华民族伟大复兴的精神动力和精神支撑。

李剑（左一）为参观者介绍非遗文创产品

"2021 年，我们与北方民族大学、宁夏职业技术学院等学校联合开展剪纸艺术培训活动。"李剑介绍，从剪纸的悠久历史到现代剪纸艺术的传承、流派，从剪纸工具的选择、纸张特点到折纸技巧……一场场活动中，她和母亲耐心指导讲解，引导学员在自主剪纸中感悟艺术魅力。她还联合北方民族大学、中国艺术研究院篆刻学博士李立山等共同创作推出《二十四节气》动态海报，融合中国经典古诗词，以非物质文化遗产剪纸、书法、篆刻、国画技艺、动画制作于一体，全面呈现传统文化的智慧结晶，受到网友们的好评。

"剪纸能提升孩子们的专注力和手脑心的协调，在精细劳动中激发'手巧促心灵'的潜能。"李剑说，"非物质文化遗产技艺通过非物质文化遗产的工艺形式融合中华文化经典，让孩子们在潜移默化、寓教于乐中，树立民族自信、文化自信和爱党爱国爱家乡的信念，增进学生对优秀传统文化、非遗的认识和了解。"为此，2019 年她带领团队启动非遗普及计划，义务为全区中小学、幼儿园教师提供剪纸技能培训，研发并推广儿童剪纸益智教材。目前，该项目已覆盖宁夏 60 多家幼儿园和小学。

2021 年 2 月 4 日，在北京举行的"欢乐春节"全球启动仪式上，以中国"年"故事为背景的剪纸动画《过年》备受追捧，短片以中、英、法、西、阿、俄、日、韩 8 种语言版本，向世界各地的朋友们送去新春祝福，李剑正是短片项目策划人之一。接到任务后，她在思考和酝酿了很久，决定以中国"年"故事为背景，选用母亲的剪纸素材，将剪纸与二维动画相结合，讲述春节所承载的辞旧迎新、感恩祝福、团圆和谐的文化内涵，表达人类共同的理想、期盼与愿景。这部剪纸动画作品被全球 90 多家驻外使馆、海外中国文化中心、驻外旅游办事处选取使用，也让李剑更深层次地认识到中国自有文化符号输出的意义。

作为银川市政协文化界别委员会客厅牵头人，李剑组织引导全区 40 多个非遗创作人及团队，以宁夏葡萄酒为主题，融合刺绣、剪纸、贺兰砚、皮艺、布贴、编织、木雕等传统技艺，为葡萄酒用品、饰品、酒标、旅游纪念品等设计定制"创新、好用、美观、可转化"的"文化服饰"，实现非遗具象化与葡萄酒文化的完美结合。在 2023 年 7 月举办的"2023 年贺兰山东麓葡萄酒非遗文创展暨对话论坛"中，展出的 50 余件葡萄酒主题的非遗文创作品令人耳目一新。

"只要我们激活非遗与现代生活的链接，在不断创新中为非遗'续航'，就能让非遗活在当下，绽放迷人光彩。"李剑表示，她将延续传承，致力技术创新，创作出越来越好的作品，向世界展示中华优秀传统文化。

（刊发于 2023 年 9 月 5 日　陈敏　文／图）

李辉

展石化风采　为美好生活『加油』

李辉，自治区政协委员，中国石化销售有限公司宁夏石油分公司党委书记。李辉凭借卓越的个人能力和丰富的管理经验，一步一个脚印，带领公司在激烈的市场竞争中迅速成长。作为一名政协委员，将企业家精神和委员担当深入融合，努力做到联系一界、团结一片、引领一方，在助力宁夏经济高质量发展进程中积极发挥力量。

◎ 站位长远　以石化之"链"夯实发展之"基"

"人民生活靠什么？要靠石油化工搞上去。"这是党中央的明确要求，也是石化人为之奋斗的动力之源。李辉时刻谨记这句话，扎根行业30年，一路探索、一路创新，带领企业不断实现自身突破。

2022年，中国石化销售有限公司宁夏石油分公司逆势翻盘，多项指标取得历史好成绩。全年实现油气总量同比增长34.1%，排名全国第一；零售量增长24.6%，排名全国第一；直分销量增长66.6%，排名全国第一……公司的不断壮大，与李辉的拼搏和耕耘密不可分。李辉带领研发团队自建"维修小程序"App 和"电子作业票"系统，实现全流程信息化管理。打造专业讲师队伍，针对油站制作 10 个标准化操作规程视频、9 个标准化应急演练视频。2023 年，公司持续研发"枸杞＋酱酒"等"枸杞＋"系列产品，实现营业额、利润总额同比增幅 181.13%，合资公司全部实现稳定盈利。

作为石化企业，安全生产显得尤为重要。李辉带领公司发扬石油石化优良传统，守住安全生产底线，连续两年获自治区安全生产先进集体。坚持"质量永远领先一步"，建设成品油质检中心 1 个、质检室 2 个。完成油品质量升级、库站油气回收和地埋油罐防渗改造，深化节能减排，全力建设绿色企业，助力"双碳"目标顺利实现。

◎ **立足渠道优势　为经济发展大计鼓劲**

"作为自治区政协经济界别委员，我深刻意识到不同行业、不同领域界别委员在助力宁夏经济高质量发展进程中的重要作用和独特优势，在推动中国石化宁夏石油发展中积极践行国企核心职责，全力服务宁夏经济发展大计。"李辉如是说。

李辉立足本职岗位，统筹谋篇布局，以渠道优势助力地方经济。积极争取中国石化总部加大石化资源对宁夏的投放力度，特别是在资源紧张的特殊时期和自然灾害面前，发挥了主渠道作用，保障了能源安全供给。公司与宁夏交通投资集团有限公司合资成立公司，开发乌玛高速 2 对优质服务区加能站项目，目前已获得批复。她带领公司，围绕自治区"六新六特六优"产业布局，开发销售"国杞天香"品牌枸杞系列产品，实现全国 3 万多座易捷便利店累计销售额近 10 亿元；积极推介贺兰山东麓葡萄酒、泾源黄牛肉、盐池羊肉、灵武长枣进中国石化销售网络，年销售 5000 余万元，

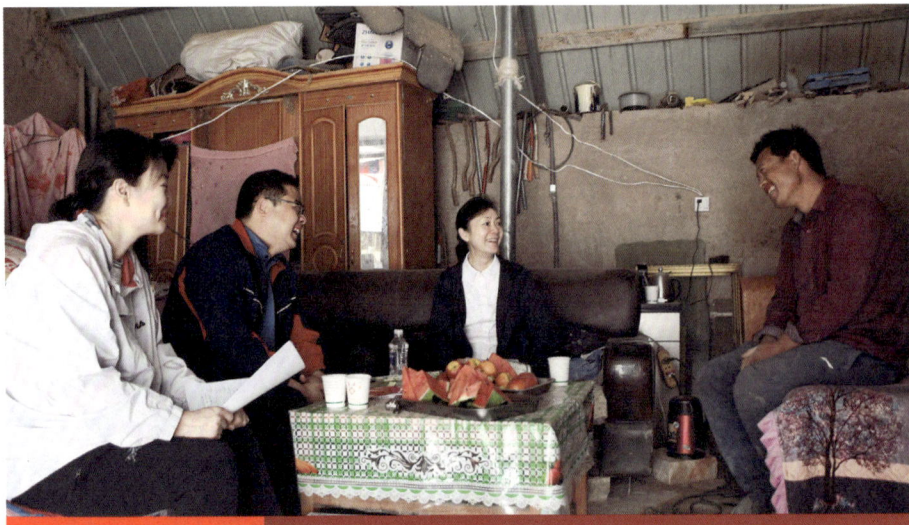

李辉（左三）与同事走访慰问困难群众

让宁夏名片亮相全国。

　　新能源是绿色低碳转型、实现"双碳"目标和培育新支柱产业的关键，李辉和公司领导层决议，成立新能源建设发展领导小组，制定三年规划，锚定"中国头部充电运营商和第一直营平台"，以国家电网投资为主要方式开展合作，投营充电车位 9 个，累计充电车位达到 46 个。搭乘宁夏国家新能源综合示范区建设东风，深度融入宁东氢能应用开发进程，与宁东管委会成立合资公司，建设油气氢电服综合能源站。积极参与辅助电力市场和需求侧响应，以电能高价值消纳为导向，发展分布式光伏项目 10 个，累计光伏项目达到 30 个，每年可节约电费 37.68 万元，降低碳排放量 493 吨。

◎　**践行国企担当　助力乡村振兴跑出"加速度"**

　　民族要复兴，乡村必振兴。在乡村振兴工作中，国有企业积极参与并发挥作用，是履行社会责任、彰显使命担当的体现。

"在巩固拓展脱贫攻坚成果方面，我们派出两支驻村工作队，先后投入资金 160 余万元，帮助西吉县李营村顺利脱贫摘帽。推进乡村振兴，完成第五轮驻村工作队员轮换，累计投入 166 余万元推进产业帮扶、销售帮扶、就业帮扶、教育帮扶项目落地，帮助西吉县李营村、新堡村加快乡村振兴进程。"李辉回忆说。公司大力实施支农惠农政策，"三夏""三秋"执行优惠价格，开辟绿色通道，送油到田间地头；开展"九惠""助医助教"等惠民活动，每年向消费者让利 3000 余万元。建设"司机之家"21 座、"爱心驿站"37 座，积极推动站点洗车业务城区站点全覆盖，为驾乘人员、环卫工人等提供爱心服务。

"乡村要振兴，教育必为先。我始终牢记中国石化'为美好生活加油'理念，已连续 3 年开展金秋助学计划，为帮扶村考上大学的农户子女发放助学金，累计帮扶 24 名大学生，发放助学金 6.1 万元。"李辉希望受助学子志存高远、脚踏实地，用优异的学业成绩回报家乡、回馈社会，为家乡争光、为国家效力。

路虽远，行则将至；事虽难，做则必成。李辉说，无论是履行委员职责，还是经营企业，她将继续以务实的作风、饱满的热情、高度的事业心和责任感，践行好职责与使命。在新征程中，她将带领公司持续为宁夏经济发展贡献力量。

（刊发于 2023 年 11 月 14 日　张红霞　文／图）

李 健

努力成为建设祖国的参与者

　　"李健积极参与社会服务，尤其在会计专业方面，贡献良多，现获颁授荣誉勋章，以资表扬。"这是香港特别行政区政府在刊文中，对港区自治区政协委员、中国广核新能源控股有限公司助理总裁兼公司秘书李健的介绍。2023年，香港特别行政区政府在新闻公报刊登2023年授勋及委任太平绅士名单，李健获颁荣誉勋章。

　　多年来，在工作中，李健积极学习新知识、掌握新技能，在接踵而至的挑战之中把握机遇，关注经济、民生方面的热点问题，在工作之余深入调研、撰写建言。

◎ 一张"白纸"入行　以拼劲弥补不足

　　李健虽然在会计界和企业管理界取得了一定成绩，但在年少时，他从未想过自己会从事商业。"在大学时期，我的专业是信息工程，之所以会投身会计行业，全都因为一场误会。"李健笑着告诉记者。

20 世纪 90 年代初，互联网刚兴起，香港就业市场并没有太多与信息工程相关的职位。感到行业前景不明朗的李健，在大学最后一年决定变换"跑道"。"当时，我对会计一窍不通，听完一堂就业讲座后，觉得顾问听起来很厉害，于是突然决定在大四那年向一家会计师事务所的顾问部门投出了履历。"李健告诉记者，当时只是一心想往顾问方向发展，但却收到该会计师事务所审计部门的面试邀请，为了积累面试经验，他应约完成几轮面试，成功获聘。

"当时，我还收到好几家大会计师行的录取通知，以为自己很抢手，很适合在会计业发展，可是若干年后，我才在机缘巧合下知道当初获聘仅仅是因为人手短缺。"回忆起这段往事，李健常常以"人生中最大的笑话"来形容，并引以为鉴，时刻提醒自己："一个人只要有信心，认定自己要'得'就会得到，但达到了目标也不能骄傲自满，因为其中或许会有'运气'成分。"

加入会计师事务所后，由于相关领域知识不足，李健在第一年工作时只被分派了一些基础性工作，由于性格乐观向上，他没有气馁，反而认为那是尽快补足专业能力的好时机。在公司的大力支持下，他把所有的空闲时间、假期都投入到学习考试中，最终仅用两年时间完成了共计 14 科考试，取得专业会计师资格。

◎ 时刻注重学习　不断提升自身能力

获得会计师资格证对李健来说只是一个自我增值的开始，后来他转向商界发展，随即考取了工商管理硕士学位和特许财务分析师（CFA）证书。直至 2007 年加入中广核新能源出任财务总监，得知公司计划在香港上市后，又继续攻读企业管理硕士课程，希望凭借学到的知识和技能，帮助公司在香港交易所主板挂牌。

李健工作照

从一名会计师到公司秘书，李健从不同领域累积工作经验，在此期间，他通过各类精修，知识水平不断提高、视野不断扩宽。"当前，市场发展速度远比大家想象中的快，灵活地因职场变化调整个人的发展策略更为重要。"当谈及职业规划时，李健认为，机会只会留给有准备的人，每一个年轻人都应该做到审时度势，不断学习新的知识、新的技能、新的技术，才能提升工作能力和水平。

2023年对李健来说，是忙碌的一年，他的足迹遍布新疆、青海、江苏、安徽、宁夏等地。即使公事再繁忙，也没有阻挡他奋发向上的脚步。继获得中国法律职业资格后，他在2023年完成了英国曼彻斯特都会大学与香港大学专业进修学院合办、为期两年的英格兰与香港法律深造文凭课程，他将继续攻读衔接深造文凭的法律学士一年制课程。

◎ **积极参与公益事业　主动履行社会责任**

所谓"有麝自然香"，李健在本职工作卓有成就的同时，个人能力也渐渐得到了外界的认可，开始投身公职部门。"在大学时期只顾着读书，毕业后则埋头打拼事业，很少参加社会事务。"李健向记者坦言，当工作事业发展到某个阶段时，总有人问他对服务社会有没有兴趣，在好奇心的驱使下，他跟着去开会，发现能够接触到不同阶层的人，了解多元化的观点，眼界大开。从此以后，他开始热衷参与社会公益活动，慢慢开始熟练服务规划、活动管理和筹款等技能。

多年来，让他印象最深刻的，莫过于他在出任香港东北扶轮社社长期间，通过筹办社区同乐日，带领来自基层家庭的小朋友体验各式各样的活动，帮助他们建立正面的人生观。"小朋友到私人会所简简单单玩一天就那么快乐、满足。"李健告诉记者，小朋友脸上天真的笑容，深刻影响了他，这些都是金钱买不到的。

李健对年轻人的关怀不止于此，自 2017 年担任香港浸会大学校董会成员以来，致力推动本地高等教育发展，着力培养面向未来的领军人才。"近年来，我国加快推进'十四五'规划。会计师将担当协助国外资金'走进来'、内地企业'走出去'的重要桥梁，对此，李健建议香港的年轻会计师要迎合发展局势，尽快熟悉国内风俗及相关制度，进一步考取国内相关证书，以加大自身竞争力。

李健还有很多头衔与社会职务——香港会计咨询专家协会秘书长、财政部香港会计咨询专家，香港特别行政区选举委员会委员（会计界）……他尽量平衡自己的时间分配，让自己更多地浸润在社会事务中。

（刊发于 2023 年 12 月 26 日　罗鸣　文／图）

陈金才

珍惜和用好政协委员的话语权

陈金才，自治区、银川市两级政协委员，民建会员，宁夏鑫翼通信有限公司董事长。他深知政协没有名誉委员，只有责任委员。他珍视委员身份，认真参与政协各项履职活动，心系国是、情牵民生，积极建言献策，当好人民政协事业的参与者、实践者、推动者。

◎　议政建言　功在平时

两会是政协委员参政议政、建言献策集中交流和展示的平台。在自治区政协十二届一次会议上，陈金才提交的 4 件个人提案和 1 件联名提案，均被立案办理。"政协委员要想在会内履好职，关键要在会外下功夫。一年 365 天，甭管多忙多累，只要心中装着政协委员的职责使命，每天都是'履职进行时'。"陈金才说，"要以深化理论学习、深入调查研究为履职打好基础，还要在工作和生活中做个'有心人'，找准提案选题，积累大量素材，建言献策才能精准有效，这些都需要长期坚持。"

陈金才的提案主要源于三个方面：围绕党政中心工作和宁夏发展重大问题献策出力；围绕民建宁夏区委会组织调研的课题思考建言；围绕群众关心反映强烈的问题发声呼吁。他认为，所有建言都应抓住重点、有的放矢。

陈金才管理的宁夏鑫翼通信有限公司，是宁夏投资运营 5G 通信民营铁塔基础设施的头部企业。他认真研读党的二十大报告、自治区第十三次党代会报告发现，两个报告均对发展数字经济作出战略部署，于是，他结合行业发展实际，在自治区政协十二届一次会议民建、经济、特邀、工商联界别联组讨论中作了《抢抓数字经济发展新机遇　助推我区高质量发展》的发言，对"数字经济怎样助推小省区干大事"阐述了自己的思考。

他提出，宁夏宽带网速、4G 网速均位居全国前列，当前正是我国 5G 规模化应用发展的关键时期，宁夏应当持续提升 5G 网络覆盖的深度和广度，吸引更多民营资本参与通信基础设施建设，探索建网新模式，努力在全国形成区域先导效应。要乘着"东数西算"的东风，加强银川与中卫区域协作，进行联合招商、抱团取暖，推动数字经济头部企业、优秀人才、优质资源向宁夏转移，努力形成"算"在中卫、户在银川的新格局，提高数字经济实际贡献。出台支持数字经济发展专项政策，大力扶持本土数字经济企业发展，培育自己的"独角兽"平台。同时，还应补齐人才资源短板，加大基础型、应用型人才培育，通过校企联合等方式，着力培养一批符合市场需求、实操能力强的网络工程师、软件工程师，力争通过人才差异化推动产业互补。

作为在宁福建人，在《关于进一步优化闽宁两省区文旅深度融合优惠专项政策的建议》的提案中，陈金才重点针对此项优惠政策覆盖面窄、优惠时间过短等问题，提出不再区分散客和团客，全面开放对福建籍游客的旅游优惠政策，在酒店、餐饮、文娱、停车等方面拓宽优惠政策范围，延长优惠政策时限，打破季节变化带来的旅游淡旺季影响，开启全季、全时、

陈金才（左）在自治区两会上与其他委员交流

全域旅游新模式等建议，更好增进两省区交往交流，推动文旅深度融合。

◎ 常接地气　为民鼓呼

人民政协作为党和政府联系各界的桥梁和纽带，收集和反映民情民意十分重要。陈金才认为，作为政协委员要坚持群众路线和百姓情怀，常到群众中走一走、看一看、聊一聊，真心了解群众意愿，及时反映群众诉求，助推解决群众的操心事、烦心事、揪心事，这样的履职才接地气。

随着我国"养老"与"育小"的双重压力不断增大，月嫂服务成为很多家庭的刚需。"在月嫂服务中，群众反映了很多问题，例如高收费低服务、培训7天就拿证、出现纠纷难追责等现象屡见不鲜。"陈金才说，这些现象背后是供需矛盾突出、监督机制缺失、服务标准不健全等行业发展问题。

为此，他提交了《关于切实规范"一老一小"月嫂服务工作的建议》的提案，建议明确行业主管部门及其职责，严格监管引导以月嫂服务为重点的家政服务业健康发展。建立从业人员培训机制，针对月嫂等服务提供者，建立严格有效的培训考核机制，完善持证上岗、服务质量评估等指导意见；针对家政服务机构管理人员，加强企业管理知识培训，建立行业安全可靠的输送体系。建立行业价格指导体系，整治"同质不同价""随意要价"等乱象，保障消费者、从业人员、从业机构三方权益。

围绕农村地区群众反映的厕所整改问题，通过入户走访、征求村民意见，陈金才发现，一些地方村民每户情况差异大，有的房屋面积小且几代人同住、有的村民家中无下水改造难度大，难以达到在住房内新建厕所的改造要求。还有一些村民对住房内新建的厕所，存在怕堵住不敢上、怕臭味不能上、不符合生活习惯不想上等情况。他在《关于改进我区农村卫生厕所整改工作的建议》的提案中，反映了这些问题。呼吁取消在住房内新建厕所的硬性要求，不强行规定厕所位置。鼓励有条件的农户在室内修建厕所，对没有条件且不愿在室内建厕的农户，允许在院内按标准修建，院内厕所可统一设计，注重使用功能，达到标准的发放相应补贴。这些建议得到了相关部门的重视。

2023年，结合主题教育，自治区政协深入开展"学思想、重履职、勤协商、惠民生"实践活动，聚焦困难群体救助帮扶开展调研、协商、慰问等活动。2023年，自治区政协响应全国政协部署要求，组织开展委员履职"服务为民"活动。参与其中，陈金才真切感受到人民政协为人民的使命情怀，他说：政协的工作越来越往实里走，聚焦社会发展堵点、百姓民生难点做文章，很充实、很接地气，这也对履好职提出更高要求，今后，自己要多做为群众排忧解难的事，多做反映民情民愿的事，多做凝心聚力的事，在政协事业中献智出力。

（刊发于 2023 年 8 月 11 日　陈敏　文／图）

陈克安

当好职工『娘家人』 发出工会『好声音』

陈克安，自治区政协委员，吴忠市人大常委会党组副书记、副主任，吴忠市总工会党组书记、主席。作为连任两届的自治区政协委员，陈克安始终以饱满的热情和强烈的责任感履行政协委员职责，积极参政议政，反映职工诉求，表达群众心声，为保障职工合法权益履职尽责。

◎ 为职工解困脱困发声　当好"知心人"

做好困难职工解困脱困工作，是党政所需、职工所盼。2019年、2020年自治区两会上，陈克安先后提交两件提案，从不同角度、不同层面为推动城市困难职工解困脱困建言献策。

2020年，在实地走访调研后，陈克安发现，建档困难职工因多种致贫因素叠加，困难程度深，脱困难度大，他围绕构建"党委领导、政府主导、部门各司其职、社会广泛参与"的困难职工解困脱困工作体系，认真思考提交提案，研究制定实施建议，明确目标措施、责任分工和组织保障，从源头上强化制度保障，提高治理水平。

针对协同推进机制不健全，部门间配合协作不紧密、困难职工信息比对不全面不及时等问题，陈克安在提交的另一件提案中呼吁，相关部门联合建立困难职工信息比对长效机制，以利于困难职工精准识别和帮扶救助。建议发挥人社、民政、住建等部门职能和优势，广泛动员社会力量参与其中，为困难职工提供更加便捷高效的帮扶服务。

提案能够转化为政策举措是陈克安最看重也最自豪的事情。这两件提案提交不久后便得到办理单位的积极回应。

自治区总工会积极与自治区人社厅、民政厅等部门协调，将困难职工信息确认比对后录入中华全国总工会帮扶系统，有力提高了精准识别效率和质量；宁夏探索建立"互联网+"服务职工平台，整合、调动工会内外资源为困难职工提供常态化、规范化、日常化帮扶……看到一条条提案办理举措落地，陈克安十分欣慰。

◎ 为职工合法权益发力　当好"贴心人"

作为一名工会界别的政协委员，职工权益保障是陈克安关注的重点。

"2018 年 7 月，中共中央办公厅、国务院办公厅联合印发《国税地税征管体制改革方案》，明确从 2019 年 1 月 1 日起，将社会保险费交由税务部门统一征收。宁夏职工社会保险费统一征缴工作处于社保、税务两部门有效衔接的过渡阶段，许多政策性强、实操性强的具体业务还需要进一步有效衔接。"陈克安表示，在此过程中，因征缴单位覆盖不全、缴费职工涵盖不够、解决争议适用法律政策存在"空白"等情况，导致职工社会保险类劳动纠纷数量骤增，协调处理职工社保费清欠、职工退休待遇等方面的劳动争议难度加大。

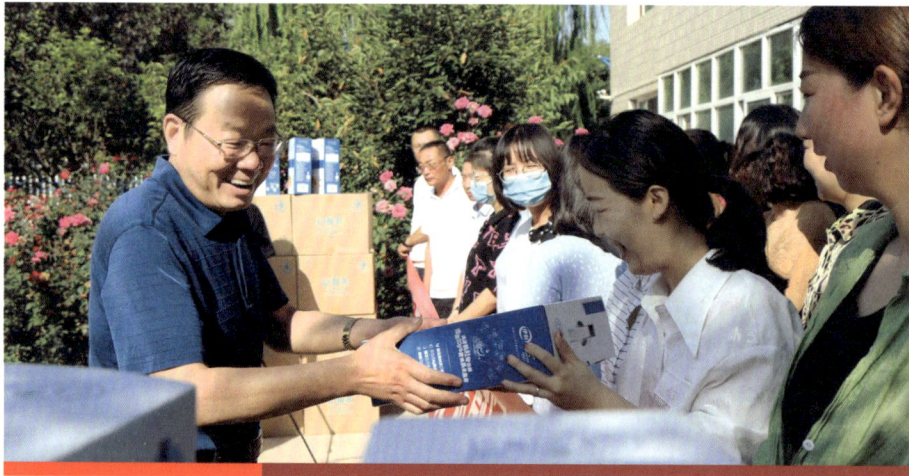

陈克安（左）在利通区为基层工会职工代表发放慰问品

　　针对该问题，2020 年陈克安提交《关于建立职工社会保险费征缴工作的提案》，建议建立由人社部门牵头，税务、信访、公安等组成的职工社会保险费征缴工作联席会议制度，采取定期召开专题会议等形式，重点研究用工单位职工社会保险费缴纳范围、减免政策落实等事宜。"提案立足于国家社保费征收体制改革大局，提出的意见和建议十分有建设性。"当年，自治区税务局作为主办单位，在办理过程中经过多次沟通商议，由自治区 9 个部门联合印发《宁夏回族自治区社会保险费征缴工作联席会议制度》，成为推动全区和谐劳动关系构建的有力抓手。

　　聚焦构建和谐劳动关系，陈克安思考不停、笔耕不辍，通过各种渠道收集企业应对新政的反响、广大职工的心声，近年来，所提提案建议很多得到相关部门采纳，并形成推进工作的有力举措。

◎ 为产业工人转型升"技"鼓呼　当好"娘家人"

　　技术工人队伍是支撑中国制造、中国创造的重要力量。2023 年，陈克安带着《关于夯实产业工人队伍基础，提高全区产业工人技能素养的提案》建议上两会，继续为推动产业工人转型升"技"奔走呼吁。

陈克安介绍，随着我国经济发展质量效益不断提高、经济结构不断调整、产业转型加速升级，对产业工人技能素养提出新的更高要求。但纵观全区产业工人现状，初级工占技能劳动者 84.21%，高技能人才仅占 13.9%，均低于全国平均水平，产业工人技能素养偏低、人才短缺仍然是制约宁夏创新发展的关键因素。

如何让技能人才与时俱进快速成长？如何增强"六新六特六优"产业的职业吸引力，让产业工人"招得来""用得好""留得住"？他在提案中从健全产业工人技能培养体系、加大产业工人技能培训力度、建立产业工人技能提升机制、完善产业工人地位提高制度等方面积极建言。

工人文化宫作为职工群众思想引领、知识学习、才干培养、健康建设的重要场所，是工会组织职工、凝聚职工、宣传职工、发动职工、服务职工的重要阵地。陈克安还将目光聚焦于此，提交《关于加强县级工人文化宫建设的提案》，针对目前全区县级工人文化宫建设工作较为薄弱的问题积极建言献策。

"作为来自工会界别的政协委员，我们承担着引领职工听党话、感党恩、跟党走的政治责任和维护职工合法权益的使命任务，要为职工代言、做好企业经营层与基层职工有效沟通的桥梁和纽带，积极发声、主动作为、认真履职。"陈克安表示，在今后的履职中，将聚焦自治区党委和政府中心工作，广泛收集党政所需、职工所盼、工会所能的热点、难点问题，利用履职平台，积极表达职工诉求、传递职工心声，全力以赴解决好职工群众"急难愁盼"问题，当好广大职工最可信赖的"知心人""贴心人""娘家人"。

（刊发于 2023 年 10 月 20 日 单瑞 文／图）

何志聆

践行育人使命 为教育事业鼓与呼

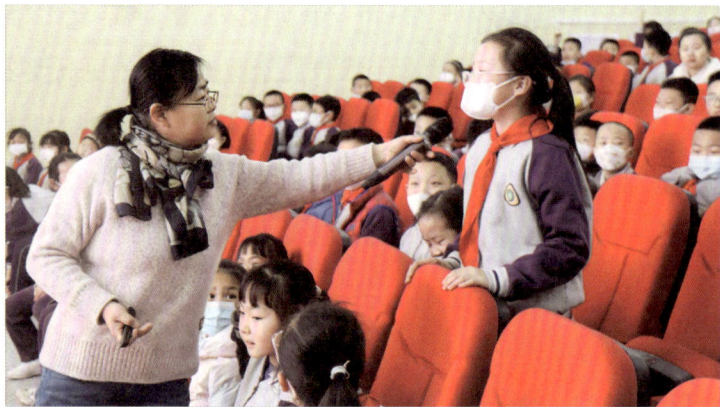

三尺讲台育桃李，一纸提案为民言。作为自治区级骨干教师、自治区青年拔尖人才培养工程"优秀青年后备骨干"人选，她致力于基层一线教书育人；作为一名政协委员，她立足本职岗位，加强调查研究，深入分析思考，积极为区域教育事业发展鼓与呼。

◎ **在学习调研中廓清政协的样子**

近日，我们走进兴庆区第三十二小学校长办公室，看到何志聆正在电脑前忙着完善心理健康讲座 PPT。她告诉记者，当天是学校教学开放日，正好借此机会为家长上一堂《从"心"育人 为爱赋能》的心理健康教育讲座。

作为一名教育工作者，青少年健康成长始终是何志聆最关注的话题。她发现，近年来由于家庭关系、升学压力、学业负担，导致学生心理健康问题日益严重。"这种情况让我们教育工作者非常揪心。"何志聆感慨道。

2023 年 4 月初，自治区政协教科卫体委员会组织委员到自治区宁安医院调研儿童心理健康问题，何志聆积极参与其中。调研座谈中，她了解到专家提供的心理疾病筛查数据和临床案例、教育部门介绍校园心理健康教育的经验方法之后，对青少年心理健康有了更加立体、深入地认识，同时，她也看到了家庭、学校、社会联合发力解决青少年心理问题的紧迫性和必要性。回到学校后，她第一时间为学生们安排了调节情绪的心理健康课。

"借助政协搭建的平台，我们学校和宁安医院计划开展合作，运用他们的专业知识，为学生心理健康问题提供援助和指导。"何志聆说，通过亲身参与，她真切地体会到政协调研的扎实和协商氛围的民主，每一项调研、每一次协商，都系着社会发展和人们对美好生活的向往，关注着人民群众的"急难愁盼"。

要当好一名政协委员，何志聆深知只有不断学习，才能提出合理化、建设性的建议和意见，才能与时俱进，更好地履行委员职责。4月中旬，自治区政协举办委员学习培训班，何志聆放下手头工作，静下心来认真学习。"参加这次委员培训学习对我而言，是提高思想认识、提升履职能力的难得机会。"何志聆告诉记者，通过几个月的参会、学习、调研，逐渐对如何履职有了更加明确的思路。

◎　**关注身边问题　捕捉提案议题**

作为一名教育界的政协委员，何志聆关注身边小事，从中捕捉提案议题，认真撰写提案，为宁夏教育事业更好的高质量发展鼓与呼。

近年来，近视低龄化日益明显，"小眼镜"问题突出。"例如，我们学校的一年级新生入校视力近视监测情况 2021 年为 19.1%，2022 年为 14.5%，均高于 2020 年国家卫健委发布的 6 岁儿童近视率平均值。"何志聆说，很多家长缺少对孩子的视力监管和习惯培养，等孩子上小学才意

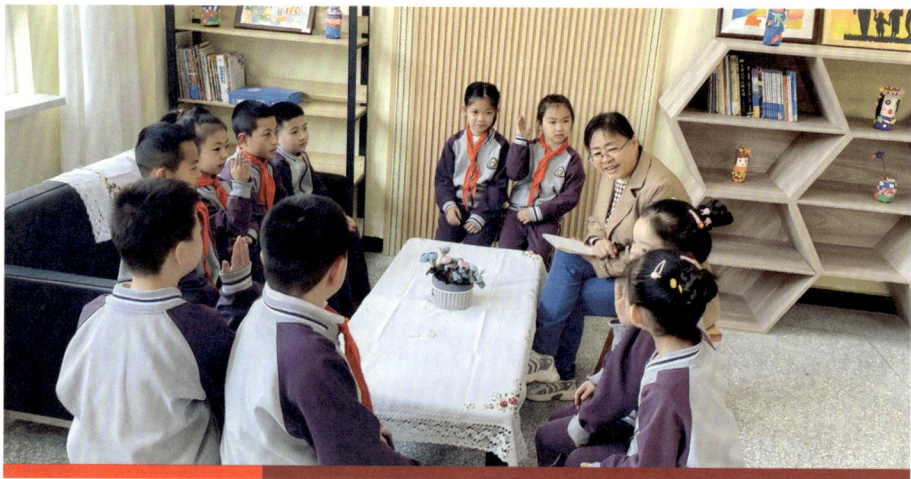

何志聆与学生交流

识到要保护眼睛。

经过深入调研和反复打磨，何志聆提交了《关于儿童青少年近视防控"抓小抓早"的提案》，建议幼儿园、学校开展形式多样、有针对性的护眼活动，推进宣传教育实效。建立近视防控专家指导队伍，定期指导学校开展工作，对家长和教师进行培训。对现有幼儿园、学校教室进行护眼灯改造，并进一步落实在幼儿园和小学教学中控制电子产品使用时间。

长期从事教育工作，更能了解教育领域中存在的问题。何志聆在日常工作中发现，目前大多数学校的校医和财务人员存在岗位结构不合理、技术不专业、职业不稳定以及数量不足等问题。针对发现的问题，她进行了深入的走访调研，根据了解到的情况撰写了《关于为宁夏中小学校配足配齐专职校医和专业财务人员的提案》。她建议，教育部门会同医疗卫生、财政部门出台关于规范宁夏各中小学校校医、财务人员配备工作的政策和管理要求，使专业人员配备立法化、制度化。统筹社会资源，建立专业人员"周转池"，从社会招募一批拥有专业资格的人员，以兼职形式下派到学校，充实中小学校校医、财务人员队伍。对校医和财务人员实行专岗专用，明确其技术职称评定规则，定期参加相关培训，并将此纳入评价管理体系中对履职绩效进行考核。

《关于在友爱路以东上海路以北通公交车的建议》《关于后疫情时代中考体育测试的建议》……这一件件有内容、有分析、有具体建议的提案和社情民意信息，都是何志聆履职尽责的见证。

人民教师和政协委员，两个不同的身份，都承载着责任，也都肩负着使命。何志聆表示："今后将在强思想、立品行、好学习、提能力上下功夫，广泛采集学生成长、教师关切、学校发展中的热点难点问题，积极发挥好委员作用，书写好履职答卷。"

（刊发于 2023 年 5 月 5 日　吴倩　文 / 图）

罗吉全

守护群众文化　弘扬孝老助老

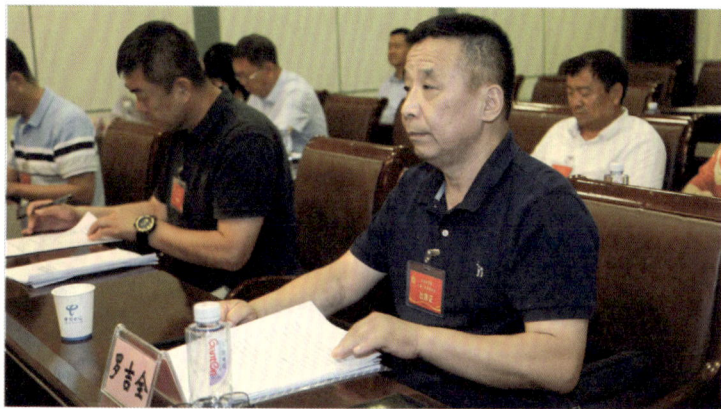

罗吉全，自治区政协委员，民革党员，中卫市文化馆馆员。近年来，罗吉全一直从事文艺创作，并积极组织开展各类主题文艺活动，成为中华优秀传统文化的弘扬者和传播者。

◎　行动诠释初心　实干践行使命

"这些节目很好看，也暖人心，丰富了我们的生活！现在的文化惠民活动很接地气，很受欢迎。" 8月初，在沙坡头区文苑社区，观看完群众文化演出的王大妈高兴地说。基层文化工作让群众满意，需要文化馆工作人员的辛勤付出。在中卫市文化馆职工队伍中，罗吉全是组织基层文化活动当仁不让的佼佼者。自参加工作以来，他常常深入基层，了解民意，整合各类文化资源，发动群众广泛参与各类文化活动。

罗吉全说，他最有成就感的一项工作，就是组织开展春节文化活动，观看群众高达5000多人次。当时，在组织这项工作中克服了种种困难，历经半年时间，最终才为四邻八乡的农民送上了一道丰盛的"文化大餐"。罗吉全常常思考，文化活动阵地的建设是开展文化活动的基础，直接影响社区居民对文

罗吉全工作照

化生活的需求。面对紧张的经费，他采取"上级援助一点、辖区单位赞助一点、自己筹措一点"的办法，努力改善各单位活动场所、文化设施等基础性建设。协助各社区成立文化活动中心。除此之外，他还努力挖掘、整合辖区文化资源，组建舞蹈队、健身操队、太极拳队、篮球队、老年书法队等专项文体团队，用鲜活的事例和人物，激发群众对美好家园的荣誉感、归属感和幸福感，满足了群众对文化生活多元化的需求。

日常工作中，罗吉全用心挖掘民间非物质文化遗产，风雨无阻加班加点对非物质文化遗产所有人进行细致走访，并对文化遗产情况进行详细挖掘整理，先后有十几个文化遗产项目申报中卫市文化局。凭借多年工作经验，他先后撰写了《新形势下文化馆服务工作的改革路径分析》《少数民族文化传承与非遗保护》《试论在新形势下群众文化中审美意识的提高》三篇论文。其中，发表在由湖北省文学艺术界联合会主办的《速读》上的《少数民族文化传承与非遗保护》一文荣获该刊年度一等奖。

◎ 情系黄埔老人　搭好桥梁纽带

"父亲罗文治生前曾担任宁夏黄埔同学会副会长兼中卫联络组组长，宁夏黄埔同学会中卫联络组成立已整整30多年，当时健在的28名黄埔老人现大都作古，每想起这些，作为黄埔的后代，感慨良多。我感到服务黄埔军校同学会工作是我的荣誉、义务，更是责任。"罗吉全说。

2023年78岁的黄埔老人刘学明，家住中卫市区滨河镇，老伴亡故，生活困难，年初的暴雪低温，使生活难以为继的他更是雪上加霜。闻讯后，罗吉全买上慰问品，两次到老人家探望，并帮助老人解决燃眉之急。刘老很是感动："小罗，在我心里你就是我的儿子！"

罗吉全告诉记者，由于特殊历史原因，不少黄埔老人收入低、无存款、无医疗保障，生活困难。他们的临终愿望，或只是能去抗战纪念馆或昔日杀敌的战场看一看；或是祭拜牺牲在远方的好兄弟，能在他们坟前敬上最后一杯酒；或是恢复名誉，得到人生的肯定。但由于年龄原因，不少老人带着遗憾撒手人寰。4年时间，中卫市已有6名黄埔同学先后离去，每次遇有老人辞世，他都会敬献花圈，送别这些曾经浴血抗日的英雄。因此，逝者家属常常为之动容："没想到，人走了，还有组织上的人来送行，应该知足了。"每当听到这些朴实无华的言辞，我的内心总是沉甸甸的。

他凭着一颗炽热的心和对文化事业的执着追求，在平凡的工作岗位上默默无闻，无私奉献地干着不平凡的事情。他心系群众，不辱使命，了解民情，履行政治协商、民主监督、参政议政的职责，为宁夏文化事业传承保护发展建真言、献实策。

（刊发于2023年9月12日　孙振星　文／图）

周德科，自治区、固原市、原州区三级政协委员，固原市伊斯兰教协会会长。履职中，周德科注重紧密联系界别群众倾听民意，认真调查研究，所提建议既有事关农业产业、乡村建设等站位全局的大事，又有群众关心的物业管理、老旧小区改造等民生"小事"，在议政建言中不断展现政协委员的责任与担当。

周德科
用心用情助推解决群众『急难愁盼』问题

◎ 深入基层　围绕高标准农田建设精准建言

对于履职工作，周德科是有着多年经验的"老兵"。从 2010 年被推举为原州区政协委员，到成为固原市、自治区政协委员，与人民政协结缘以来，周德科始终保持履职的激情，从百姓最关心关注的角度出发，用心发现问题，推动解决问题。

"通过调研我发现，目前我区实施的旱作高标准农田建设项目亩均投资 1200 元至 1300 元，工程直接投资 1000 元至 1100 元，由于投入标准偏低，缺少表土剥离及回填环节，影响实施后的土壤肥力。设计方面也存在田间道路过陡、田间防护林影响田间作业等问题。"周德科谈道，高标准农田建设，一头连着粮食安全，一头连着农民增收，加强高标准农田建设，保障国家粮食安全，对全面推进乡村振兴战略，加快构建新发展格局，着力推动高质量发展意义重大。

"资金保障是高标准农田建设的关键。"周德科建议，提高投资标准，积极鼓励群众筹资投劳，加大财政投入和资金整合力度，引导村集体经济组织、新型农业经营主体等参与高标准农田建设。积极探索财政资金使用方式，撬动更多金融资本和社会资本投入高标准农田建设。积极开展综合利用、增施有机肥和深松深翻，有效提高耕地质量。结合产业政策，对高标准农田进行多种作物的试验布设，开展马铃薯、玉米、荞麦等农作物对比试验，形成各作物的全程机械化解决方案，指导大中型农业机械有效开展耕作、种植、田间管理以及收割等全程机械化作业，有效促进农机和农艺结合，助推产业提档升级。

"前段时间，自治区农业农村厅对提案进行了答复，2023 年为固原市下达中央和自治区高标准农田建设资金 6.5 亿元，支持建设高标准农田 48.32 万亩，新建旱作高标准农田中央和自治区亩均投入标准达到 1339 元，较 2022 年提高 212 元。高效节水项目亩均投资标准严格执行《支持高效节水农业财政政策措施的实施方案》，新建亩均补助 1375 元，改造提升亩均补助 825 元。对新建成的高标准农田项目全部明确管护主体、管护内容、管护区域、管护职责和监督方式，县级监督、乡镇管理、村委会负责的覆盖全流程的农田水利工程建后管护责任体系逐步完善。"周德科表示，这样的办理结果他很满意。

◎ **关注民生　为解决群众"急难愁盼"谋良策**

履职中，周德科不仅关注宁夏农业建设，还积极关注民生问题。十余年来，他向固原市、原州区政协提交提案、社情民意信息百余件，许多建议引起广泛关注，先后被固原市、原州区政协评为优秀政协委员。"这是对我履职尽责最好的褒奖，也是我发光发热的强心剂。"周德科说。

"路灯是城市的'眼睛'，是城市繁荣发展的窗口。路灯不仅反映一个城市的面貌，还反映一个城市科学、技术、经济、文化上的发达程度。"周德科告诉记者，经过多年的建设，固原市基础设施不断完善，产业聚集。2021 年他调研发现，固原市城镇面积不断扩大，城市道路网络逐步形成，但路灯建设相对滞后，主要体现在个别小区和街巷路没有路灯存在死角、有的路灯损坏后维修不及时、路灯养护不到位等方面。

周德科提交相关提案，建议将路灯建设作为塑造城市形象的一件大事来抓，优先纳入城市基础设施建设项目。在建设中，按照"照明与装饰兼顾""路修到哪里路灯就亮到哪里"的原则，努力做到城区道路建设与路灯建设同步进行。实行谁开发、谁配套的原则完善市政设施，把路灯建设资金纳入项目进行管理。从城市建设配套费和城市建设维护费中解决一部分路灯建设、维护资金。

"当年下半年，固原市城市管理局通过现场勘查，对清河南街等 6 条街安装路灯。加强对路灯的维护工作，经常性开展排查，及时安排更换灯泡、电缆等设施，全面排除故障。"周德科介绍。如今，夜幕降临时，一个个路灯犹如灯塔，不仅保障了群众夜行安全，更温暖了群众的心。

近年来，周德科在民生方面还提交了《关于加强中小学生心理健康教育的建议》《关于加快基层医疗队伍建设　提升基层医疗服务水平的建议》

《关于助推居家与社区养老服务中心的建议》等提案，通过提案办理推动解决民生问题。

2022年5月，"周德科委员会客室"在固原市古雁街道办金城花园社区成立。会客室成立以来，周德科组织会客室全体成员，面向居民代表、社区及物业公司工作人员开展党的二十大精神和自治区第十三次党代会精神专题宣讲活动，把党的方针政策传播到群众中去；响应居民需求，开展家庭教育、口腔健康普及"委员大讲堂"等活动；链接资源，对社区工作者、志愿者进行慰问，以委员会客室为平台，积极发挥凝聚共识、为民服务的作用。

（刊发于2023年9月22日　马军　文/图）

周一新

挥毫泼墨　绘就写意人生

　　周一新，自治区政协委员，一级美术师，现任宁夏书画院院长、宁夏美术馆馆长。曾先后被国家和自治区评为"313人才"新世纪学术、技术带头人，"塞上文化名家"，"四个一批"人才，享受国务院政府特殊津贴。作为一名美术工作者，他始终以创作为中心任务，拿作品当立身之本，用艺术之笔述说宁夏故事，推动艺术创作和艺术活动走进乡村、走进学校、走进社区，把美育故事写在宁夏大地上。

◎ 笃定目标　在艺术的土壤中扎根

　　看周一新的画作，仿佛一瞬间被拉入画卷，他用画笔定格时代，画中人物神情的真实表现，体现着他灵动细腻的笔墨功夫和松弛有度的艺术张力。

　　有神的笔触得益于自小的训练。周一新从小喜欢绘画，家里的连环画是最要好的"玩伴"，10岁那年，他被父亲送去学画，成了当时文化馆里最小的学员。

为何会对绘画情有独钟？"这得益于自小生活在良好的美术教育环境中。20 世纪 80 年代，石嘴山市街头就像艺术家的画板，一幅幅手绘广告画精美绝伦，那画面我记忆犹新。" 周一新说，宁夏虽然小，但是美术氛围很好，创作的人虽不多，但创作的内容丰富多彩，有海纳百川的气势，这为他的绘画梦想埋下了种子。

青年不辍少年志趣，走过懵懂的少年时节，揣在心里的绘画志趣，不断鼓舞着周一新笔耕求索。

在追求艺术的道路上，他一边研习经典手法与当代众家水墨之所长，一边钻研历代书画名作及不同时期文学经典作品。在此过程中，他不但积累了创作技巧，也收获了提炼创作主题的经验。

随着光阴流逝，周一新愈加领略到中国画的深层魅力与传统文化的感召力。"对于现在的我来说，画画不再是专业，而是生活里没有它不行。"周一新说，自己对绘画的热爱发自内心，在他的认知里，这种喜爱愈投入就愈发不能自拔。

2004 年，周一新构思十年的《水浒忠义堂》问世，多年沉淀的厚积薄发，让这部作品充满传统文化的精神气韵，一举荣获第十届全国美展银奖，并被中国美术馆收藏。"宁夏艺术氛围非常宽松，给了我很多机会。取得今天的成绩，我非常感念宁夏给了我艺术的滋养和成长的土壤。"周一新说。

◎ **追随时代　在生活的细微处创作**

艺术创作，离不开时代、离不开生活。"画家应该深深融入时代，以饱满的热情感受生活中的点点滴滴，将其注入创作。"几十年来，周一新一直践行着他的创作理念。

在时代的洪流中，吴忠市红寺堡区从荒原古堡变为逐梦之地，这里有

周一新在新书发布会签售新书

着最淳朴的移民文化。为了捕捉其中脉络，周一新的脚印遍布这片土地。

"周老师又来啦，这次能待多久，再给我们写个字吧！"当周一新走进红寺堡区柳泉乡永新村，村民热络地和他打招呼。"深入生活，不是走走看看，而是长期深扎在一个地方，在长期浸润和不断深耕中完成积累。"周一新说，创作的"库存"丰富，才能让作品有深度、有温度，这样的作品才有生命力。

无论坐在村民炕头，还是走在田间地头，周一新仔细观察着每个细微处。"细节中藏着文化的符号，要努力在共性中寻求差异，在细微处打磨，才能创作出具有风情的作品。"周一新说，要做到有感而发，才能把适合绘画表现的、有深刻社会内涵的、最感人的画面表达出来。

周一新的笔墨追随着时代，在乡村振兴的画卷上添墨加彩。在他的推动下，"百村千绘"工作徐徐开展，1万多平方米的乡村文化墙，被绘上生动的彩画。

"多年来我的创作重点始终以描绘'中国故事'为主，以人物写生、花鸟山水为辅。"周一新认为，讲好"中国故事"在艺术家手中就是绘好中国精神、传递中国精神的核心所在。

◎ 匠心育才　在宁夏大地上孕育桃李

"我的一生只做两件事，一是自己画画，一是教人画画。"周一新说，在自己学习绘画的道路上，许多老师曾给予很大的帮助。他也将沿着老师们走过的路，对学生负责，时刻激发学生的热情与兴趣，正如他的恩师戴敦邦先生一般，全心浇灌学生心中艺术的种子。

自从23岁成为老师，周一新便乐此不疲地沉浸于教学之中。"一笔一画从青涩到成熟，正如一草一木从种子到开花，都要用心浇灌、用时间培养。"周一新回想自己的学生时代，老师对他也有恨铁不成钢的时候，他笑言："艺术创作需要付出许多的时间和勤劳，这是不为大多数人知晓的。因此对学生进行适当的施压是有必要的。"

如今，周一新已成为宁夏书画院院长，可他依然是宁夏大学硕士研究生导师，每年带两三个研究生，在教学过程中，把传统绘画的魅力一代一代传承下去。

如何让更多的学生成才？周一新有自己的思考，常规的培养模式过于千篇一律，存在专业性不强的问题。为了改善这种现状，就需要学校突出美术专业特色，制定个性化方案，培养有思想、有创造能力的人才。还要鼓励师生多创作，多组织有规模、有影响的专业画展，通过汲取社会反馈回来的不同声音获取更大的进步。

（刊发于 2023 年 5 月 30 日　张海峰　文／图）

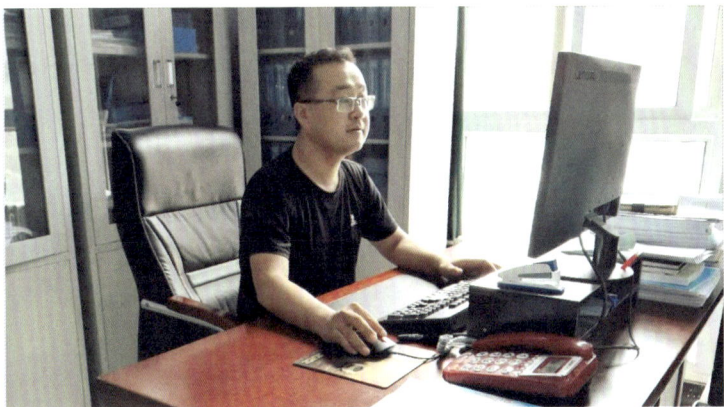

一代人有一代人的使命，一代人有一代人的青春，许多人与青春有关的故事总与热爱和担当相关。1980 年出生的周建伟，2002 年毕业于宁夏大学水利系农业水利工程。自参加工作以来，他将人生最美好的时光都投入到水利工程规划、建设管理等工作中。

周建伟

以青春姿态　践行新时代水利精神

◎ 用实干精神展现水利青年担当

参加工作近 20 年来，周建伟共参与各类工程上百项，无论是小工程的测量设计，还是大工程的规划建设，都保质保量按期完成。

2017 年，按照吴忠市委和市政府的安排部署，计划实施吴忠市东南部引提调水及河道生态治理项目。因工程投资规模大，建设任务重，时间紧，为按期完成工程建设任务，当年 4 月，吴忠市水务局党组研究决定抽调周建伟担任项目建设负责人。

清水沟位于吴忠市城区东侧，是黄河一级支流，更是吴忠市东部片区重要的排水沟道，承担着上游洪水、农田灌溉排水、渠道退水、城市排水及周边工业企业的排水。长期以来，清水沟河岸两壁陡直和塌坡现象普遍，水土流失严重，沿岸村庄的农田耕地逐年受到侵蚀，河道内泥沙淤积，再加上沿岸企业和居民往河道中直接排放未经达标处理的污水和堆放垃圾挤占河道，使水流不畅，臭气熏天，严重影响了河道行洪安全和周围生态环境。

为确保工程能高质量、高标准建设完成，周建伟带领工程建设管理人员实地踏勘现场，掌握第一手基础数据和资料，及时与设计单位沟通协商，组织开展方案讨论会议，研究工程设计图纸，及时优化完善设计方案，认真讨论研究工程的每个细节，尽可能做到设计方案不留遗憾。

工程建设期间正值盛夏，酷暑难耐。在工程建设过程中，周建伟不畏环境恶劣，每天大部分时间都待在施工现场，对工程建设的每一道工序进行认真检查。由于沟道沿线涉及各类企业、居民，需要协调的社会矛盾、困难和遗留问题复杂。当时很多沿清水沟居住的村民往清水沟乱倒垃圾、污水，有的老百姓对于现有征占地补偿政策不熟悉阻挠工程建设，还有的提出一些不合理赔偿要求。周建伟就挨个给村民们讲解政府关于耕地、房屋及附着物等补偿标准，给群众做思想工作，讲解国家防洪法及河道管理有关规定。功夫不负有心人，历经 3 年不懈努力，工程最终在 2019 年完成建设任务。

如今，吴忠市城区东南片区水资源得到充分利用，生态环境得到极大改善，清水沟由一条纳污排涝的臭水沟，蜕变成一座城市东部的带状滨水花园，目前，已成为市民休闲游憩的一条文化河与幸福河。

◎ 专业知识发挥自身价值

作为一名专业技术人员，将业务知识运用到实践中，是周建伟工作以

周建伟（左三）与施工单位交流设计图纸

来一直追求的目标。

　　水利项目编报工作常常是时间紧、任务重、工作量大，面对困难，周建伟坚持以大局为重，不计个人得失，严肃认真地投入每项工作，并且高质量高效率完成工作任务，经常顾不上吃饭，加班到深夜。辛勤的付出终究得到回报，他参与或者负责编报的水利项目有 30 余项得到实施。

　　"水利工程是利国利民的民生工程，传承百年仍在造福黎民。工程建设需要一代代水利人接续奋斗，新时代水利人应接好历史的'交接棒'，投身到一线攻坚克难。"周建伟说。

　　2017 年至 2018 年，周建伟组织完成了黄河宁夏吴忠段二期防洪工程建设，此项工程为国务院 172 项重点水利工程之一。工程建设期间，周建伟发扬水利精神，带领项目团队常驻施工现场，及时处理工程实施过程中遇到的问题，并主动与各方交流，确保工程按图实施。工程完成后，最终黄河吴忠段干流河道防洪标准提升，防洪体系不断完善，河道抵御洪水能力进一步增强。

2021年，在太阳山、孙家滩两地的水利工程前期测量工作中，周建伟再次发扬不怕吃苦的精神，白天步行十几公里进行工程勘测，晚上加班规划设计，顶烈日、冒酷暑、迎风沙，最终圆满完成孙家滩、太阳山地区重要水利项目的测量工作，为当地的开发建设贡献力量。

在苦水河防洪治理工程建设工作中，他担任工程项目技术负责人。由于工程线路长、工程点分散，在前期征地中更是困难重重，工程开工建设后，他多次实地踏勘现场，从设计方案、施工方法、工程质量进行合理调整，使工程设计更加符合实际，从而保证工程的顺利进行，为后期同类河道的治理积累了好的经验。

"保护江河湖海，是我们水利人的使命和责任。我们要用心用力，真正实现山水林田湖草综合治理，天蓝水绿景美环拥吴忠。"周建伟说，"今后，我将不断锤炼自身业务水平和能力，向水利工作的各个方面发展，充分发挥主观能动性，利用自己学到的知识回报社会，实现人生价值。"

（刊发于 2023 年 8 月 15 日　梁静　文／图）

杨文笔

爱岗敬业勤耕不辍 担当尽责不改初心

杨文笔，自治区政协委员，宁夏大学民族与历史学院副院长。耕耘讲坛多年，杨文笔致力于区域社会文化研究，结出累累硕果，在新时代展现出政协委员风采。

◎ 勤学苦读 坐好学术"冷板凳"

人生的方向有很多，是顺应现实洪流，还是为了理想逐梦，很多人站在人生道路的岔路口不知如何选择。对于 2005 年即将毕业的杨文笔来说，这同样是一个难题。大学期间，杨文笔就读的是公共事业管理专业，但他却对历史文化研究产生了浓厚兴趣。在阅读了大量相关书籍后，他觉得作研究虽然枯燥，但能乐在其中。为了这个兴趣，他毅然选择跨专业备考宁夏大学民族学研究生。

以较高成绩考取研究生后，杨文笔并没有放松对自己的要求，他深知作为跨专业研究生，理论素养比较匮乏，只有大量阅读才能夯实理论基础。

"入学之初，我把需要看的书列了书单，遇到晦涩难懂的内容我就沉下心一点点琢磨，争取把理论'吃透'。"杨文笔说，回忆起学习历程，印象最深刻的地方不是图书馆，而是田野调查的乡间小路，知识就是在一点一滴地积累中被吸收和消化。功夫不负有心人，当年仅上研二的杨文笔就发表了5篇核心论文，他的硕士毕业论文还被评选为当年自治区优秀毕业论文。

"即使已经博士毕业，任教多年，每天都要阅读的习惯仍然伴随着我，让我受益匪浅。"在杨文笔看来，做学问研究要耐住性子，要勤奋好学、能坐"冷板凳"，还要俯得下身子，对学术始终保持一颗敬畏之心。自博士毕业任教宁夏大学后，杨文笔承担起了研究生培养任务，2015年他被遴选为硕士研究生导师，2021年又被遴选为博士研究生导师，近十年时间，杨文笔培养的硕士和博士研究生已有15人，在对研究生的培养中，每一位学生的论文从选题、开题、田野作业、论文撰写、预答辩到答辩，每一项环节他都参与，在不断的启发与引领中，指引学生走上研究之路。

除了理论研究，近年来，杨文笔还深入中卫市海原县对当地东乡族人历史进行研究。"由于缺乏史料，很多人都认为这一群体研究意义不大，起初大家都不看好这一选题。"但杨文笔相信，有人的地方，就有历史，作为学者，需要有眼界朝下的自觉。为此，他多次深入村庄，与村民同吃同住，密切交流，并从老一辈人的口述中一点点记录整理出他们的历史演变脉络，最终形成25万字的著作，这也成为他发现历史的一次尝试。

◎ 深入基层　做党的民族理论政策宣传者

在杨文笔看来，学术研究的生命力在于与时俱进，更在聚焦时代任务中，以服务社会发展为目的来发挥其价值。近年来，他不断加强理论研究，积极开展新时代党的民族理论政策宣讲工作。

杨文笔在会议上进行发言

　　作为宁夏大学和自治区宣讲团成员，杨文笔的讲台不仅在校园、政府机关，更在基层。每次宣讲前，杨文笔都会依据情况，认真消化宣讲内容，力争讲深讲透。"授课时我会尽量把一些难以理解的理论知识，用通俗易懂的语言表达出来，还会把田野调查时收集的素材，改编成一个个'接地气'的民族团结小故事，让理论知识能够以润物无声的方式让大家内化于心，外化于行。"杨文笔说。

　　2023 年是杨文笔成为自治区政协委员的第一年，他表示将倍加珍惜政协委员这一身份，进一步加强学习，主动研究，积极做好社会服务工作，切实承担起政协委员在新时代凝聚共识的使命任务，围绕宁夏经济社会发展积极建言献策，贡献智慧与力量。

（刊发于 2023 年 2 月 28 日　纳紫璇　文 / 图）

杨莹

履职建言有收获　参政议政有提升

杨莹，自治区、吴忠市两级政协委员，民盟吴忠市委会副主委，宁夏民族职业技术学院教授。"连任自治区政协委员，深感荣幸，也倍感责任重大。我要聚焦自己熟悉的行业，深入调查研究，并将在基层一线调研中倾听到的群众心声、发现的问题转化为提案建议，为推动解决群众普遍关心的突出问题建言献策。"杨莹说。

◎　紧贴百姓生活　传递民生温度

　　"履职不是挑刺，我更看重的是用心、用情、用功。提交的提案能得到相关单位的回应，对我来说是一份动力，推动我下沉到群众中去。"杨莹说。2023年，她提交了3件提案，其中涉及的垃圾分类、规范电动自行车上路等问题都是百姓关注的社会热点难点。

　　"宁夏垃圾分类工作始于2016年，目前还存在城市居民大部分人对垃圾不分类或不会分类；城乡接合部、农村居民不会分类；分类好的垃圾被垃圾收集车一股脑拉走等问题，有些居民笑称'好不容易学明白了，让垃圾车整不会了'。"杨莹说。她在《关于推进垃圾分类制度落实的提案》中呼吁，让垃圾分类制度尽快落实落地，加强垃圾收集终端设施建设和有害垃圾收集处理，让垃圾精准"回家"。该提案得到自治区住建厅的承办和答复。据介绍，全区城乡建设同步规划配建垃圾分类转运设施，目前共建成垃圾转运站438座，再生资源回收利用中心及企业、站点71家，危废处理企业66家，实现五个地级市生活垃圾焚烧发电全覆盖。

在《关于规范电动自行车、电动摩托车、老年电动代步车上路的提案》中，杨莹建议宁夏出台《电动自行车管理办法》，严格执行摩托车交通违法行为及处罚记分标准。自治区公安厅答复介绍，2021年7月，按照自治区人大常委会部署，公安厅组织开展了宁夏电动车规范化管理立法专题调研，为推动出台《宁夏回族自治区电动自行车管理条例》提供科学有力的实践支撑。

近年来，杨莹还围绕日常生活中群众反映强烈的问题，通过社情民意信息渠道及时发声呼吁。她倡导文明规范饲养宠物行为，建议发挥群众的共同监督作用，呼吁广大市民加入文明养犬的宣传教育和监督队伍中来，不断完善"互联网＋监督"等方式，织密文明养犬监督网。围绕加强推广分娩镇痛工作，她建议医护人员提高对分娩镇痛优势的认识，提升医院推动分娩镇痛宣传的主动性；加大麻醉医生人才培养力度，补齐麻醉医生力量不足问题……这些紧贴民生民情的建议，得到有关部门的高度重视，积极采纳落实，也彰显出政协委员履职为民的使命情怀。

◎ **立足本职岗位　为教育持续发声**

20余年的教育工作经历，让杨莹对教育事业有着独有的热爱，这也成

自治区政协全会上，杨莹在小组讨论中发言

为她履职建言的重要领域。

针对破解职业教育"合而不融""纸面协同"等问题，在自治区政协十二届一次会议上，杨莹提交了《关于进一步推进校企合作的提案》，她说："加快建设黄河流域生态保护和高质量发展先行区离不开职业教育，职业教育人才供给适应性的必由之路是实现校企合作、产教融合。想要破除产教融合的'壁垒'，政府仍需进一步发挥指挥棒和桥梁作用，及时促成职业院校和企业行业间的沟通协商，从人才培养数量、人才培养目标方面达成合作。"建议探索多种产教融合模式提高职业院校人才培养适应性，企业参与课程设计与课程建设，参与教育教学全过程，从而增加双方的融合度，破解学生入职适应期长、认同感差、离职率高的问题。

作为提案承办单位，自治区教育厅深入推进育人方式、办学模式、管理体制和保障机制改革，打破传统的"精英赛模式"，采取院校推荐与组委会随机抽取相结合的"1+1"参赛法，近7000人参加了2023年的职业技能大赛，达到了以赛促学的效果；深化校企合作，8所学校与35家企业开展"订单式"培养，校企共同设置课程、开发教材、设计教学，1681名学生签订"订单班"三方协议，推动形成校企协同育人格局；完善招生制度，通过高职院校分类考试、高职（专科）升本科考试、本科高校面向中职毕业生单独招生考试等技术技能人才选拔方式，近1.9万名职业院校毕业生获得进一步深造的机会。

2023年，杨莹还提交《关于解决产教"合而不融"问题的建议》。在实际工作中，她发现产教"合而不融"的现象很明显，具体表现在行业企业参与职业教育人才培养的积极性不高，究其根本原因，则是企业参与校企合作的成本得不到补偿。"以我们学校为例，每年招收的学生很多，开设了与地方企业发展相关的专业课程，但与我们谈合作的、能真正接纳学生的企业却寥寥无几。"杨莹说，产教融合不能仅停留在发展共识层面，更要落地落实为职业院校的思想、行动与价值追求，转化为推动经济增长的具体行动。建议深入实施产教融合模式，一方面让大、中、小、微企业可以企业或行业的名称冠名，参与课程设计与课程建设，参与培养全过程，增加双方的融合度；另一方面，允许企业使用职业学校的实训基地或设备设施，让师生参与到项目中，共同受益。

付出总有收获，杨莹在自治区政协委员履职考核中连续4年获得优秀。"作为十一届、十二届自治区政协委员，我感到很荣幸，建言献策、参政议政，每年都有收获，每年仍有提升。"杨莹说，今后将继续围绕经济社会发展、民生领域问题，竭尽所能建言献策，努力做一名无愧于荣誉和职责的政协委员。

（刊发于 2023 年 11 月 10 日　郝婧　文／图）

郑子盛

用坚实的履职脚步诠释委员责任担当

　　郑子盛，自治区政协委员，无党派人士，宁夏正丰房地产开发有限公司总经理。履职中，他积极参与政协各项活动，践行政协委员职责使命，充分发挥自身优势，通过理论学习全面提升履职本领，把关注点、服务点集中到经济社会发展和改善民生上，用实际行动诠释了一名政协委员的责任和担当。

◎　**强化政治理论武装　为民营经济发展献计出力**

　　政协委员是政治身份，履职尽责的"第一课"就是要强化政治理论学习，在自治区政协积极发扬崇尚学习、热爱学习优良传统的感染下，郑子盛也用理论知识不断充实自己。

　　"习近平总书记一贯支持民营企业的发展，多次强调坚持基本经济制度，坚持'两个毫不动摇'，让我们民营企业深受感动、备受鼓舞，为增强发展信心注入'强心剂'。"郑子盛说。

为民营经济发展建言献策，郑子盛义不容辞。2022年，他参加民营经济人士思想状况调研访谈时，围绕优化营商环境发表了深刻见解。他谈道，营商环境是市场经济的培育之土，是市场主体的生命之氧，希望以市场和企业需求为导向，增强对企业转型升级、融资贷款、人才用工、科技创新等方面政策的分析研判，助力企业拓市场、破瓶颈、解难题、激活力，以良好的营商环境推动形成"洼地效应"，吸引各种生产要素不断聚集，形成独特的发展优势。

2023年全国两会期间，自治区政协委员深入学习了习近平总书记在看望参加政协会议的民建、工商联界委员并参加联组会上的重要讲话精神。郑子盛深有感触地说："如今，企业的获得感和幸福感越来越强，民营企业是在国家改革开放政策指引下发展起来的，既要富而思源，又要富而思进、富而思善，创造财富、依法纳税、增加就业、积极创新，承担更多社会责任。"

◎ 履职脚步不停 聚焦中心工作建言资政

郑子盛是一名连任委员，对于履行好委员职责他颇有心得：要对得起这份沉甸甸的责任，脚下的步伐就不能停下来。他是这么说的，也是这么做的。2023年6月至7月，他一直奔波在考察调研的路上。6月中旬到山西和山东两省考察黄河流域生态保护情况；7月5日参加全区住房、就业救助群体情况调研；7月19日至21日参加"借助港澳平台，助推国家葡萄及葡萄酒产业开放发展综合试验区建设"协商调研。

每一项调研选题都坚持围绕中心、服务大局。"委员提建议要想'建'在点子上、'议'到关键处，还需要在深入思考上下功夫。"郑子盛说。

调研不是图形式、走过场，关键要形成高质量调研成果。7月24日至

郑子盛（前排右）参加企业内部工作会议

25日，自治区政协十二届常委会第三次会议召开，郑子盛作了《提高废旧农膜利用率　助力黄河流域生态保护和高质量发展》的发言，引起广泛关注。他指出，农用残膜造成的"白色污染"问题日益显现，废旧残膜残留在土壤耕作层长年累积，不但影响农作物正常生长，影响粮食的产量和品质，而且严重破坏土壤原有物理形态，增加农业面源污染。

结合调研发现的问题，郑子盛建议从源头管控残膜回收，建立"谁使用、谁清理，谁供膜、谁回收，谁污染、谁治理"的责任延伸制度。按照"政府扶持、企业带动、站点回收、群众参与、市场运作"的思路，不断健全完善"企业＋站点＋农户"的回收利用网络。对各回收站点划分责任区，从根源上推动农用残膜变废为宝、变害为利、变弃为用。

他的发言深入分析了宁夏农膜使用存在的问题，对如何改变现状提供了清晰的思路，在与常委、委员们深入交流，达成共识后纳入协商报告中，为助推宁夏农业高质量发展贡献了智慧和力量。

◎ 一心一意谋发展　真心实意解民忧

　　坚持言为民所建，力为民所出，是郑子盛发自内心的一种责任担当。翻开他的履职清单，可以看到，从"改善环保质量""以大文化大健康大教育增强人民精神力量"到"促进房地产业健康发展和良性循环"……内容涵盖多个方面，他围绕经济社会发展建言献策，围绕改善民生履职尽责。

　　2023年，他特别关注促进房地产健康发展和良性循环议题，建议建立稳定长效房地产调控政策，对银川市老旧小区和棚户区进行全面梳理，合理确定老旧小区改造和棚户区改造比例，从根本上改善居民生活环境。

　　"委员提出的建议被采纳，能够助力相关部门科学合理决策。"因此，郑子盛十分关注民生话题，致力于把群众对美好生活的新期待，作为提案建议的优先选择。

　　听民声，解民忧，离不开委员为民履职的责任与情怀。郑子盛身体力行担负好委员职责，从支持新农村建设到捐助贫困学子，从帮扶偏远落后地区到支援汶川、玉树、舟曲等灾区，公司累计捐款3800多万元。

　　凡事走在前列、干在实处，这是郑子盛做事的标准，也逐渐成为他做好委员作业的信条。"作为一名政协委员，要努力奔走呼吁，为民发声，推动群众所急所忧所盼的问题得到有效解决。"郑子盛表示，他将继续勤勉履职、担当作为，并努力把学习成果转化为答好委员履职答卷的过硬本领，为宁夏经济社会发展作出新的贡献。

（刊发于2023年8月18日　李莹　文/图）

赵晓佳

发扬『沙枣树』精神　做好『贺兰山下种树人』

"我衷心感谢党组织和宁夏大学的教育和培养，感谢大家多年来给予我的帮助、支持与鼓励。我深知宁夏大学副校长的岗位责任重大，唯有加倍努力，才能不辜负组织和大家的信任，不辜负师生的期盼。"2023年8月，自治区政协委员赵晓佳在就任宁夏大学副校长时说。

从宁夏大学外国语学院东语系主任、外国语学院副院长、国际教育学院院长、外国语学院院长、宁夏大学·岛根大学国际联合研究所所长到现在的宁夏大学副校长，27年的从教生涯，赵晓佳用责任铸师魂，为推动教育发展作出积极贡献。

◎　以制度促进留学生管理

1996年，赵晓佳任职宁夏大学。对于拥有兰州大学、白俄罗斯国立大学和中央民族大学3所知名高校的学士、硕士和博士学位的赵晓佳来说，做好教学和管理两项工作是她的任务和责任。

2019 年 11 月，根据学校党委任命，赵晓佳担任国际教育学院院长。其间，赵晓佳主持学院行政工作，负责人事、财务、专业建设、教学、科研、档案及院史等工作，分管学院办公室。国际教育学院作为宁夏大学来华留学生归口管理部门，承担全校来华留学生的招生、管理、服务等工作。当时，面对学院师资力量薄弱、学生多的难题，赵晓佳不仅在生活上关心这些留学生，还经常组织慰问活动，送去食品、水果、体育健身器材，用真情缓解留学生的心理压力。

在担任国际教育学院院长期间，赵晓佳积极落实立德树人根本任务，带领学院大力推进留学生招生工作和管理工作改革，在认真研究教育部《学校招收和培养国际学生管理办法》等规章制度的基础上，2020 年，赵晓佳结合管理实践，完成制定《宁夏大学宁夏地方政府来华留学奖学金管理办法》，随着管理制度的不断完善，保障了宁夏大学来华留学生管理工作向更加科学、规范、安全的方向不断迈进。

2020 年初，在大量调研的基础上，赵晓佳引进并使用最先进的留学生管理系统，经过人员培训、数据搭建、试运行，当年上半年就实现留学生在线招生、学生日常管理、教务管理、数据统计等功能。据赵晓佳介绍，该平台与教育部主办的全国来华留学信息管理平台具有协同性和相辅性，可以对接上传、下载学生数据，并由当地移民管理局（原出入境管理局）对所上传学生信息进行前置审核，对于留学生入学前的申请工作和入学后的管理工作来说，具有系统性、统一性和可操作性。留学生信息管理系统平台的使用，不仅显著提高了管理效能和服务水平，还为加强留学生背景审查工作提供了重要的技术保障和信息基础保障。

◎ **致力推进留学生教育质量提升**

丰富的学术背景和国际化的教育经历，使赵晓佳在学术研究领域拥有

赵晓佳（中）和宁夏大学留学生合影

广泛的视野和深厚的学术造诣。

为落实自治区教育厅承担的教育部"共建'一带一路'教育行动——省部品牌培育工作"中《提升来华留学生中华文化影响力建设项目》，赵晓佳带领两名骨干教师分别申请并承担了"汉字文化""留学生汉语语法偏误解析"两门自治区级留学生在线课程的建设任务。课程建设项目完成后，将在教育厅线上课程平台上线，供全区留学生教学单位共享。

赵晓佳将促进留学生对中国社会与文化的深入了解作为教育教学的工作之一，利用各种契机组织形式多样的活动，对留学生进行知华教育。为全面提升国际教育学院对外汉语本科专业教学质量，她确定了 6 门课程作为院级课程建设项目，不断规范教学管理，严格教学各个环节的质量控制，真正落实教学督导制度，并组织"国际教育学院本科生毕业论文质量提升"专项活动，修订了 2019 版汉语言文学专业来华留学生本科人才培养方案。

每年在学院积极组织全区留学生汉字文化及健康知识大赛等活动，

定期开展"汉语角"活动，举办"汉字达人"挑战赛，举办汉语风采大赛、中文朗诵比赛和成语故事比赛等活动。利用传统节日、重大历史事件纪念日等契机，让留学生体验中华民俗、学习中国历史和了解中华优秀传统文化。积极开展"感知中国"及"感知宁夏"留学生文化体验系列活动，多次组织留学生前往企业和文化馆所参观学习，组织"探索历史 了解宁夏"教学实践活动、暑期六盘山教学实践活动等，不断创新体验式教育模式。

2023 年，赵晓佳作为唯一一位中国学者参加了土库曼斯坦科学院举办的"马赫图姆库里与新时代国家复兴"国际学术研讨会，并在研讨会上发言，扩大了宁夏大学国际学术影响力。谈及未来的工作，赵晓佳表示，她将继续发挥优势，关注学校整体发展，加强学科建设和教师队伍建设，推动学校的创新发展和提升。

（刊发于 2023 年 9 月 26 日　梁静　文／图）

赵恩慧

以法为业　播撒法律阳光

赵恩慧，自治区政协委员、北京盈科（银川）律师事务所管理委员会副主任。她曾作为宁夏唯一一名律师赴西班牙参加中华全国律协"涉外领军人才"海外培训，也曾入选中国法制出版社出版的《中国女律师》。

◎ 努力成为一名高素质的优秀律师

1997年，赵恩慧在律师资格考试中取得了宁夏第一名的好成绩，自此，她开始了专职律师的职业生涯。

从业以来，赵恩慧深知律师是依法治国的重要力量，中国法治建设需要一支思想政治素质好、业务能力强、职业道德水准高、忠实于法律、德才兼备的高素质律师队伍。为了成长为一名高素质优秀律师，赵恩慧坚定自己的追求和目标，在多年职业生涯中，她将个人的价值追求同党和国家事业发展紧密联系在一起，恪守律师职业道德，弘扬社会主义法治精神，心存戒惧，守住底线，廉洁自律，清白做人，坚守法律人的初心，为社会主义法治建设贡献力量。

2003 年至 2015 年，赵恩慧成为宁夏正义达律师事务所合伙人、副主任，2016 年 5 月入伙北京市盈科（银川）律师事务所，为高级股权合伙人、管理委员会副主任、金融及投融资部主任，在全区数十家机关单位、企业担任常年法律顾问。2017 年，赵恩慧与北京市盈科（银川）律师事务所三名律师组成课题组，撰写了《中国—阿拉伯国家商事法律服务的路径和方法——以宁夏为视角》荣获全区司法行政系统服务"一带一路"建设专题理论研究优秀研究成果。2018 年 11 月，赵恩慧被宁夏律师协会评为 2015 年至 2018 年度"全区优秀律师"。

◎ 提高法律专业水平　不断赢得业界认可

赵恩慧紧跟中国法治建设步伐，学习国家出台的各项法律法规，在执业领域精耕细作，开拓创新、敢于攻坚，不断提升执业素养和专业化水平，先后考取了基金从业资格，独立董事资格，成为中华全国律协涉外领军人才。

凭着对业务精益求精的追求、对工作兢兢业业的努力，赵恩慧逐渐获得了更多客户的信任。在担任自治区金融局法律顾问期间，赵恩慧遇到很多复杂棘手的问题，她凭借精湛的专业能力，协助金融局处理地方金融风险项目。在担任自治区水利厅法律顾问期间，她和团队为水利厅系统梳理了近 30 年的规范性文件，并为自治区水利厅作了法治政府建设评估，得到自治区水利厅和自治区司法厅的认可。她带领百名律师团队先后两次服务第四届、第五届中阿博览会。

宁夏小牛自动化设备股份有限公司（以下简称"小牛公司"）是国家高新技术企业、自治区"专精特新"示范企业，也是自治区自主创新标杆

赵恩慧（右二）参加政协民主监督调研

企业。2018 年，安徽东方易阳公司向小牛公司采购设备，双方签订了买卖合同。合同签订后，东方易阳公司支付预付款，后续应付货款一直未兑现，小牛公司根据合同未交付设备。2021 年，东方易阳公司将小牛公司诉至安徽省凤台县人民法院，要求解除买卖合同、返还已支付货款。

在接受"小牛公司"的委托后，赵恩慧和她的律师团队认真研判合同条款，梳理案件相关事实及证据材料，迅速确定了应诉方案，并向法院提交了答辩状。最终，在赵恩慧和律师团队的努力下，东方易阳公司主动提出调解方案。经过反复磋商，双方达成一致意见，该案件调解结案。

"作为一名律师，我有责任、有义务主动延伸法律服务，问需于企，精准把脉企业的法律需求，助力企业高质量'加速跑'。"赵恩慧说。

◎ **坚守初心甘于奉献　积极践行社会责任**

"全面依法治国最广泛、最深厚的基础是人民。我们律师执业活动只有与服务人民群众紧密结合起来，才能坚持正确的价值追求，律师事业才能获得源源不断的发展动力。"赵恩慧是这样说的，也是这样做的。

一直以来，为了带领青年律师成长，赵恩慧积极参加律所建设，坚持带团队、组织、策划培训，将多年的执业经验、心得与更多青年律师分享，帮助青年律师快速成长。

作为银川市妇联执委，赵恩慧积极参加妇联活动，组织律所女律师参加妇联组织的保护妇女权益方面的活动。2020 年，她和律所 4 名律师以婚姻家庭、未成年人保护、反家庭暴力、妇女权益保护为主要内容，在全区基层社区积极组织并开展法律维权宣讲服务，至今普法宣传已近 50 场。

"在以后的工作中，我将更加努力地学习，提升自己的专业能力，为社会公平正义贡献智慧和力量。"赵恩慧说。

（刊发于 2023 年 6 月 13 日　梁静　文 / 图）

贺璐璐

发挥好『三个作用』实现高质量履职

贺璐璐，自治区政协委员，全国青联委员，自治区青联副主席，黄河出版传媒集团总编室（出版管理部）主任，宁夏黄河数字出版传媒有限公司经理、总编辑。履职中，她积极参与政协各项活动，践行政协委员职责使命，充分发挥本职岗位优势，努力把关注点、服务点延伸到青年群体，将履职建言与行业发展、青年领域密切结合，实现了本职工作和履职工作的高效互动。

◎ 紧扣高质量发展　让提案精准有效

从成为自治区政协委员之始，习近平总书记对政协委员提出的"懂政协、会协商、善议政，守纪律、讲规矩、重品行"重要要求就深深印刻在贺璐璐的心中。如何践行习近平总书记的要求，做到高质量履职？带着这个问题，她通过积极参加自治区政协组织的学习培训、调研视察、交流活动寻找路径，把精准建言献策放在重要位置，紧扣高质量发展需要积极提交提案。

乡村振兴关键在产业。以电商为代表的农村数字经济正在为宁夏乡村产业振兴赋能。宁夏青年牧飒大学毕业后回到家乡做起短视频和直播，成为有影响力的网红，他一次带货就可实现几百万元甚至过千万元的销售额，对助力特色产业发展很有效果。贺璐璐通过和牧飒团队的交流，看到了青年电商领域蕴含的巨大潜力。通过自治区党委网信办、自治区团委和青联的帮助，她摸清了宁夏青年电商"家底"，提交了《关于加强宁夏青年电商产业联盟建设的提案》，希望通过发挥行业联盟的平台优势，充分发动全区青年网络大 V、主播、青联委员等，在快手、抖音、淘宝、视频号等平台直播带货、推介助销，让宁夏的农特产品和具有地域特色的优质产品走入千家万户，为全区青年电商产业助力。

2023 年 2 月 26 日，通过贺璐璐的积极联系和精心策划，邀请牧飒在宁夏报业传媒集团公司直播间完成"塞上江南·青春助农"直播活动，12 小时销售额突破 600 万元。之后，牧飒多次通过直播助力宁夏特产销售，带动了一波宁夏优品销售热潮。

多年的媒体工作经验，让贺璐璐对新媒体行业的发展情况和存在问题十分熟悉。通过对全区新媒体领域发展情况的详细调研，她提交了《关于加强新媒体管理机制建设的提案》，针对新媒体领域行业管理社会力量缺位、新媒体传播缺乏有效制约、新媒体舆论导向缺乏引导的突出问题提出了解题之策。她建议从成立专门社会组织，推动新媒体管理机制建设；加强新媒体组织的思想政治引领，推动强化行业自律；发挥"头雁"效应，推动新媒体行业高质量发展三个方面着手，更好地实现全区新媒体之间的规范引导、有效联动，更有效地实现舆论引导和监控，让行业自律成为行业自觉，集中力量讲好宁夏故事，传播宁夏声音。

在自治区政协十二届一次会议上，贺璐璐提交的两件个人提案及与共青团和青联界别委员联名提交的 1 件提案，全部被立案办理。

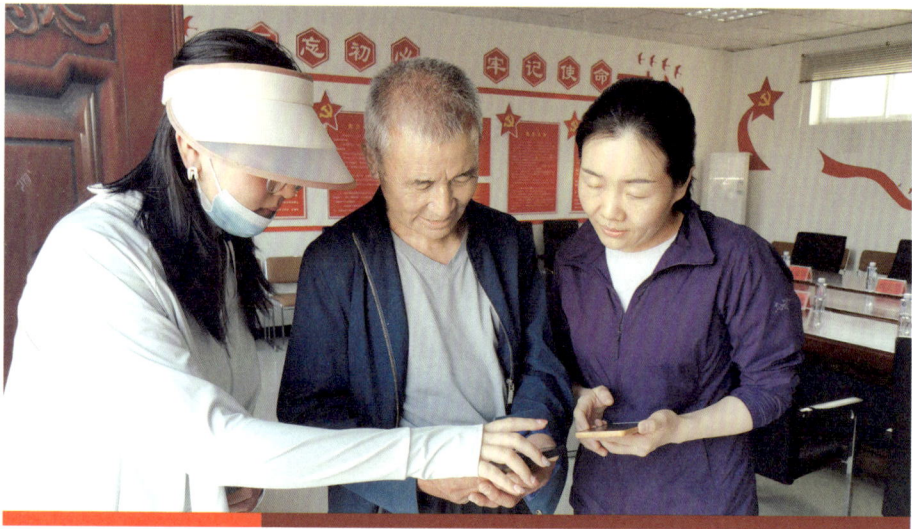

贺璐璐（右一）参加自治区政协组织的调研活动

◎ 勤学习重调研　找到履职最佳"状态"

履职近半年来，贺璐璐深切感受到政协委员职责所在、使命所系，深感这是实实在在、沉甸甸的责任，不仅要求委员充分发挥在本职工作中的带头作用，还要发挥好政协工作中的主体作用、界别群众中的代表作用，这"三个作用"缺一不可，哪个环节不到位，都不算是合格的政协委员。

作为新委员，贺璐璐坚持在学习中履职，在履职中学习，奔着问题去，带着问题学，力求完成理论学习的深化、内化、转化。她认真参加政协组织的各类学习培训，特别是参加自治区政协委员学习培训班和全国政协新任委员学习研讨班，进一步系统学习贯彻习近平新时代中国特色社会主义思想和党的二十大精神之后，更加深刻领悟"两个确立"的决定性意义，对习近平总书记关于加强和改进人民政协工作的重要思想有了更准确的理解把握。她说："既解决了思想认知上的问题，也解决了履职方法上的问题，有效提高了思想认识，为进一步熟悉政协工作、担当委员职责、提升履职能力打牢了思想基础。"

调查研究是政协委员履职的基本功，只有经过高质量的调研才能提出高质量的建议。对其所在的自治区政协文化文史和学习委员会组织的各项履职活动，贺璐璐无一遗漏。2023年5月，在参加"推进移风易俗，助力农村文化建设"专题协商调研中，贺璐璐跟随调研组赴固原地区，详细了解当地推进移风易俗相关情况，结合调研了解到的短板，提交了《关于推动我区乡村移风易俗的建议》，在专题协商中积极建言献策。

工作中，贺璐璐十分注重科学统筹，把协调好本职工作、委员履职、青联工作的关系作为立足点，努力做到互相促进、有效融通。2023年3月底宁夏党政代表团到上海、浙江、江苏学习考察期间，时任宁夏互联网新闻中心副总编辑的她积极发挥专长，牵头策划，并与东方网联合推出短视频《当上海路遇上宁夏路》新媒体产品火爆"出圈"，被全国多个头部新媒体转发。

贺璐璐积极搭建共青团和青联界别与所在行业的联系桥梁，组织宁夏青联委员和新闻传媒界专家赴枸杞企业考察交流，共同探讨如何整合传播平台，形成传播合力，对宁夏特色产业进行更高质量的宣传报道，助力"六新六特六优"产业发展。

半年履职，良好开端，贺璐璐已经找到了一名政协委员应有的"状态"，那就是在政协工作中当主角，在本职岗位上作表率，始终保持坐标"在一线"、心态"在一线"、责任"在一线"，践行政协委员的职责使命，以模范行动展现新时代政协委员的担当。

（刊发于2023年7月7日　陈敏　文/图）

郝运清

把本职和履职高效有机融合起来

参加自治区政协组织的委员学习培训班，撰写数篇心得体会；针对全年的社会热点，及时提交社情民意信息；利用自治区政协委员大讲堂开展普法宣传活动，向永宁县闽宁镇村民宣讲、赠送民法典；……

11月下旬，自治区政协委员、国浩律师（银川）事务所权益合伙人郝运清在住银自治区政协委员履职考核积分排名中位居第18名，在292名住银自治区政协委员中排名靠前。

"责任担当并不是一句口号，而要体现在实际行动中。"郝运清说，作为一名政协委员，要脚踏实地，把事业放在心上，把责任扛在肩上，认真履行好委员的职责使命。

◎ 工作生活与委员履职无缝衔接

"希望通过成立委员会客室，倒逼自己勤学善思、学懂弄通政协知识，履行委员职责，服务各界群众。"11月28日，郝运清委员会客室成立，这也是十二届自治区政协成立的第一个委员会客室。

体现担当、彰显情怀，郝运清主动申请成立委员会客室，并将会客室创建在工作地点——国浩律师（银川）事务所。在他看来，委员联系界别群众的平台要建在群众能找得到、进得来的地方，他所在的律所为 230 多家单位担任法律顾问，每年办理近 2500 件案件，社会联系面广、影响广泛，希望通过郝运清委员会客室这个平台密切联系界别群众，充分听取界别群众意见，征集社情民意信息和协商议事议题，宣传法治理念，用专业知识解疑释惑，为界别群众疏解情绪、解决实际问题，化解社会矛盾，律师工作与委员履职齐头并进、相互赋能。

2023 年 10 月 16 日，四川成都崇州某小区内，一名两岁半女童遭烈性犬撕咬，伤情严重，饲养烈犬、遛狗不牵绳导致犬只伤人等事件频频上热搜，不断引发社会广泛热议。

郝运清也关注到这件事情，他谨记委员职责，及时提交《关于对养犬管理相关法律法规贯彻实施情况进行专项执法检查的建议》的社情民意信息，从法律角度分析这一事件。

"这些悲惨事件的发生大多数原因在于部分饲养人不遵守养犬规则。"郝运清说，2021 年 5 月 1 日，新修订的《中华人民共和国动物防疫法》明确规定，携带犬只出户的，应当按照规定佩戴犬牌并采取系犬绳等措施，防止犬只伤人、疫病传播。但该法实施以来仍有部分饲养人存在安全意识淡薄、不遵守养犬规则等问题，导致狗咬人事件频繁发生。目前，银川、石嘴山、中卫等地均已出台专门具体的规范养犬管理的条例法规。建议自治区及时组织开展对《中华人民共和国动物防疫法》及各市已出台养犬法规实施情况的专项执法检查，聚焦法律法规中关于养犬登记、犬只防疫、养犬行为管理等重点内容实施情况，调研发现存在问题的原因，并予以督导整改，力求把法律法规落实到位，推动依法养犬、文明养犬。

郝运清（左）与同事交流工作

撰写社情民意信息，积极参与调研、视察活动，参加"推进我区家政服务业规范发展"专题协商会、以《立法保障　探索创新　护航家政服务业行稳致远》为题作交流发言……郝运清积极参与政协各项活动，勤勉履职，得到各界好评。

◎ 专业特长与建言献策深度融合

撰写提案是政协委员建言献策的重要途径，郝运清将律师的法治精神和委员担当深入融合到提案工作中，认真参政议政，始终以饱满的热情和强烈的社会责任感履行委员职责。

2023 年 1 月，自治区两会期间，郝运清提交了《关于出台保障管理人在企业破产程序中依法履行职责相关措施的提案》和《关于提升我区居民小区物业服务质量的提案》，两件提案都是从法律工作者的角度出发，通过调研、思考，提出建议和方案，供决策部门参考。

"随着供给侧结构性改革的深入推进和全国统一大市场的建设，破产制度因其特殊的功能，在全国范围内已形成依法运用破产程序去除无效产能、优化资源配置、产业结构调整、优化营商环境等共识。"郝运清在提案中建议，宁夏出台相关措施，推动和保障管理人在破产程序中依法履职。这件提案得到了自治区发展改革委、高级人民法院等多个部门的联合办理，根据国家相关要求，推动出台《宁夏回族自治区关于保障管理人在企业破产程序中依法履行职责的若干措施》，明确有关职能部门在企业破产程序中的配套支持措施，保障管理人依法履职，全面提升破产案件办理质效，创造良好的营商环境。

小物业牵动大民生。郝运清在《关于提升我区居民小区物业服务质量的提案》中提出，近年来，随着城市开发建设，居民住宅小区物业服务质量和能力虽有提高，但整体服务质量仍然偏低，建议从依法加强业主委员会的建设、建立健全物业服务企业考核管理和信用惩戒制度、研究修改《宁夏回族自治区物业管理条例》等方面入手，找到提升物业管理的"金钥匙"。"提案反映的居民小区物业服务质量偏低等问题客观存在，所提建议具有较强的指导性及可操作性。"提案主办单位自治区住建厅对这件提案给予充分肯定，被列为自治区政协重点提案，由省级领导领衔督办，推动提案建议意见落地落实。

郝运清从业 25 年，担任过 30 余家政府部门与国有企事业单位的法律顾问，受托主办了多部地方性法规、政府规章及行政规范性文件的制定论证工作。"这些工作与政协工作有许多相似之处，都是建立在大量走访调研的基础之上。今后，我会继续深入基层、深入群众，沉到一线、调查研究，代言民意、改善民生，以人民利益为重，以群众期盼为念，履行好委员职责。"对今后的履职，郝运清充满信心，在实践中将不断提高政治把握能力、调查研究能力、联系群众能力、合作共事能力，更好地联系和服务群众，把委员建言资政的履职工作和律师的本职工作高效有机相融合，在深刻融合中创造展示委员价值的新优势，以高质量履职为政协工作增光添彩。

（刊发于 2023 年 12 月 22 日　马敏　文/图）

顾靖超

在『学、思、行』中践行委员使命职责

顾靖超，自治区政协委员、民建会员、高级工程师，入选自治区青年拔尖人才工程"国家级学术技术带头人后备人选"、自治区第十五批"西部之光"访问学者。先后主持参与国家级、省部级科研和技术服务项目40余项，获省部级科技进步奖8项、水利科技进步奖17项，参与制定自治区地方标准10部，出版专著4部。作为一名水利科研工作者，他运用学术专长积极建言献策，积极担负起了委员职责使命。

◎ 坚持学以致用　切实履行委员职责

政协委员是荣誉，更是责任。荣誉的光芒有多耀眼，责任的分量就有多沉甸。

2023年初，顾靖超被推举为十二届自治区政协委员。"履职以来，感触最深的是自治区政协秉承了人民政协重视学习、崇尚学习的优良传统，把学习放在了非常重要的位置，通过多种途径组织委员学习。"顾靖超说。

他所在的政协提案委员会经常在委员微信群里分享学习资料，带领委员们学思践悟。在宁夏政协履职通 App，设置了"宁夏政协书院"板块，数字图书涵盖理论研究、文献资料、党建期刊等各方面，大家在委员读书群经常交流读书心得，有些讨论非常深刻、独具见解，令人受益匪浅。特别是参加了全国政协新任委员学习研讨班和自治区政协委员学习培训班，进一步系统学习深入理解习近平新时代中国特色社会主义思想和党的二十大精神，对习近平总书记关于加强和改进人民政协工作的重要思想有了更准确的理解把握，培训内容丰富实用，理论紧密联系实际，对帮助委员提升履职能力具有重要作用。

顾靖超珍惜每一次学习机会，坚持以学习为基，在履职中努力做到勤思考、勤走访、勤动笔。2023 年上半年提交的《关于提高公办小学延时班质量的建议》《关于居民小区电梯强制留备关键设备的建议》等社情民意信息全部被采用。

在《关于提高公办小学延时班质量的建议》中，顾靖超指出了公办小学课后延时班质量参差不齐、一线教师非教学工作占用大量时间精力，艺术类和体育类教师短缺导致特色课流于形式等问题，提出减少一线教师非核心业务活动频次，各学校综合统筹教学资源，教育部门组织结对帮扶，有效利用特色课资源，提高教学质量和效果等建议。

在调研中，他了解到居民小区高层建筑电梯使用寿命为 15 年左右，银川市最早一批高层住宅楼电梯基本接近或者达到该年限的情况，顾靖超提交《关于居民小区电梯强制留备关键设备的建议》，针对物业管理公司物业费仅能承担电梯小修，面临电梯大修时，针对费用难以负担、零件采购难的现状，他提出"对新建小区，由开发商负责做好电梯关键零部件的采购和妥善存放，后期将资产移交物业管理公司；对已建成小区，由业委会联合物业管理公司，做好关键零部件的采购，为后续电梯维保作保障"等建议。

顾靖超（左）在基层调研

◎ 发挥专长优势　提高建言献策精准性

政协委员来自各行各业，具有双重身份。顾靖超认为，政协委员在本职岗位建功立业的同时，都应成为会提建议的专家，可以把本职工作和委员履职有机结合起来，做到本职和履职相互融合、互相赋能。

作为水利科研工作者，顾靖超先后主持参与了国家自然科学基金青年基金、自治区重点研发计划、水利部公益性项目、水利部科技推广项目、自治区自然科学基金和水利厅科研攻关等多项科研项目，在渠道衬砌、黄河和中小河流综合治理、骨干沟道生态治理等水利工程关键技术研究和新材料、新技术引进应用方面，贡献了智慧力量。

参加自治区政协十二届一次会议时，顾靖超时任宁夏水利科学研究院灌溉排水研究室主任，结合申报的2023年自治区重点研发计划重点项目"宁夏再生水回用景观水体水质保障及调控关键技术研发与示范"，他提交了《关于推进沿黄城市群实施再生水补给城市景观水体和人工湿地的建议》。

　　提案认为，宁夏景观水体众多，对保障生态绿洲、营造优美城市环境及改善小气候发挥了重要作用。在水资源紧缺形势下，利用再生水补充景观水体，可提高城市水循环利用水平，提高水资源利用效率，减少入黄污染物排放，减轻生态环境负担。国内相关研发机构已经具备较为成熟的技术，建议重点在沿黄城市群城区建设再生水厂（设施）、实施污水处理厂提标改造，连通城市景观水体和人工湿地再生水供水管网，有效利用再生水补给城市景观水体和人工湿地，节约宝贵的黄河水资源。该提案被立案办理的同时，相关项目也被列为2023年自治区重点研发计划重点项目给予立项。

　　以水利科研工作调查研究为基础，顾靖超还提交了《关于推进宁南山区苦咸水高效利用的提案》，建议重点在宁南山区苦咸水水资源较为充沛的区域，实施苦咸水利用工程和配套管网，引进成熟高效低成本苦咸水水质净化技术。他还提交了《加强沟水回灌区水质监测　保障"粮袋子""菜篮子"安全》的社情民意信息，呼吁在沟水回灌区上游和排水量较大的沟道沿程布设流动水质监测断面，严防重金属超标的沟水用于补充灌溉，确保水质安全，保障粮食安全。

　　6月份，顾靖超调任为自治区红寺堡扬水管理处副处长，工作岗位更加贴近基层一线。工作中，他坚持勤思善为，计划将"结合全区三大扬水工程现状，拟争取项目扶持和资金改造支线扬水泵站"作为提案选题，进行更加深入的调研和思考，用好政协协商议政平台，以产业发展为导向，以民之所需为己任，精准建言、高效履职。

（刊发于2023年7月14日　陈敏　文／图）

高广胜

为民生代言　替教育发声

高广胜，自治区政协委员、宁夏师范学院创新创业学院院长。成为委员以来，他紧紧围绕乡村振兴战略实施这一主题，留心发现乡村振兴中的产业发展问题，悉心深入调研，用心精准建言；作为教育工作者，他立足本职认真建言，用心助力"教育强基"事业，生动展现了政协委员为国履职、为民尽责的担当和责任。

◎ 抓住关键建言　为乡村振兴添动力

听民声、解民忧、代民言，积极履行委员职责是高广胜的履职心声。成为政协委员以来，他一直心系乡村振兴。

"乡村振兴已进入全面推开的新阶段，如何充分发挥乡村工匠在乡村振兴中的作用，是我们面临的重要课题。"调研走访中，高广胜发现固原市传统民间工艺源远流长，有诸多优秀的传统工艺和手工技艺，如固原传统建筑营造技艺、六盘山抟土瓦塑、木板雕花技艺、砖雕艺术、刺绣、剪纸等，很多"土专家""田秀才""农把式"等乡村一线人才脱颖而出，带动了乡村特色产业发展。

"现在乡村工匠人员非常短缺，尤其是一些非遗传统工艺从业人员更是稀少，且年岁已高，手艺濒临失传。"在自治区政协十二届一次会议上，他和自治区政协委员张志联名提交《关于推动乡村工匠培育的提案》，呼吁挖掘乡村工匠资源，建立乡村工匠目录清单。鼓励和支持返乡青年、职业院校毕业生、大学生、致富带头人等群体参加乡村工匠技能培训，列入乡村工匠后备人才库。

随着乡村振兴全面推进，乡村产业发展、乡村建设、乡村治理、文化振兴、生态文明等都迫切需要各方面人才。然而，当前乡村人才匮乏，引才难、留才难、用才难现象仍然存在。

以固原市为例，固原市农村人口为106.73万人，占宁夏农村总人口的38.27%，是典型的农业大市。"我们在走访中发现，农村青年外出就业，各类人才流失严重，耕地种植产业率低，难以形成规模化经营。"高广胜说。固原市立足实际，提出了发展肉牛、冷凉蔬菜、马铃薯、中药材、生态经济5个特色农业产业的思路。但这些产业的发展，离不开人才支撑，迫切需要培养一支爱农业、懂技术、善经营的新型职业农民队伍。如今，固原市已启动实施新型职业农民精准培训计划，计划每年培育新型职业农民1000人，到2027年全市新型职业农民累计达到1.1万人。

高广胜在学习培训、工作实践中，精准收集意见，吸取先进经验，他在与其他委员联名提交的《关于支持六盘山区培育发展高素质职业化农民的提案》中，建议出台专门支持培育新型职业农民相关政策，从资金、项目、技术、保障等方面给予指导和支持，培育一支在乡村全面振兴和农业农村现代化建设过程中的"生力军"。

高广胜（中）和学生讨论创新创业工作

◎ 紧盯行业前沿　为教育事业鼓与呼

作为教育工作者，高广胜在每年的两会上都要提交与此相关的提案和建议，其中关于基础教育、学前教育、中小学创新素养培养的建议，引起社会各界关注，并被有关部门采纳。

近 30 年的从教经历，让高广胜能站在不同角度发现教育问题，思考解决策略。职业教育一头连着教育、一头连着产业。他认为，推动宁夏职业教育系统性改革，是教育工作者的职责，更是教育界政协委员的关注点。

"加快构建现代职业教育体系，培养更多高素质技术技能人才，成为当前职业教育面临的重大机遇。但是，我区职业教育受制于传统职业中学学生升学、职业教育内容以及就业等影响，发展存在困境。"高广胜说。

2022 年，高广胜与其他委员联名提交相关提案，呼吁打通职业技能院校与普通高等院校优秀生源流动，坚持产教融合、校企合作办学规律，构建政府统筹管理、行业企业积极举办、社会力量深度参与的多元办学格局，推动形成产教良性互动、校企优势互补的发展格局，深入推进育人方式、办学模式、管理体制、保障机制改革。这件提案得到自治区党委的高度重视，为推动自治区职业教育改革起到了积极作用。同年8月，自治区政府新闻办举行相关新闻发布会，明确到2027年宁夏将打造20所示范性职业院校和50个优质特色专业，建成一批产教融合实训基地和现代产业学院。

"我还参与了自治区政协关于中小学生创新素养教育协商议题的调研工作和专题协商。"高广胜说，宁夏中小学创新素养培养工作存在制度不健全、评价缺失或不到位等问题，创新素养培养在不同地区和学校的水平层次差异较大。建议把创新素养培养纳入各级各类学校人才培养体系中，逐步建立科学制度与评价方法，引导教育行政部门、学校、教师把创新素养培养与学科（专业）教育深度融合，培养具有创新思维和创新精神的新时代社会主义建设者和接班人。按不同学段学生身心发展与学习实际，科学设计不同学段创新教育与实践课程，建立阶梯式、递进式创新教育课程（实践）体系，逐步形成完善有效的幼儿园、小学、中学、高校衔接机制。

高广胜始终坚持脚沾泥土，提交带着"露珠"的建议，厚厚的笔记本上记录下沉甸甸的思考建言。"当好一名政协委员，最重要的是要履职尽责。"这对高广胜来说既是信条也是行动。关注行业发展，为改善民生尽力，他一直在努力。

（刊发于2023年8月18日　张红霞　文/图）

袁园

聚焦发展促转型　企业蝶变满目新

袁园，自治区政协委员，宁夏志辉源石葡萄酒庄有限公司总经理。8 年前，大学刚毕业的她接过了传承两代的红酒事业，决意用青春为酒庄发展打开全新视角。2020 年，袁园获自治区科学技术进步奖一等奖，入选自治区青年拔尖人才培养工程，2021 年被评为全国农村创业创新优秀带头人、全国乡村振兴青年先锋、全国文化和旅游系统劳动模范，一系列荣誉，见证了她的蜕变。

◎ 学以致用　扎根故乡谋发展

"我起初不知道如何去做酒庄，只因父辈一直坚持在做，就想着要把这份事业传承下去。"2015 年，袁园自中山大学旅游管理系毕业，从城市回到田野，扎根贺兰山下。"我从小就在这片土地上长大，十多年来，父亲埋头深耕葡萄酒产业，只求种出好葡萄、酿出好酒。可在我看来，葡萄酒的魅力不该局限在'好喝'。"袁园说。

袁园接手酒庄之后，用旅游管理领域的专业知识，为酒庄的发展设计了新蓝图。经过深思熟虑，袁园作出决定——推动酒庄大力发展第三产业，让葡萄酒产业与文旅深度融合。

"葡萄酒产业实现一二三产融合，具有天然优势。"袁园介绍，从源头到产品，都在酒庄里实现，酒庄对外开放后，游客能一路体验葡萄从种植到酿酒的全过程，还可以品尝不同风味的葡萄酒，每一个环节对游客来说都是新鲜有趣的。

为了吸引游客走进酒庄、留在酒庄，袁园积极与各领域专家合作，主持葡萄园、车间改造，推动酿酒技术升级，通过拓宽产业赛道、产品更新换代，强化酒庄吸引力。经过多年发展，酒庄在袁园的带领下成功转型升级，在一众酒庄中脱颖而出，成为远近闻名的旅游景区。2020 年被评为国家 4A 级旅游景区，累计接待游客超过 150 万人次。这家没有销售团队的酒庄，80% 的销量来自慕名而来的游客。

◎ 实干担当　打造致富新平台

"黄河上游　贺兰山下"是志辉源石酒庄微信公众号的介绍，也是袁园和酒庄员工们生活与工作的地方，他们像一株株葡萄藤生在贺兰山东麓的土地上，在黄河水的滋养下快速成长。

酒庄的"老牌"酿造工徐娟红，曾经靠打零工补贴家用，来到酒庄后，一干就是 16 年。"袁总为人随和，经常跟我们聊理想、谈未来，眼看着她说过的话变为现实，我们对未来更加憧憬。"徐娟红笑着告诉记者。志辉源石酒庄的工人与传统酒庄的季节工不同，一年到头都有活干，这得益于袁园整合葡萄酒文化游、田园风光观光游、乡村生活体验游、休闲运动游等，丰富了酒庄业态，拓宽了岗位需求。

袁园在志辉源石酒庄品尝新酿出的葡萄酒

"酒庄发展到今天，凝结了很多老员工的心血。"袁园说，酒庄1000余名工人，一半以上都是附近村民。未来，要把酒庄的丰富资源，转化为群众的幸福感，为周边群众提供更多就业岗位，与大家一同将这份事业传承下去。

"源石的含义是，酒庄源于这片石头地。我们的根在这里，既不能辜负土地，更不能辜负群众。"袁园说，酒庄的根系，已深入这片土地。下一步，要继续建设贺兰山运动公园，办好自酿节、星空朗读、红酒马拉松等文化活动，吸引更多游客，让贺兰山东麓火起来，让员工的钱袋子鼓起来。

◎ 放眼未来　聚焦生态新使命

1996年，袁园的父辈在贺兰山下种植防护林，风吹石头走的景象成为历史。2008年，通过生态修复，志辉源石酒庄在废弃沙石坑中拔地而起。"生态立园、绿色发展"的种子在袁园的心底生根发芽。酒庄的很多装饰都是就地取材，比如修剪下来的葡萄藤、园区里的枯木和废弃的橡木塞，都会被重新利用……在袁园持之以恒的努力下，千疮百孔的矿区，变成了曲径通幽的花园，300多种植物在戈壁滩上安了家。

"生态优先"始终是袁园对未来规划的关键词。通过生态治理、生态修复，让荒滩变金滩，这是多年来袁园探索出的生态修复和产业发展紧密融合之路。2022年，她推动开展志辉源石（二期）矿坑生态修复项目，计划对酒庄以北废弃的云山矿区进行修复重建。

"贺兰山是一座巨大的宝库，我们依靠它生活，就要承担起守护它的责任。"袁园说，曾经人们"靠山吃山"，如今则要通过拓展"葡萄酒＋旅游""葡萄酒＋文化""葡萄酒＋生态""葡萄酒＋艺术"等新业态，让每个人都能感受到贺兰山东麓的美好。

从采沙到造林，再到生态修复，贺兰山见证了这翻天覆地的变化，也见证了新一代酒庄庄主的成长。如今的贺兰山东麓，无垠的葡萄藤织出一幅绿色图景，50多万亩集中连片酿酒葡萄基地纵贯南北，绿不断线、景不断链，葡萄园包裹着酒庄，成为宁夏全域旅游不可或缺的元素。

（刊发于2023年5月9日 张海峰 文／图）

耿丹

以奋斗之姿谱写青春壮丽之歌

耿丹，自治区政协委员，共青团中宁县委书记、中宁县非公有制经济组织和社会组织党工委副书记。1991年出生的她，言谈举止间既有年轻人的灵气，又不失老团干的干练，一言一行都传递着强大的正能量。

◎ 拓展组织阵地　建设"贴近青年的共青团"

从2012年10月参加工作以来，她一直勤恳敬业、扎根基层、以梦为马，绽放最美青春芳华。在中宁县委组织部工作7年，她诚恳向同事学习，自觉把责任扛上肩，面对困难主动上前，接受工作不讲条件，执行任务不打折扣，为如今做好共青团工作打下坚实基础。

伴随经济社会深刻变革，共青团的工作对象、工作环境、外部条件发生深刻变化。如何整合和"再组织化"青年群体，重构并进一步密切团青关系，成为共青团适应时代变迁、推动工作升级、探索自身转型发展的重要课题。

不久前，耿丹牵头促成的中宁县卫生健康团工委成立，纵深推进县域共青团基层组织改革，积极推进卫生健康系统团建设，扩大基层团组织覆盖面和影响力，更好引领、凝聚、服务卫生健康系统青年。"成立卫生健康团工委，就是希望团工委切实发挥好党联系广大团员青年的桥梁和纽带作用，紧紧围绕中宁县委重大决策部署，聚焦健康中宁建设，聚焦卫生健康领域民生实事、重点项目建设等，组织动员卫健系统广大青年面对急、难、险、重任务敢于迎难而上、挺身而出，不断激发青年干部干事创业的热情和干劲。"耿丹说。

青年引领，思想先行。中宁县卫生健康团工委成立以来，将为党凝聚人心、汇聚青年力量作为工作的出发点和着力点，把专题学习和日常学习相结合，抓好团青思想引领工作。在日常工作中，耿丹加强团组织规范化建设，新建非公企业和社会组织团组织，不断扩大团的工作覆盖，新建团属社会组织 2 个，联系网上青年社群 39 个，联系覆盖团员青年 6893 人，新增联系新兴领域青年 8 名。她坚持创新格局扩阵地，依托党群活动服务中心、新时代文明实践中心（站所）、电商服务中心等现有资源，升级打造青年之家 33 个，累计开展活动 200 余场，有效破解"缺载体"难题。

"未来我们还计划进一步推动各乡镇、园区等打造'青年之家'、青年志愿服务站，把工作延伸到青年最需要的地方。"耿丹说。

◎ 凝聚青年力量　助力乡村产业振兴

"乡村振兴战略是我国重要的发展战略，乡村建设事关万千农民的幸福生活，青年干部要脚踏实地，积极践行初心使命，将乡村振兴战略落到实地。"耿丹说，共青团作为党的助手和后备军，要充分发挥党有号召、团有行动的优良传统，组织广大团员青年在助力乡村振兴行动中作出贡献。

耿丹在 2023 年中宁县大学生志愿服务西部计划出征仪式上发言

为更好调动青年力量在助力乡村产业发展中发挥作用，耿丹以推进全国青年发展型县域建设为载体，配合自治区团委成立宁夏青年枸杞产业联盟，推动联盟与其他联盟、高校等组织和团体达成深度合作。

在她的牵头促动下，2023 年宁夏青年枸杞产业联盟与宁夏青年创业就业基金会签订创业指导服务协议，与北京天驰君泰（银川）律师事务所签订宁夏青年枸杞产业联盟知识产权保护合作协议，与宁夏青年电商产业联盟签订联盟战略合作协议，与中国邮政集团有限公司宁夏中宁分公司、顺丰速运（宁夏）有限公司分别签订快递运输合作协议，与中宁县职业技术学校签订校企合作框架协议，与中宁县团委签订"希望工程·助学育人"项目合作协议，使各方青年广泛参与乡村产业发展。2023 年，在第六届枸杞产业博览会召开之际，中宁县团委邀请宁夏青年电商产业联盟 30 余名电商达人对枸杞产业龙头企业、新材料企业、特色旅游基地等进行巡播推介，通过实地探访、线上直播方式，向观众直观展示中宁县枸杞种植及深加工、旅游景区特色，并深入枸杞种植基地、到田间地头展示枸杞生长环境，让观众真正了解天然、安全、实惠的"致富果"枸杞。

"宁夏青年枸杞产业联盟的成立，就是希望我们大家以杞为荣，传递好枸杞产业发展的'接力棒'，发挥渠道宽、人脉广的优势，主动做中宁枸杞的宣传者，积极做枸杞文化的传承人，把我们这张'金字招牌''红色名片'越擦越亮、越做越强。"耿丹说，如今，大家紧扣枸杞产业"六大工程"，在枸杞种植、苗木繁育、产品研发、电子商务、营销策划等领域大显身手、建功立业。

"宝剑锋从磨砺出，梅花香自苦寒来。"耿丹默默践行共青团干部的初心使命，坚持在平凡岗位上砥砺奋进。

（刊发于 2023 年 8 月 8 日　张红霞　文／图）

郭嘉

做群众乡村振兴路上的『领头雁』

郭嘉，自治区政协委员、宁夏润德集团总经理。在吴忠市同心县，郭嘉带领宁夏润德集团打造了润德庄园、"菊花台庄园"两大有机枸杞种植基地，年产值达 2 亿元。企业全年累计用工 22 万人次左右，极大提高了当地村民人均收入。2021 年，郭嘉被评为"宁夏回族自治区脱贫攻坚先进个人"。

◎ 发展特色产业　带动农民增收

大学毕业的郭嘉，和其他同龄人一样，赶上了人才走向市场化、自主化的转型期，在当公务员还是自主创业之间，他毅然地选择了后者。"刚接触枸杞育苗，我是个门外汉，什么都不懂，但我是个倔脾气，只要认定的事就一定要做下去，并一定要做成、做好。"与枸杞的缘分，用郭嘉的话说，或许是场相互成全的遇见。

宁夏拥有优质的枸杞品种资源，掌握着丰富的栽培技术和经验，且枸杞作为特色产业正在宁夏全区乃至甘肃、新疆、青海、内蒙古等周边地区大面积推广种植，郭嘉瞄准了其中的商机，借助宁夏大力发展枸杞产业良机，先后投入 3.8 亿元建成润德庄园万亩有机枸杞种植基地，以润德庄园自产的有机枸杞为原料，依托专业研发团队、先进的加工工艺及完善的服务体系，打造"润德庄园"品牌。

在润德庄园加工车间，40 多岁的贺晓英常年在这家企业务工，一年收入近 5 万元。"我们在这里打工，能照顾孩子和老人，还挣得比外面多，村里很多人都在这里打工。"贺晓英高兴地说。

过去，村民仅依靠土地创收，收入微薄，现在还可以到枸杞基地打工增加收入，提高生活质量。润德庄园全年需要除草、施肥、灌水、病虫害防控、树木修剪等，有大量的用工需求，特别是在采摘季节，临时用工每日达 2000 余人。企业的落地促使当地移民转化为产业工人，直接受益 1390 户。企业全年累计用工 22 万人次左右，劳务支出费用 3000 万元左右，农民人均收入达 5000 元，绝大部分农户年均收入超 2 万元，比移民前收入提高了 4 倍，从根本上帮助村民走上了致富路。

郭嘉表示，今后要继续创新工作方式方法，在自己的岗位上奋发有为，与企业一道，引导企业科技自立自强，掌握关键技术，心无旁骛攻主业，把企业做大做强，立足本地，面向全国，以自身成长壮大不断推进经济向前向好发展。郭嘉也不忘自己是政协委员的责任，他表示要立足自身产业发展，呼吁加快一二三产业融合发展，提升枸杞附加值，让枸杞发挥最大的效益，以实际行动助力实现枸杞产业发展延伸到更远的地方。

◎ **履行责任解困难　开展帮扶促和谐**

郭嘉认为，一个长期奉公守法、善待社会、勇于承担社会责任的企业

郭嘉（左二）参加第三届全国青年企业家峰会留影

可以达到良好的社会效应，提升企业形象和消费者的认可度，从而提高市场占有率，增加无形资产，促进企业长远发展。

近年来，郭嘉始终把履行社会责任作为打造和提升企业形象的重要举措，严格遵守节约资源、保护生态环境的法律法规，秉持绿色发展理念，通过大面积种植枸杞，改善了移民生产生活环境，为企业所在地建设"望得见山、看得见水、记得住乡愁"的社会主义新农村发挥了积极作用。

致富思源，富而思进。郭嘉高度重视社会公益活动和慈善捐助，代表企业先后向 100 多个困难家庭和 300 多名困难群众捐助善款 30 余万元。每年春节前夕，他带领企业负责人对困难职工家庭进行慰问，并为 20 多名困难职工送去 4 万元的补助，为 5 名困难党员每人送去 2000 元的慰问金。

郭嘉还在企业成立了党支部、统战部、工会、团支部等，按照把"支部建在产业链、党员聚在产业链、农民富在产业链"的思路，采取"支部＋合作社＋龙头企业＋贫困户"的模式，把基层党建、农民增收和企业发展拧成"一股绳"，形成产业带动型共建新模式，让群众在产业链各个环节增加收入。润德庄园所在的同德村是同心县"十二五"时期建成的最大移民村，安置同心县 3 个乡镇 11 个村的 6000 多名移民。他组建枸杞产业链功能型党小组，将村党组织的政治优势、企业的经济优势有效对接，鼓励同德移民村 7 名党员致富带头人和 5 名劳务经纪人与企业签订劳务合同，应聘成为企业管理员。10 年前，同德村的大山东麓还是一片"风吹石头跑，春夏无绿草"的戈壁沙砾荒漠；10 年后，这里已变成一片郁郁葱葱的万亩生态枸杞庄园，成为同德村乡亲们的"绿色银行"。每到生产季节，同德村致富带头人运用企业管理方法，组织 2000 多人在枸杞基地进行田间生产，使外行成为技术能手，让移民变为产业工人，让群众增收有了方向、致富有了靠山。

新时代、新征程，郭嘉始终坚信，只有蓄积"千磨万击还坚劲"的韧性，砥砺"越是艰险越向前"的品格，才能以行动力坚定自信心，为实现中华民族伟大复兴的中国梦不断凝聚正能量。

（刊发于 2023 年 9 月 12 日　韩瑞利　文 / 图）

罗海波

办实事 践初心 努力书写为民情怀

罗海波，自治区政协委员、石嘴山市大武口区副区长。在文化部门工作时，她先后被评为"全国侵权盗版案件有功个人三等奖"，并连续五年目标考核均为"优秀"等次，记三等功一次；在街道工作时，她仅用短短两年时间，就将破败的老旧矿工家属区打造成集工矿文化与乡村旅游为一体的"硒"有田园；作为一名基层干部，她全身心投入工作中，解民忧、办实事、出实招……参加工作20多年来，无论在哪个岗位，担任何种职务，她都能干一行、爱一行、钻一行，踏踏实实践行工作职责，实实在在为人民服务，受到各方好评。

◎ 让"落后街道"变新兴打卡地

"罗姐，你又过来了。""罗主任，你来看看我家的民宿收拾得怎么样。""我家的蜜桃熟了，快到我家尝尝来。"9月3日，跟随罗海波的脚步，记者来到大武口区沟口街道，这里的老百姓看到"老主任"来了，都热情地迎上来打招呼、唠家常。

2018年2月，罗海波被任命为大武口区沟口街道办事处主任。该街道由于常住居民日益减少，基础设施薄弱等原因成了有名的"落后街道"。上任后，为了给辖区居民解决实际困难，罗海波四处奔波，积极筹集资金。然而，各方对当地的发展并没有任何信心，此举未能成功。既然借不到外力，就只能结合自身实际挖掘潜力，充分利用现有的资源谋发展。罗海波迅速转变思路，每天深入群众家中，争取做到问计于民，问政于民。谈话间，罗海波向记者展示了当年的"民情日记"，日记本上详细地记录了辖区内每户果园农庄主、居民的基本情况。

"后来一次偶然的机会，我在一份土地检测报告中看到，我们这里土壤硒含量位居自治区前列。"通过实地调研，罗海波发现辖区内林地面积大、空气湿度高，经果林分布较集中且毗邻城区，与国家乡村振兴战略发展方面有极高的契合点。于是，她大胆提出了一二三产业融合发展的新思路，并向果园农庄主们讲思路讲前景。没有启动资金，农庄主们主动集资3万元先在路口立起了牌子。罗海波又积极为辖区争取到修建农村公路、颐享·居家社区养老服务站、栅栏改造、星级旅游厕所等项目。主动为辖区农业经营主体提供政策咨询，带动辖区内农庄果园提升品质、参与生态休闲园建设，将辖区20余家果园和近10家农家乐进行整合，打造集休闲观光、农事体验、蔬菜水果采摘、特色餐饮娱乐为一体的生态休闲产业。

短短几年时间，辖区群众收入有了明显提高，人居环境也焕然一新。"街道工作身处与群众接触的最前端，直接与群众打交道，工作的标尺就是群众满意不满意。"罗海波说。

罗海波（左）在大武口区调研指导农户生产经营状况

◎ 转变工作思路　增强产业发展后劲

由于工作成绩突出，2021 年 10 月罗海波当选为大武口区副区长，先后分管文旅、教体、民政、人社及街道等工作。"职务越高，责任越大。"工作中，罗海波把每一项分管工作都看成自己的孩子，为他们劳心费神。

文旅产业发展对于推动一个地方经济发展和促进文化传承具有重要意义。多年来，后劲不足始终是大武口区文旅产业面临的问题。"依靠政府投资只能红火一时，只有将文旅产业市场化，引入社会资本和政府共同投资，打造出有当地特色的文化旅游品牌，才能让文旅产业进入可持续发展的良性状态。"罗海波向记者介绍起自己的工作思路。

自 2020 年起，大武口"工业之声"音乐节已成功举办三届，虽然受到了老百姓的青睐，但影响力有限。2023 年，在罗海波坚持不懈地推动和各方的大力支持下，社会资本主动投入，市场化运营模式得以顺利推进，不仅使演出的阵容更加强大，还吸引了来自全国各地的乐迷前来观看。9 月 2

日至 3 日，大武口第四届"工业之声"音乐节成功举办，数十位音乐人及乐队轮番登场，为观众送上音乐盛宴。两天的时间里，大武口区累计客流量达 6.5 万人次，带动消费及旅游收入 462 万元。

"2023 年是我们首次尝试市场化运作发展文旅产业，音乐节充分发挥工业特色旅游资源优势，增强了居民对文化和旅游服务的获得感，取得了非常好的效果。我们将通过政府扶持、社会资本运营的方式，把'工业之声'音乐节打造成石嘴山城市独有的文化品牌并扩大影响，增强活动可持续性发展的后劲。"罗海波说。如今，一种全新的可持续性发展运营理念在大武口区悄然发芽。

◎ 情系教育事业　交出满意答卷

教育是重要的城市竞争力，是衡量城市品质的重要标尺。一线教师出身的罗海波一直对教育事业情有独钟。自分管大武口区教体工作后，她始终锚定"办好人民满意的教育"目标，立足实际、打通堵点，着眼长远、解决痛点，努力打开大武口区教育生态新局面。

"在我任职副区长不到两个月时，接到了一项艰巨任务，就是要代表自治区政府接受国家义务教育优质均衡发展先行区创建验收。"采访中，罗海波向记者介绍接手教育工作的第一个重要任务。

因历史欠账问题，大武口区学校普遍存在基础设施陈旧、校舍破损严重、电脑设备老化、教学用具落后等现象，要通过国家义务教育优质均衡发展先行区创建验收工作，非常困难。"当时教体局的申请报告上显示，要做到基本达标，至少需要两亿元的投入用于大武口区学校基础设施改造，如果要达到优质均衡教育标准，则最少需要 3 亿元。按照当时大武口区的财政状况，想要落实这笔资金十分困难。"在工作中充满韧性的罗海波下定决心，既然做，就一定做到最好。

罗海波走遍了辖区 30 多所学校的角落，每到一处便详细记录存在的问题，并多次组织召开推进会，广泛征求意见建议，努力在有限的硬件条件下，有针对性解决实际问题。直至 2023 年 3 月，专家组赴大武口区验收时，所有问题几乎全解决。"半年时间，学校发生了翻天覆地的变化，可以看出来大武口区下了很大的决心，为孩子们做了很多实事。"专家组组长华老师验收完毕后，非常感动。在同步开展的社会满意度网络调查中，大武口区教育工作的社会满意度由以前的 87% 提升至 96%。至此，自治区省级督导评估验收顺利通过，并将在 2023 年下半年接受国家验收。

"克己奉公，无私奉献，扎实苦干。"这是每一个和罗海波共事过的人对她最深的印象。多年来，罗海波为群众做了大量的实事、好事，用自己的行动赢得了辖区群众的普遍赞誉，兑现了一名基层干部勤政为民的承诺。

（刊发于 2023 年 9 月 12 日　罗鸣　文 / 图）

胡学文
为守牢粮食安全责任履职尽责

胡学文，自治区政协委员，宁夏塞外香食品有限公司党支部书记、董事长。2007年当选宁夏十大经济人物，2009年被科技部授予"全国优秀科技特派员"称号，经过十多年发展，他一手打造的"塞外香"品牌优质大米在宁夏家喻户晓，企业被中国粮食行业协会授予"放心米"企业，系列产品被中国绿色食品发展中心审核评定为"绿色食品"。作为一名政协委员，他充分发挥自身优势和专业特长，积极参政议政，认真当好调研员、评议员和监督员，努力提高履职尽责的能力和水平。

◎ 筑牢履职根基 积极参政议政

胡学文经常思考，政协委员作为政协工作的主体，如何才能参好政、议好政，不负人民的期望，切实履行政协委员职责，做一名合格的政协委员。他先从"充电"学习开始，总是想方设法挤时间，坚持自觉、系统地学习人民政协理论，特别注重对《中国人民政治协商会议章程》的学习和领会，在学习中工作，在工作中思考。

胡学文身在企业，平时工作繁忙，但无论再忙，都按时参加自治区政协全会，认真听取审议报告，参加大会各项活动。他非常重视政协履职平台，珍惜每一次政协会议、调研、视察机会，把自己的所思所想转化为参政议政的所言所感，为党委和政府科学决策提供参考。

2022 年 7 月，在自治区政协"努力延长农副产品产业链、价值链，提高农民收入水平"专题协商会上，胡学文结合自身企业发展作交流发言，为进一步稳步提升宁夏农副产品效益，带动农民增收致富建言。

胡学文谈道，人们对农产品质量，特别是对绿色食品生产特别关注，期待更多的绿色、生态、环保、健康、安全的绿色食品，发展绿色有机农业是大势所趋，要加快推进作为农业之基的粮食产业纵向横向融合发展，打造好粮食供应链，提升粮食价值链。"新品种选育方面，我们必须选育具有自主知识产权的重大品种，保证'中国人的饭碗装中国的粮'，利用现代生物技术，加大新品种选育力度和进程。"胡学文说。

他建议，建立"企业 + 合作社 + 农户 + 基地"的紧密型利益联结机制，让小农户有机融入产业链，形成新型农业经营主体和农户产业链上优势互补、分工合作的良好格局。依托农业主导产业链，组建龙头企业带动、合作社跟进、广大小农户参与的农业产业化联合体。合作社通过订单优质优价，提高种植农户收益。以"粮食银行"的方式约定合同期限，到期还本付息，实现农民的一次增收。合作社也可以入股龙头企业，在取得企业股利分红后再分享给社员，实现农民的二次增收。这样既可缓解粮食加工企业收购资金不足的局面，又解决了农民卖粮难问题，也让农户充分享受龙头企业产业链延伸带来的好处，实现多环节互利增收。

胡学文（前排左）在青铜峡瞿靖村开展慰问活动

◎ 紧盯农业发展　积极建言献策

胡学文经常深入田间地头，用双脚丈量大地，带着问题去感知、思考和求证，结合自身工作特点开展具有针对性的调查研究，认真撰写提案，提出意见建议，近年来先后撰写提交了《保粮食安全端自己饭碗》《关于提高农业综合效益和竞争力的提案》《关于进一步推进绿色食品产业发展的提案》等提案。

农业品牌打造已成为激发消费潜力、促进农村消费的有力抓手，对全面推进乡村振兴、加快农业农村现代化具有重要意义。2023年，胡学文提交《关于加快宁夏农产品区域公用品牌建设促进乡村产业振兴的提案》，建议进一步丰富区域公用品牌营销手段，采用政府、商会联盟、企业多级联动，优化品牌培育环境，加强市场推广及线上线下销售渠道建设，促进宁夏区域农产品提升知名度、影响力，扩大市场占有率，推动农民持续增收。

该提案得到办理单位自治区农业农村厅办理答复。据介绍，宁夏紧紧围绕葡萄酒、枸杞、牛奶、肉牛、滩羊、冷凉蔬菜"六特"产业高质量发展，认真做好"土特产"大文章，坚持产出来与管出来并举、主体培育与品牌塑造并重、宣传推介与营销推广并行，大力实施质量兴农、品牌强农战略，扎实推进新"三品一标"建设，累计培育区域公用品牌 20 个，贺兰山东麓葡萄酒、中宁枸杞、盐池滩羊分别位列全国区域公用品牌百强榜第 9 名、第 12 名和第 35 名，盐池滩羊位列畜牧类排行榜第 1 名，"原字号""老字号""宁字号"农产品品牌溢价能力明显增强，带动宁夏农业产业效益不断提升。

种子是粮食生产的"芯片"，耕地是粮食生产的"命根子"，保障粮食安全、端牢中国饭碗，必须打好种业翻身仗。2022 年，胡学文提交《保粮食安全端自己饭碗》的提案，结合多年从事农业种植经营的经验，建议宁夏保持水稻、小麦等优势品种竞争力，促进粮食龙头企业与农科院、高校、金融机构等紧密对接，加快研发粮食新品种，突出制种基地建设和科技研发重点。严格保护耕地资源的数量，提高粮食生产资源利用效率，统筹兼顾粮食产业与畜牧业的均衡发展，强化土地用途监管，切实提高耕地的质量，提升粮食产业附加值。利用好黄河资源优势，沿黄河流域加快高标准农田建设，增施有机肥，增加土壤有机质含量，加强农田水利建设，增加耕地灌溉面积，得到相关部门重视，积极采纳提案建议。

一件件提案、一条条建议，紧扣发展之要，体现为民情怀，凝结着胡学文的心血和智慧，诠释了政协委员的责任与担当。"今后，我将继续围绕党委和政府中心工作，结合发展实际，从关乎民生的社会热点难点入手，积极提交提案，反映社情民意，建真言献良策。"胡学文说。

（刊发于 2023 年 11 月 17 日　韩瑞利　文/图）

海正芳

平凡履职路　尽显光和热

　　在平凡中，书写不平凡。这句话是自治区政协委员，彭阳县住房和城乡建设局办公室副主任、工会主席海正芳工作25年来的真实写照。自参加工作以来，海正芳在基层"舞台"上专注职责，以帮助辖区居民解决实际困难为追求，成为一名精于管理、善于带兵、爱岗敬业的优秀基层干部，先后获得"自治区道德模范""统计优秀工作者""最美彭阳人""2018年度脱贫攻坚先进工作者"等荣誉称号。

◎　用心倾听　变"信访"为"信任"

　　住建工作经常和老百姓打交道，涉及老百姓根本利益。在住建局办公室工作10年的海正芳，每天听到的，大多是叹声、怨声、哭声，甚至骂声；每天要办的，大多是难办的事、烦心的事、别人不愿办的事。然而，只要有老百姓走进她的办公室，她一定会微笑着将所有负面情绪"照单全收"，满腔热忱为信访人排忧解难。

"为什么要拆我的房子，房子拆了我们住哪？" 2023 年 7 月的一天，刚从工地现场回来的海正芳看到一位中年妇女在办公室里闹着要找局长评理。海正芳给她倒了杯水，坐在她旁边，耐心询问事情的经过。"我是幸福城小区的居民，因气不过自己的房子被拆，到你们单位来问清楚。" 这位妇女详细诉说了事情的来龙去脉，听闻情况，海正芳便悉心与她分析梳理问题，帮助解决合理诉求。经过一个多小时的耐心交流劝解，她对海正芳说出了真心话："我知道你们拆的是危房，但就是心里不舒服，你能听我说出来憋在心里的话，我很感谢。"

海正芳说，住建工作处处落脚民生，件件关系群众生活。作为一名住建局办公室的工作人员，必须用真诚的服务，让住建工作有温情有温度。同事们评价她：拉家常，讲幽默，总是在不经意之间用一杯热茶、一番暖心的话，迅速让信访者 "消火"。海正芳带着责任和感情，把关心和温暖送给群众，用自己的实际行动诠释了 "群众利益无小事" 的工作信条。

◎ 全力解难事　做好职工 "娘家人"

"为职工维好权、服好务、做好事、铺好路，是工会主席的职责所在，我不能辜负大家的信任。" 对工会主席的职责，海正芳常记在心。

海正芳介绍，2012 年，她进入彭阳县住建局机关办公室，负责人事、统计、工会等工作。"工会有会员 736 人，其中环卫园林工人有 525 人，大多数都是相对困难的群体。" 海正芳告诉记者，彭阳县住房和城乡建设局环卫队（以下称环卫队）是彭阳县住建局下设的一个科室，也是她作为工会主席最关注的职工群体。年近六旬的环卫工人韩大明让她印象深刻。2022 年 8 月，听障人士韩大明被查出患有胃癌，为了看病，家人四处借钱。得知消息，海正芳立即向住建系统发出捐款倡议，一天时间收到捐款两万

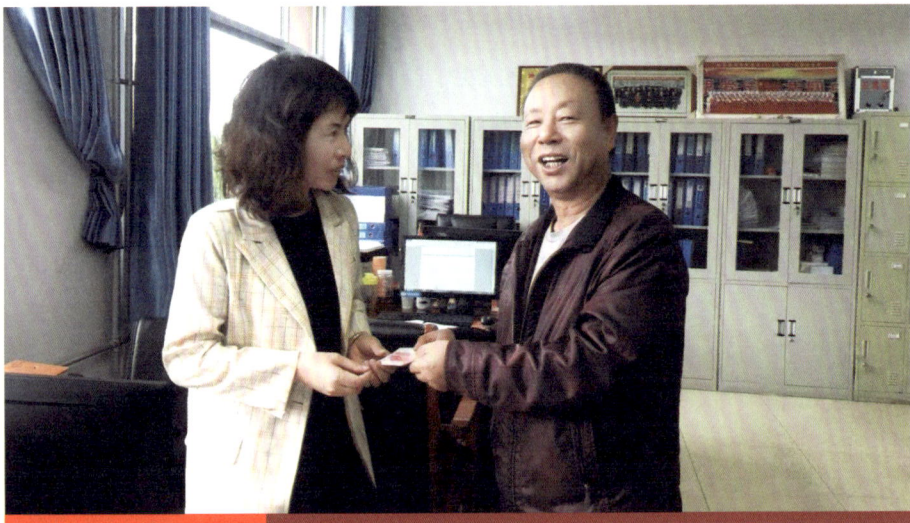

海正芳（左）慰问生病职工

余元；环卫工人黄玉芬在工作中腰椎受了重伤住院，她马上向彭阳县住建局党组说明情况，第一时间将慰问金送到黄玉芬手中，叮咛她安心养伤。

海正芳希望通过自己的行动，给那些需要帮助的环卫工人和困难家庭送去温暖，把温暖和光明洒向每一个需要帮助的人。在工作中，海正芳得知环卫工人每月的工资只有 1320 元，只够温饱。为此她以政协委员身份提交相关提案，得到了彭阳县相关部门的高度重视，将环卫工人的工资从 1320 元提高到了 1600 元。

◎ **为环卫工人健康护航**

"主任，我体检的名额能给我的女儿吗？" 2016 年 10 月的一天，环卫工人杨翠花打来的一通电话让海正芳很受触动。

"通过了解我们得知，525 个环卫工人中有 70% 为临聘人员，享受不到免费体检。"海正芳介绍，环卫工人长期与垃圾、灰尘、污水打交道，患上风湿性关节炎、高血压、呼吸道疾病几率高。为了让所有环卫工人都能享受到体检，海正芳积极对接彭阳县总工会，为环卫工人争取到 60 万元的专项资金，解决环卫工人体检难的问题。

2021 年，彭阳县住建局按照"以人为本、健康保障、统一安排、分级管理"的原则，对全县环卫工人给予适当补贴，解决辖区环卫工人年度健康检查经费问题。"我们还为每位环卫工人建立健康档案，实时了解大家每年身体健康状况，有利于医生做针对性检查，发现病变时能对症下药。"海正芳说。

不仅如此，她还针对环卫工人的家庭情况，每年定期进行摸底建档、慰问探望；对突遭意外或大病致困的环卫工人，她带头捐款并通过工会组织募捐活动。工会工作的有效开展，极大调动了工人们的工作热情。2018 年，环卫队被宁夏总工会授予"工人先锋号"、2019 年被中华全国总工会授予"全国工人先锋号"、2020 年被宁夏总工会女职工委员会授予"自治区五一巾帼标兵岗"等荣誉称号。

（刊发于 2023 年 8 月 29 日　马军　文／图）

曹智莉

把准民生脉搏 履职永不止步

曹智莉，自治区、石嘴山市、大武口区三级政协委员，民革石嘴山市委会副主委。2023 年，她围绕经济社会发展和人民群众关心的重要问题提交提案 10 余件，其中，自治区政协立案 8 件、石嘴山市政协立案 7 件。"无论身处什么岗位，都要不负人民重托，身为一名政协委员更要深入基层、深入群众，全面了解实情，才能把实事办好、好事办实。"曹智莉说。

◎ **勤学习广调研　反映社情民意**

"青年人正处于人生成长积累阶段，特别要克服浮躁之气，惜时如金，孜孜不倦，要像海绵吸水一样汲取知识，不懂就学，不会就练，真正下一番苦功夫，系统学习掌握科学理论和各种知识技能，为工作打下坚实基础。"曹智莉是这么说的也是这么做的。无论工作多忙，她始终把学习作为首要任务，结合新形势、新任务要求，踊跃参加政协组织的各类学习活动，不断提高自身素质和参政议政能力。

"作为一名政协委员，我感到更多的是责任和义务。"曹智莉说，"如何当好一名政协委员，不仅要有坚定的政治方向，讲政治、懂规矩、守纪律，还要进一步提升参政履职的能力和水平，着力在提高提案质量上下功夫，不当'名誉委员'，当好'责任委员'。"

曹智莉借助政协委员和民革基层组织负责人身份，积极走访调研。她在调研时发现，畜牧业作为关系国计民生的重要产业，在稳步发展的同时带来了污染问题，不仅存在土壤和水体污染风险，还给农产品质量和饮用水安全带来危害。关注到这一问题，曹智莉提交了《关于推进石嘴山市畜禽粪肥还田利用的建议》，建议落实养殖档案管理制度，加强养殖污染防控与监管。强化技术服务，鼓励粪污处理及应用技术创新，构建种养结合的农牧生态良性循环新模式。支持建设粪肥还田利用示范基地，对提供畜禽粪污收集处理和粪肥还田服务的社会化服务组织给予奖补支持，推动畜禽粪肥就地就近还田，实现种养结合循环利用。加强资金扶持，引导养殖场户积极配建和改造粪污处理设施设备，推进畜禽粪污资源化利用工作。改善市场环境，支持建设粪污处理设施，建立企业投入为主，政府支持、社会资本积极参与的运营机制，鼓励开展规模化收运和集中处理，培育发展畜禽养殖废弃物资源化利用产业。

◎ 认真履行职能　积极参政议政

"认真履职是政协委员的使命，是党和人民所赋予的重任。作为一名政协委员，我深切体会到参与政协工作越深入，对政协组织的感情就越深厚，对政协工作就越热爱。"曹智莉说，2023年以来，她一刻不停地在忙碌，撰写调研报告近10篇，撰写的《权责定位不清　物业发展陷入矛盾纠纷"怪

曹智莉（左二）为自治区政协调研组介绍工作情况

圈"》在自治区政协十二届一次会议上作大会发言，撰写的《贺兰山生态修复存在问题及建议》在石嘴山市政协十二届二次会议上作大会发言，6篇调研报告入选大会书面发言。在大武口区政协八届二次会议中6篇入选大会书面发言。紧紧围绕经济社会发展和人民群众关心的重要问题提交提案10余件，其中，自治区政协立案8件、石嘴山市政协立案7件。2022年提交的《关于完善疫情防控和突发公共卫生事件应急处置机制的提案》《关于加强对学校级托幼机构卫生监督管理的提案》被自治区政协评为优秀提案；1件被石嘴山市政协确定为重点提案。

作为石嘴山市政协委员服务科科长，曹智莉勤思善为积极创新，推动建立和完善了委员述职和履职信息登记、反馈等制度，通过动态管理、定期公布等方式，激励委员发挥主体作用。牵头协调打造协商议事室24个，累计开展协商议事活动30余场次，参与委员、群众达600余人次，帮助群众解决问题30余件，推动委员履职触角前移、重心下沉。她还承担着石嘴山市社情民意信息工作，推动建立社情民意信息收集办理、跟踪反馈机制，实现社情民意信息征集、编辑、报送、跟踪、反馈闭环运行机制，提高了委员们的积极性，得到各部门的重视。

2023 年，曹智莉在民革祖统工作中表现突出，被评为"民革祖统工作先进个人"。近三年来，她分别获得"民革全区专题调研工作先进个人""民革全区提案工作先进个人"等荣誉 3 次。连续三年被自治区政协评为年度履职考核优秀委员。获得自治区级以上荣誉近 30 次。

"作为政协委员，虽然在履职中做了一些工作，但感到自己所做的还远远不够。"曹智莉说，在今后的工作中，她将认真践行中共二十大精神，加强学习，勤奋履职，密切联系界别群众，以更加饱满的热情履行政协委员应尽的责任和义务，在本职岗位上贡献力量，在政协舞台上贡献智慧，积极履职，永不止步。

（刊发于 2023 年 9 月 1 日　韩瑞利　文 / 图）

曹彦龙，自治区政协委员，民革党员，自治区农业农村厅中卫山羊选育场副场长。他积极投身农业农村现代化建设，在种业振兴、种质资源研究领域深耕钻研，不断解锁"种业振兴"密码，勇做新时代"三农"事业的接续奋斗者。

曹彦龙
服务『三农』事业 守好种质资源『主阵地』

◎ 守护种质资源强根基

毕业于中国农业大学遗传育种专业的曹彦龙，工作后一直从事农业生产工作，曾在自治区农业农村厅原种场工作。

从事农业生产一线多年，曹彦龙深刻认识到，种子是农业的"芯片"，对保障国家粮食安全至关重要，因此，他以守护种质资源为己任。"长期以来，我区小麦育种工作成绩斐然，但育种手段相对单一，主要以传统大田育种为主。"曹彦龙借助现代育种新技术手段，加快育种速度和效率，以种质资源支撑种业发展、引领乡村振兴。

　　2017 年，他积极联系与云南省农科院合作开展小麦 × 玉米远缘杂交诱导小麦双单倍体技术，有力促进了小麦育种和遗传研究工作，大大提高了小麦育种工作水平。

　　"我区受气候条件影响，多年来农业生产一直是'一季有余、两季不足'，我们的目标是推动套种两熟向复种两熟的转变，实现'一茬保供给、一茬促增收'。"为此，曹彦龙拓宽麦后复种类型，最大限度提高光热资源和土地利用效率，挖掘种植业生产潜力，积极开展麦后复种小麦一年两熟试验示范研究。

　　曹彦龙承担了自治区小麦育种专项"早熟高产春小麦新品种选育与推广"子课题，成功选育适合后茬复种的特早熟小麦新品系宁原麦 7 号和高产早熟新品系，并连续开展特早熟、早熟品种（系）不同播期和不同播量栽培试验，为大面积种植提供科学依据和技术支撑。

　　经过潜心研究，曹彦龙多年来参与或主持育成并通过审定小麦新品种、优异新品系 8 个，在农业生产上广泛种植推广，累计创造社会价值 500 万元以上，先后获得自治区和银川市科技进步奖一等奖 1 次、三等奖 3 次。

　　近年来，曹彦龙十分关注小麦种质资源发展的国内动向，积极参与业内交流合作，推动宁夏小麦育种工作在全国同行领域分享经验。他积极推动与天空育种及核辐射小麦育种等单位的合作，开启诱变育种和航天育种的征程；向中国农科院小麦矮败中心引进矮败材料 60 余份，开展小麦太谷核矮败辅助育种。通过申报，积极争取成为中国小麦种质资源交流会会员单位，并在宁夏设立西北春麦区种质资源评鉴中心，极大地提高了宁夏在全国小麦育种领域的知名度。

曹彦龙（左一）参加调研

◎ 创新山羊育种工作

2022年8月，因工作单位调整，曹彦龙由种植业转到畜牧业，开始从事中卫山羊保种选育工作。中卫山羊是世界上唯一生产白色裘皮的山羊品种，被列入首批国家级畜禽遗传资源保护名录。

步入到新的领域，为了尽快熟悉工作，曹彦龙经常深入基层一线，调研中卫山羊保种核心基地养殖饲喂管理情况，到大山深处刘屋井保种站了解自然放牧养殖情况。

选育扩繁是保种场工作中最基础的工作。曹彦龙接续做好中卫山羊核心群7个家系选育研究，利用好各群家系谱，通过优异性状的遗传参数和种羊育种值，选育"体大型""多绒型""黑山羊型"的种羊群体，使核心群存栏稳定在3500只以上。

2022年，曹彦龙作为单位牵头联系人，与内蒙古农业大学联合，成功申报了关于中卫山羊裘皮性状基因功能验证方面的宁夏自然科学基金项目。

工作中，他发现宁夏在中卫山羊舍饲管理和保种选育方面积累了丰富的实践经验，但没有形成标准体系，尚缺统一的技术规范。为此，在团队的合力下，最终成功申报了宁夏《中卫山羊选育技术规程》和《中卫山羊舍饲技术规程》两个技术规范编制项目，2023 年正稳步实施推进。

山羊育种工作是具有创新性的科技工作，须加强产学研融合发展。曹彦龙和团队以自治区重点研发项目和宁夏自然科学基金项目为抓手，加强与西北农林科技大学、内蒙古农业大学、宁夏大学、自治区农科院等高校和科研院所的合作，建立长效合作机制，抓好科技创新和人才培养，充分发挥"山羊优异肉、绒及乳用种质资源精准鉴定"国家级试验基地作用，推进中卫山羊肉品质特性分析、胚胎移植、种群高效繁育、全基因组测序等技术研究，力争取得一批拥有自主知识产权的科研成果，填补我国中卫山羊研究领域的空白。

"畜禽种质资源是珍贵的基因宝库，是畜禽育种和种业创新的最基础材料，加强种质资源保护，功在当代利在千秋。"曹彦龙怀揣满腔热忱，铆足干劲，全身心投入场区科研管理工作，争做资源保护、助农增收的排头兵。

（刊发于 2023 年 10 月 17 日　李莹　文／图）

2023 年 3 月 3 日，民革中央表彰了五年来参政议政工作先进集体、先进个人，自治区政协委员、石嘴山市政协常委、民革石嘴山市委会主委蒋新录荣获"民革全国参政议政工作先进个人"称号，这是他第二次获此殊荣。荣誉的背后饱含辛勤付出。"作为来自民主党派的政协委员，履职永远在路上，要常怀为国履职、为民尽责的情怀，要与时俱进不断增强履职本领，把荣誉转化为更好履职的前进动力。"蒋新录说。

蒋新录

用实际行动诠释『履职永远在路上』

◎ "热爱"二字 写满履职"答卷"

2023 年初，得知自己被推举为十二届自治区政协委员，蒋新录十分激动，这意味着他连任三届自治区政协委员。20 年的履职经历，让他与人民政协结下不解之缘，对政协事业充满了热爱，也取得了丰硕的履职成果。

"在参与政协事业中，我深刻感受到人民政协工作越来越受重视，人民政协责任越来越重大，人民政协的舞台越来越宽广。"蒋新录说，作为政协委员要充分发挥好主体作用，以高度的政治责任感和使命感，投身到履职工作中去。

他充分利用政协提案、社情民意信息等建言献策途径，为宁夏经济社会发展和民生保障鼓与呼。《关于完善平罗县河东地区水利设施的提案》《关于河东工业走廊开发建设享受宁东能源化工基地优惠政策的提案》等百余件提案在自治区、石嘴山市政协立案。其中，《关于规划建设大沙湖旅游区的提案》被列入自治区政协重点提案办理；《关于撤销陶乐黄河大桥及203省道收费站的提案》《关于在疫情时期对困难群体予以阶段性临时救济的提案》等被列为承办厅局重点提案办理；《关于因地制宜突出特色实施乡村振兴战略的提案》《关于加快宁夏北部河东灌溉区节水改造促进银川都市圈协同发展的提案》《关于取消将生育情况作为干部任职和评先评优等前置条件的提案》等十余件提案荣获自治区政协优秀提案。以个人提案综合采编的《关于进一步健全村办集体经济组织运营机制的建议》荣获"全国政协2021年好提案"。

2022年，在自治区政协十一届五次会议上，蒋新录作了题为《善用常用正向激励　让干部放手"闯"与"创"》的大会发言，得到与会领导、政协委员的一致好评；入选自治区政协《学习贯彻落实习近平总书记关于加强和改进人民政协工作的重要思想》系列丛书"范例篇"；还被当作案例在政协委员能力提升培训班上分析讲解。2023年，在自治区政协十二届一次会议上，蒋新录代表民革宁夏区委会作了《少点折腾　少点内卷　给基层腾出干事创业的空间》的大会发言，引得政协委员、基层干部的一片赞誉，在民主党派微信热文展播榜上位居党派综合榜第二位，民革榜第一位。

自治区政协委员蒋新录（左二）参加调研活动

◎ 在参与政协事业中展现党派之为

"新时代多党合作舞台极为广阔，新时代带来发展的新要求和新课题，呼唤民主党派更好地肩负起政治责任和历史担当。作为民主党派，我们要坚定不移巩固和发展中国共产党领导的多党合作和政治协商制度，做中国共产党的好参谋、好帮手、好同事，与时俱进，携手奋进，在人民政协的舞台上担当使命、展现作为。"蒋新录说。

"参政议政能力强、意识足，是我们学习追赶的榜样。"这是石嘴山市民革党员对蒋新录的一致评价。作为民革石嘴山市委会主委，他不但自己积极建言献策履职，还带领民革石嘴山市委会在政治协商大舞台上积极作为。

2023年，在石嘴山市政协十二届二次会议上，11件大会口头发言中，民革石嘴山市委会和民革界别委员占了3个。在石嘴山市政协历史上，同一界别3个大会口头发言还属首次。在大会60件书面交流材料中，民革石嘴山市委会书面交流材料 15 件，民革界别委员书面交流材料 14 件，这是民革石嘴山市委会在市级政协全会上开创的历史新高度。提交提案立案率、社情民意信息采用率、大会口头发言和书面交流发言 4 项工作均居石嘴山市政协各参加单位和界别之首；7 件提案荣获十一届自治区政协优秀提案。自治区政协十二届一次会议上，石嘴山民革首次有两名党员作大会发言，另有 4 件议政材料作书面交流。

使命铭记在心，履职担当有为。由于突出的参政议政工作成绩，蒋新录在 2020 年度、2022 年度自治区政协委员年度履职考核中获得优秀，履职积分居自治区政协委员第一名。个人先后获民革全国参政议政工作先进个人，自治区党委和政府"抗击新冠肺炎疫情工作先进个人"，连续 20 余年获民革宁夏区委会参政议政工作、专题调研工作先进个人等，撰写的政协提案、社情民意信息、统战理论、调研报告多次获自治区、石嘴山市优秀奖励。

2023 年，蒋新录带领民革石嘴山市委会，充分发挥党派特色优势，组织开展"履职干什么"议政大调研、参政议政大行动季度主题活动。在融入大局、服务大局、保障大局中找准履职尽责的切入点和突破口，探索建立完善调研课题项目化、专班化机制。紧盯打造黄河流域生态保护和高质量发展先行区建设排头兵、"三区建设"、"六大提升行动"、"六权改革"、"六新六特六优产业"、"六市建设"等开展重点课题调研，对标政党协商计划、政协年度协商课题，持续开展专题民主监督。谋划一批重点调研课题，整合资源、集中力量、序时推进，深入一线调研，提出真知灼见，融合打造"石事好商量"政党协商品牌。

认真工作，尽心履职，不忘初心，坚守本心，蒋新录交出了一份出色的履职"答卷"。"我将继续带领石嘴山民革党员，认真调查研究，积极建言献策，为发展助力，为民生建言，用实际行动诠释'履职永远在路上'。"蒋新录说。

（刊发于 2023 年 3 月 3 日　陈敏　文／图）

韩玉红，自治区政协委员、自治区级骨干教师、银川一中教务处主任。作为一名人民教师，她默默耕耘，担当有为；作为一名连任政协委员，她在履职路上，用心用情为宁夏教育事业发展鼓与呼。

发挥专业优势　强化履职实践

韩玉红

◎ **立足本职　助力多元化教育体系建设**

参加工作至今，几十年来韩玉红从没有离开过讲台，对校园的深厚感情，成为韩玉红撰写提案用之不竭的灵感来源。"成为政协委员后，即使是和老师同学们进行日常交流，我也会格外关注大家对当前教育环境的看法与建议。"在她看来，校园就像一个小社会，里面蕴藏着十分鲜活的提案素材，需要悉心挖掘。

每年7月，是宁夏各高中的招生季。韩玉红告诉记者，从参与招生工作的情况来看，每年银川一中、二中等重点高中招生点人来人往，前来咨询的学生家长络绎不绝，而艺术高中、职业高中招生点前却是门可罗雀。

"韩老师，孩子一旦去职业高中人生就变了。"韩玉红与家长们交流后得知，尽管中考改革，多地开始尝试多元化办学，但受到唯升学、唯学历教育评价体系的影响，大部分人的观念并没有改变，大家始终对职业高中缺乏信任。如何能让多元化办学取得良好效果？这是韩玉红多年来一直思考的问题。在自治区政协十二届一次会议上，韩玉红提交了《关于让宁夏高中阶段学校多样化实现跨越式发展的提案》，她在提案中建议探索建立多元评价体系，包括建立与普通高考完全平等的职教高考制度，给职业教育学生平等的升学与发展空间等，让"多样"在"多元"的评价体系中拥有完全平等的地位，不再分三六九等，才能给学生更多元的人生道路选择。

"其实与家长交流后，我发现大家对职业高中存在误解，对当前出台的一系列促进职业教育人才发展的利好政策也所知甚少，很多人的想法还停留在职业高中只是托底的层面。"韩玉红认为，要加强政策宣传，初中阶段就要开始给学生和家长普及中考改革、普职融合、职业生涯指导规划等方面的政策和法规，并每年对初三老师、班主任进行相关政策培训，达到人人都是宣传员的效果。

◎ 履职为民　为营造尊师重道的良好社会环境发声

教师职业之所以被称为最伟大、最神圣的职业，是因为其承载着传道、授业、解惑的光荣使命。但当前，部分学校、教师和家长之间的关系，虽然不似医患之间那样紧张，却也十分敏感和脆弱，这让不少从业多年的教师有些措手不及。

身为学校政教处主任，韩玉红的工作之一就是厘清校园中种种繁琐细

韩玉红在自治区政协十二届一次会议上参加小组讨论

碎的矛盾。从事校园调解工作多年，韩玉红发现，近年来，许多教师为了避免矛盾，在工作中有时会出现"不敢管、不想管"的消极情绪。

"进入新时期，人们对教育有了更多期待，对教师群体提出更高的要求，教育行业也面临着巨大的挑战和变革。"韩玉红说，"我们反对不符合教育目的的惩罚，但不能连符合教育目的的教育惩戒也一起反对。"她认为，应进一步明确"教育惩戒权"是教师的基本权利，为教师合法使用教育方式手段提供法律依据和保障，让教师能放心用好"惩戒"这把"戒尺"，在维护正常教学秩序时有法可依，更好地履行教书育人的职责。

她在《关于坚持依法治教，弘扬尊师强教的提案》中建议，进一步保障教师的履职行为和工资待遇，尤其是对教师的退休制度进行改革，让为教育事业献出青春的教师们老年生活有所保障。要重视教师节的各项活动，各校要深入贯彻落实党中央关于加强师德师风建设的部署，在节庆活动中突出师德第一标准，大力宣传和表彰优秀师德典型，并围绕教师节主题强化组织领导，精心部署安排，开展形式多样，特色生动，内涵丰富，覆盖本地教育系统和本校师生的宣传庆祝活动，让广大教师切实感受到新变化新成效，从而激发更大的教学热情。

"这 6 年的履职路上，我最大的感触就是政协提案'事事有回应，件件有回响'，政协委员提出的意见建议均得到有关部门重视，并在关键时刻发挥作用，这让我更加珍惜这一身份，也极大地激发我履职为民，为教育事业积极建言献策的动力。"韩玉红说。

（刊发于 2023 年 2 月 24 日　纳紫璇　文／图）

以委员之为助推肉牛产业高质量发展

谢建亮

谢建亮，自治区政协委员、高级兽医师、固原市畜牧水产技术推广服务中心副主任。进乡村、访农户、送服务，从事畜禽疫病防控和畜牧技术推广服务工作 20 余年来，他脚踏乡土，行走在养殖一线，运用专长优势指导农户科学养殖提高效益，在肉牛养殖方面完成多项科技计划项目，入选自治区青年拔尖人才培养工程，被评为全区农业农村工作先进个人。在人民政协舞台，他将履职与本职有机融合，用心联系界别群众，发挥优势建言献策，以委员之为助推肉牛产业高质量发展。

◎ 把联系服务界别群众融入履职日常

人民政协由界别组成，政协委员作为界别群众的代表，是联系界别群众的桥梁与纽带。十二届宁夏政协确立"12324"工作思路，将"补齐委员联系界别群众短板"写入其中，以专委会为依托，探索建立委员联系界别群众制度。2023 年 8 月，自治区政协农业和农村委员会建立三级政协委员服务"六特"产业工作站，作为肉牛产业工作站牵头委员，谢建亮将授牌挂在了固原市农业农村局。

肉牛养殖是固原市的主导产业，谢建亮是这方面名副其实的专家。23年来，他扎根农业生产一线，在肉牛繁育、饲草加工、节本增效等方面深入研究，作为骨干完成了"肉牛双犊繁育与健康养殖生产技术示范推广""高档肉牛生产技术示范推广""肉牛主要疫病防控技术集成与示范"等固原市科技计划项目。授权发明专利4项，实用新型专利8项，制定地方标准4项，出版肉牛养殖技术专著3部。

"联系服务界别群众是政协委员应尽的职责，对于更好发挥政协重要阵地、重要平台、重要渠道作用，加强思想政治引领、广泛凝聚共识具有重要意义。"谢建亮说。担任工作站牵头委员以来，如何以更接地气的方式把肉牛养殖技术送到界别群众中去，是他常思常做的事情。

依托工作站，谢建亮与自治区政协委员梁小军、固原市政协委员张国坪积极联动，经常组织专家到各乡镇开展集中培训、访谈式培训，围绕肉牛产业产前环节"养什么"、产中环节"怎么养"、产后环节"怎么卖"等核心问题，给养殖户和专业合作社提供技术服务。

如今，联系服务界别群众，已成为谢建亮日常履职的重要内容，在走村入户中送技术、送服务，在联系沟通中听民意、解难题。"给母牛饲料的能量偏高，矿物质、微量元素偏低，会导致体形偏肥，要加强营养改善，提高繁殖率。"在泾源县兴胜乡宏达养殖专业合作社，他对母牛饲料配比问题进行现场指导。"两个品种的牛采食量不同，一起喂养会让西门塔尔牛'吃不饱'，应分开圈养。"在隆德县沙塘镇张树村养殖户高苏涛家，他对西门塔尔牛和安格斯牛混养提出建议。"秋季气温变化大，要做好保暖工作，牛犊吃完奶后，要先隔离再补充饲料。"在固原富民农业科技发展有限公司养殖基地，他叮嘱道……

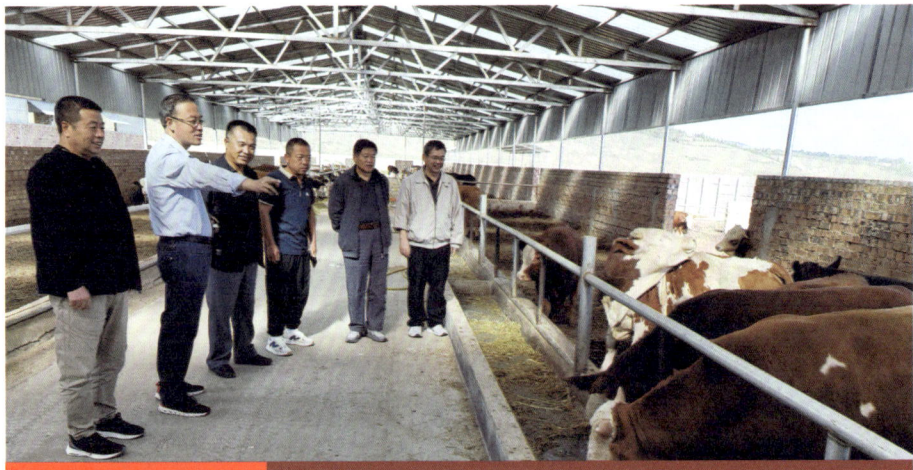

谢建亮（左二）深入养殖园区调研肉牛养殖情况

谢建亮还利用走村入户、进棚入场的机会，及时宣讲"三农"工作各项方针政策，当好政策的宣传员。针对全区肉牛全产业链高质量发展瓶颈问题，他牵线搭桥邀请区内外专家，研判形势，破题解难。他积极收集整理企业、养殖户的所需所盼，汇集成委员意见建议反映给相关部门。

◎ 用好政协平台积极履职建言

肉牛产业是自治区确定的"六特"产业之一，是固原市域布局的主导产业和"五特"产业之首，也是谢建亮履职建言的着力点。他积极参加政协相关调研，通过提案把对产业发展的所思所想反映出来。

近年来，固原市聚焦打造百万头高端肉牛生产加工基地，加快推进规模化养殖、全产业链发展，健全联农带农机制，全力培育"宁夏六盘山牛肉"区域公用品牌和"固原黄牛"地理标志品牌。2023年5月，自治区政协农业和农村委员会组织部分委员及自治区、固原市肉牛专班成员组成调研组，对固原肉牛产业发展情况进行调研，谢建亮积极参与其中。结合日常工作和调研情况，他撰写调研报告，针对发展态势短期不稳、品牌效应影响力不强、产业融合度不高等短板，建议建立价格保险机制，用政策、项目、资金等手段精准施策，促进稳定可持续发展；坚持良种良法配套、设施工艺结合、生产生态协调，建立健全标准化生产体系；打造一批企业自主品牌，培育一批"土字号""乡字号"品牌，提升品牌溢价能力，这些建议被专委会调研报告采纳。

在自治区政协十二届一次会议上，谢建亮提交《关于建立固原市肉牛良种繁育基地的提案》，呼吁加快固原市肉牛良种繁育基地建设，在泾源县建立规模化安格斯肉牛繁育基地，以西吉县为核心建立西门塔尔肉牛繁育基地，以原州区为核心建立固原黄牛繁育基地，为周边乃至全国供应良种。

该提案的立案办理，得到主办单位自治区农业农村厅的重视，积极采纳提案建议，进一步加快固原市肉牛良种基地建设，把良种繁育基地建设作为推进肉牛产业提质增效的重要措施，2023年组织实施母牛扩群提质和肉牛良种补贴项目，下达固原市补贴资金7000万元，支持引进推广优质肉牛冻精60万支、"见犊补母"补贴能繁母牛14万头，整县开展安格斯牛纯种选育和西门塔尔牛级进改良，加快良种扩繁，提高牛群生产性能，提升固原市良种繁育基地建设水平。

谢建亮提交的提案大多与肉牛产业发展息息相关，他建议积极推进肉牛养殖"出户入园"，提升连带水平，从根本上破解肉牛养殖在品种、饲料、技术、防疫等环节标准不统一的问题。他呼吁继续实施肉牛"见犊补母"项目政策，作为普惠性扶持政策，支持固原肉牛产业可持续发展。

"作为政协委员，我将立足实际，着眼长远，履职尽责，发挥好农技推广带头人作用，加强与界别群众的走访联系，将参政议政与社会服务有机融合，推动肉牛产业向高端化、智能化、绿色化、融合化发展。"谢建亮说。

（刊发于 2023 年 10 月 12 日　陈敏　文／图）

鲍菊艳
一位『新』委员的『履职经』

1980 年出生的鲍菊艳虽然是自治区政协委员队伍里的"新兵"，但此前曾连任九届、十届盐池县政协常委，已经有 11 年的履职经历。

从县级政协委员到自治区政协委员，鲍菊艳表示，履职的平台更大了，是荣誉更意味着沉甸甸的责任。"我会继续沉下身子，汇集更多民情民意，围绕老百姓关心的问题，尽我所能深入调研，多方征求意见，提出高质量的意见建议。"

◎ 明确履职思路　主动参政议政

2023 年 4 月，自治区政协举办委员学习培训班，鲍菊艳放下手头工作，静下心来，认真学习。"这次培训让我感触颇深、受益匪浅，也让我对如何做一名新时代政协委员有了更加清晰的认识，对今后如何履职也有了更加明确的思路。"鲍菊艳说。

工作之余，她积极关注政治、经济、文化、社会等领域，认真学习政协章程，坚持学习人民政协理论，学习履职尽责的技能和方法，努力拓宽知识领域，提高自身修养，进一步增强履职意识，树立情为民所系、利为民所谋、心为民所牵的思想。

她认为，委员履职工作不是等着通知"写作业"。"委员是参政议政的主体，应该充分发挥主观能动性，根据自身的特点和优势不断创新履职方式。"

为做好履职工作，鲍菊艳养成了随身携带记事本的习惯，随时将身边发生的事和听到的民意记在本上。群众常见高发的重大慢性病、门诊大病年度报销额度不能满足患者需求，滩羊产业龙头企业带动能力弱，0 至 3 岁儿童托育服务短缺……针对发现的这些问题，她认真梳理和分析，将有价值的问题提炼出来作为提案选题。

《关于推动盐池石膏产业高质量发展的提案》《关于全面加强主城区雨污分流治理工作的提案》《关于支持脱贫地区特色优势产业高质量发展的建议》《关于增加门诊大病病种的建议》……2023 年，鲍菊艳围绕老百姓"急难愁盼"的民生问题，深入基层调查研究，提交了 8 件提案、13 篇社情民意信息，很多建议被相关部门采纳。同时，她还积极参与长城国家文化公园（宁夏段）建设保护情况调研，自治区政协办公厅组织的参观活动等履职工作，发挥专业特长，积极建言献策。

◎ 高质量建言　助力医疗卫生事业发展

鲍菊艳曾在盐池县医保局工作多年，医疗卫生事业发展问题是她始终关注的重点。"作为政协委员，不仅要有良好的政治素质，还要有过硬的专业知识，才能当好老百姓的'传声筒'。"鲍菊艳说。

在调研过程中，鲍菊艳了解到，近年来，宁夏紧紧围绕深化医药卫生

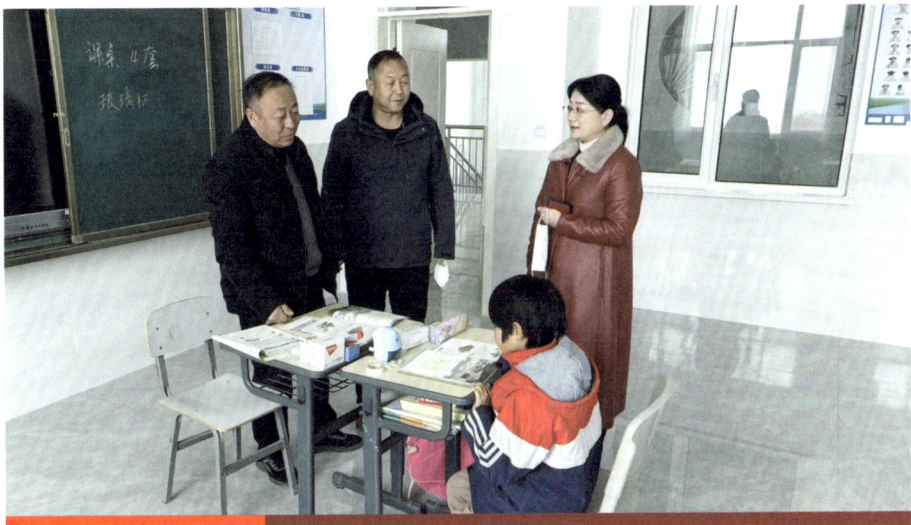

鲍菊艳（右一）调研农村义务教育优质均衡发展情况

体制改革目标，不断在顶层设计、配套政策、组织实施等方面探索创新，推动县域综合医改工作取得新突破。"但在实施过程中，机构编制管理未落实到位、医保基金总额包干支付制度落实不彻底等问题制约了医共体实体化运行。"为此，她提交了《关于推进医共体实体化运行的建议》。

针对发现的问题，鲍菊艳在提案中建议，将医疗健康总院纳入机构编制管理，依法进行事业单位法人登记，根据其功能定位，合理核定编制数，稳定人员队伍，推进医疗健康总院实体化运行。"还应落实医保打包政策，充分考虑基层实际情况，对照国家、自治区层面赋予县一级更多的政策制定权和自主决策权，合理确定基层医保基金包干总额，形成医疗健康总院内部医保基金管理、使用、考评、分配机制，将经绩效考评达标后结余的医保资金纳入医疗服务收入，统筹用于各医疗卫生机构事业发展和提高职工绩效工资总量等。"鲍菊艳说。

随着人口老龄化趋势加大和三孩生育政策实施，人民群众对于养老托育服务的需求日益增长，对行业健康高质量发展也提出了更高要求，这引起了鲍菊艳的关注。"以盐池县为例，截至2021年年底，全县65岁以上老年人高血压患者为11805人，糖尿病患者为2773人，老年人健康需求日益突出；全县0至14岁人口占比为18.26%，0至3岁儿童托育服务短缺。"鲍菊艳经过调研和分析认为，自治区应及时出台相关政策，加大支持力度，在有条件的二级及以上综合性医院增设老年医学科，实现老年患者的连续治疗及全程化照护，同时，加强婴幼儿照护普惠性服务，在公共场所设立母婴照护设施等，不断提升服务能力和水平。

2023年以来，自治区政协立足政协职能特点和优势，聚焦困难群体社会救助，深入开展"学思想　重履职　勤协商　惠民生"实践活动，通过自治区、市、县（区）三级政协联动，深入调研、走访慰问。鲍菊艳积极履职，经常性走访社区群众，为孤寡老人、留守儿童送去一份温暖，为弱势群体、残疾儿童奉献一点爱心。

鲍菊艳还积极争取到民建吴忠市委会连续6年在盐池县第三中学设立"思源·佑华教育移民班"，每年捐款20万元为该县贫困学生提供优质的教育资源和良好的食宿条件。2019年，她分别被民建吴忠市委会、民建宁夏区委会、民建中央评为"参政议政先进个人""脱贫攻坚先进个人"。

"在今后的工作中，我会将政协委员身份与本职工作更好结合起来，从自己熟悉的领域着手，多关注本领域的重点、热点、难点问题，进一步履行好政协委员的参政议政职责，把人民群众的利益实现好、维护好、发展好，做一名人民群众满意的政协委员。"鲍菊艳说。

（刊发于2023年10月20日　吴倩　文／图）

　　张琳，中卫市沙坡头区政协委员，宁夏华琳源农牧有限公司总经理。自 22 岁步入家禽养殖行业，从蛋鸡孵化到蛋鸡销售再到商品鸡的养殖，经过 13 年摸爬滚打，张琳在实践中摸索出一条养殖致富之路。通过 15 年的发展，从当初只有 5 万元启动资金的养殖户发展到如今产值过亿的特色养殖有限公司，张琳也因此多次被评为农村科技致富女能手、巾帼建功标兵；她创办的宁夏华琳源农牧有限公司也被农业农村部确定为综合开发产业化扶持企业。

◎　**筑梦之路　创业启航**

　　张琳出生于中卫市柔远镇，高中毕业后在家务农，几年的务农锻炼了她吃苦耐劳的品质。1994 年结婚后，她跟随爱人入职宁夏恒太元种禽有限公司从事蛋鸡孵化工作，1999 年她又转岗从事蛋鸡销售工作。

　　1999 年转到销售岗位后，与养鸡专业户有了直接的接触。在推销小鸡

张琳（左）与工作人员一起检查鸡舍情况

苗的过程中，广泛了解养殖户最关心的成活率、病死率、用药情况等问题。"对那些养鸡成活率高、病死率低的客户更是关注他们平时在养殖过程中的一些细节问题。"张琳说。

在十年的养殖生涯中，她敏锐地发现，从雏鸡出栏到 120 天时开始产蛋，前 60 日龄的死亡率达 20% 至 30%，有的甚至高达 50%。她反复思考，深入学习研究后，觉得这一个阶段相关产业正是她要投入的项目。

2003 年，张琳辞职回到家乡，在中卫市东园镇租用场地开始了商品鸡的饲养，也是她创业前的一个实验过程。经过三年的养殖，她把从市场中学到的知识用于实践，取得了可喜成绩，这一成绩更加坚定了她创业的信心。

"在社会这所大学堂里，我用 13 年的时间完成了小鸡的孵化、销售，青年鸡的培育到蛋鸡的饲养等整个养殖过程的学习实践。"张琳说，2006 年 10 月，她大胆贷款在吴忠市承包了一个鸡场，开始专门饲养销售育成鸡。她请专家建标准、定规范，在饲养过程注重细节管理，指导工作人员时刻关注炕面温度、湿度保持，注意饮用水的喂养时间和频次。通过精心饲养，她喂养的育成鸡死亡率降低到 1%，使小鸡育雏、育成环节正式成为一个产业。她的育雏鸡由于缩短了培养周期、规范了鸡苗防疫，降低了养殖户种鸡死亡率，而且产蛋率高达 96% 以上，受到了客户的欢迎。

2019 年，张琳和爱人回到中卫建立了一家专业化、科技化、规模化的蛋鸡育雏育成和青年鸡销售、技术服务于一体的宁夏华琳源农牧有限公司。

其饲养出的蛋鸡因死淘少、产蛋率高、产蛋周期长在西北地区一枝独秀，市场遍及西北五省区。

◎ 回馈社会　蜕变提升

创业致富后，张琳也不忘企业家的社会责任。闲暇时间，她给养殖户传授最有效的防疫技能、在村镇举办养殖培训。为银川市金凤区困难群众赠送蛋鸡育成鸡，向大家传授养殖技术，并根据养殖户的特点，以土鸡饲养为主要养殖模式，蛋鸡开始产蛋后，她又帮助养殖户联系网络销售公司，销售土鸡蛋增加收入，帮助一部分经济困难户改善生活。

"2021 年加入中卫市女商商会后，我经常参加会内的读书学习活动，在这个群体中大家相互学习，相伴成长。我深刻地体会到，企业要想发展好，必须坚持学习国家的大政方针，始终站在国家的高度考虑企业的管理发展。"张琳说，通过学习，她从各行各业的姐妹们身上看到了自己的不足，在现代化管理方面，仍需不断深入学习，随着企业进入现代化养殖模式，身为企业管理者同样需要现代化企业管理理念。

在对未来的发展规划中，张琳说："从党的二十大报告中体会了国家对企业家的期望，我将以服务养殖户为导向，以民生利益和科学养殖普及为己任，以科技研发助推行业发展，带领企业走上绿色发展之路。"她计划与中国农业大学营养与健康研究院、中国农业大学计算中心开展深度合作，开展鸡蛋深加工产业，进行"功能性鸡蛋"的生产实验，把企业打造成为一家绿色环保的养殖企业，为百姓能吃上健康、品种丰富的蛋产品而努力。

（刊发于 2023 年 5 月 16 日　孙振星　文／图）

张翠燕

农业科研数十载 潜心培育新品种

张翠燕，中卫市沙坡头区政协委员，中卫市神聚果蔬流通专业合作社、宁夏神聚农业科技开发有限公司总经理。大学毕业后，她扎根农村创业，凭借吃苦耐劳、敢闯敢拼的劲头，带领公司员工大力发展以苹果全产业链为主的现代化绿色农业，现已成为一家集果品新品种引进栽培、果品收购、数字电商销售、农技推广等为一体的综合性科技型农业重点龙头企业。张翠燕先后获得全国"巾帼新农人"、自治区十大乡村女致富能手、致富带头人等荣誉称号。

◎ 默默坚守数十载结出硕果

身为一名土生土长的中卫人，张翠燕见证了中卫市农业发展由弱变强的艰辛历程。她在进入农业领域前，先后选择到一些农业技术过硬、品牌知名度高、品种较多的地区调研学习。2008 年，她发起成立了农民专业合作社，做果品代购代销，直接带动农户年增收上百万元；2011 年，她成立了宁夏神聚农业科技开发有限公司，用土地流转方式获得了永康镇达茂村几百亩土地的经营权，并投资建设当地唯一一座规模化、标准化农产品交易市场，利用市场内原有的 1 座农资库房、两座农产品交易中心、3 座冷藏保鲜库及 1 座分拣包装库和农业社会化综合服务中心、电商服务中心等基础设施，开展了农产品网络销售。

扎根农业数十载，随着中卫市富硒苹果种植基地的建成，苹果产业不断发展壮大，张翠燕积极与高校建立长期战略合作，借助"产、学、研、用"一体化联动模式，柔性引进多个高校、院所科研团队，组建协同创新团队、专家服务基地、人才小高地，成立自治区荒漠化土壤（沙坡头）治理与开发技术创新中心及产学研教学实践基地，累计开展荒漠化土壤治理、双脱毒苹果新品种研发、绿色高效栽培技术等方面科研项目 10 余项。建设有荒漠化土壤综合治理试验示范基地、双脱毒苹果苗木培育试验基地、苹果矮砧密植集约栽培技术推广培训基地、绿色食品原料标准化生产基地，为推广新技术、新品种提供了广阔平台和有力支撑，并运用现代生物技术，突破解决荒漠化治理中的技术瓶颈，对荒漠化土地开发及改良。在沙坡头区宣和镇喜沟村建设经济防护林 500 余亩，改善了当地土壤贫瘠、生态环境恶劣的情况，促进了当地苹果产业的发展。

为解决果树老化、果树抗病性弱、果实产量低、生长周期长、种苗培养成本较高等问题，张翠燕带领团队围绕苹果幼树早期丰产技术开展技术攻关，积极推广苹果优质丰产的配套技术，引进具有抗病能力强、分生能力强的双脱毒苹果苗进行升级改造，形成了能够早丰早产的双脱毒苹果苗木新品种。在此基础上，她为周边企业及种植农户提供苹果新品种的引进示范、双脱毒苹果苗木研发与推广、绿色高效脱毒苹果栽培管理示范、智能水肥一体化技术推广等苹果产业人才体系建设服务，培养了一大批企业技术人才，扎根于试验田推广苹果种植新品种、新技术、新模式。

张翠燕工作照

◎ 孜孜以求　科研脚步不停歇

作为一名科技特派员，张翠燕针对妇女果园管理能力欠缺、知识水平不足等问题，发起成立了妇女"群团工作站""妇女之家"，建设新品种、新技术等应用示范基地，聘请专业果园管理人员，开展"高素质农民人才培养培训班""新农人电商培训"等培训，宣传讲解国家及地方农业政策，帮助周边妇女提高业务水平，进行创业就业指导，每年帮扶和带动 700 多名农村妇女就业，实现增收致富。

张翠燕积极打造"企业＋基地＋农户＋电商"的产业链经营模式，以"订单农业"，把公司的发展和农户的致富紧密联系在一起，长期为农户提供农业社会化综合服务等农业生产资料，促成村镇、企业、合作社、农场、种植农户合作。通过自动化分拣包装及冷链物流周转，实行线上与线下同步销售，累计带动 300 多名农户参与果蔬生鲜农产品电商销售，累计销售各类农副产品 2000 余吨。以市场为核心，建立"示范区＋带动区＋

辐射区"的三级阶梯模式，促进了中卫市果品产业的发展，2022 年当年共带动农户 1695 户，带动销售各类农副产品 5000 余吨，农产品流通规模达 3 万吨。

张翠燕还依托"互联网＋农产品出村进城综合服务平台＋微农邦自营平台"，统筹整合"沙坡头苹果"农产品全产业链涉农资源，签约 20 余家优质农产品企业，搭建中卫"供应链＋农村电商"体系，带动农户利用微盟小程序等平台销售农产品，实现农产品销售量增长 10% 至 20%，带动农产品经营龙头企业、合作社、家庭农场等收入增加 10% 左右，带动农户增收 5% 至 15%，服务满意度达 90% 以上。通过乡村振兴"巾帼"直播间，开展"直播＋助农＋电商"新业态，实现直播带货累计销售 529.78 万元，让沙坡头区的优质农产品走向全国。

（刊发于 2023 年 5 月 9 日　孙振星　文／图）

马芳

扎根一线三十余载 倾情谱写教育赞歌

作为人民教师，她爱岗敬业，为人师表，为学生全面发展打好人生底色；作为学校管理者，她以身作则，率先垂范，为学校走内涵式发展之路奠基。她就是同心县政协委员、同心县第四中学校长马芳。自 1990 年手执教鞭踏上三尺讲台，30 多年来，马芳把青春年华和全部心血毫无保留地献给了热爱的教育事业，扎扎实实地实践着人生价值。

◎ 坚守教育初心 践行立德树人使命

1990 年，马芳在乡村学校承担语文教学，一干就是 12 年。"每当走进教室，看到孩子们一张张天真可爱的面孔、一双双充满渴求的眼睛时，我就感觉肩上的责任重大。"任教以来，马芳始终把学生的发展放在首位，注重培养学生自主学习能力，尤其重视通过语文综合性学习锻炼学生自主探究、主动思考的能力。

同心县是红军西征总指挥部所在地，现有各类红色文化遗迹22处，是不可多得的红色教育基地。如何用语文的方式记录、理解家乡红色历史，追忆红色文化？马芳创新设计了综合实践活动——《半个城文化探究》。

"我们打造探究性语文课堂，组织带领各年级学生实地走访了解家乡红色历史、追忆红色文化，对'红军西征陕甘宁，三军汇聚同心城'的历史事迹进行学习，让学生聆听身边英雄的故事。"马芳表示，以语文的方式讲好红色故事，始终把红色故事与听、说、读、写紧密结合，以此弘扬红色精神，传承红色基因。

先进的教学理念、执着的教育情怀为马芳赢得了丰硕的教育教学成果。她曾代表宁夏赛区参加全国"中华杯"教师技能大赛获一等奖，并先后荣获县市区"优秀教师""教学名师""三八红旗手"等荣誉称号。十余篇教育教学论文在《宁夏教育》《宁夏教育科研》等刊物发表。

在先后担任初中语文老师、教务副主任、主管教学副校长等职务后，2019年，因工作成绩突出，马芳被调至同心县第四中学任校长一职。"同心县第四中学是我的母校，我来这不是当校长，而是来报恩母校的。"走上学校管理岗位，如何实施立德树人、培根铸魂工程，坚持走内涵发展之路？带着这样的思考，马芳又创新构建"33346+N"育人体系，构建创新素养教育新样态。

组织学生讲述长征精神，号召学生坚定理想信念，把握正确的政治方向，牢固树立正确的世界观、人生观、价值观；坚持每天早操和课间操引导学生进行经典诵读活动，全面倡导和推动经典诵读活动，并购置安装朗读亭，激发学生的诵读兴趣、推动书香校园建设；始终坚持"把劳动教育与德育、智育、体育、美育相融合"，提升学生尊重劳动者、尊重劳动成果价值观……经过多年的努力和付出，集资源优势、人才优势于一体的同心县第四中学先后被教育部授予"全国教育系统先进集体"荣誉称号，被评

在学校劳动实践基地，马芳与学生们一起体验劳动的乐趣

为"全区创新素养教育领航校""自治区信息化示范学校""全区民族团结示范单位"等。

◎ 校园盛开团结花　师生共享和谐果

青少年是祖国的未来。在马芳看来，学校作为培养社会主义合格建设者和可靠接班人的重要阵地，应在开展铸牢中华民族共同体意识教育上走在前列。

为此，马芳深入推进实施青少年学生夯基育苗工程，将铸牢中华民族共同体意识贯穿于学校管理和教育教学全过程、各环节，引导青少年铸牢中华民族共同体意识，形成机制全、形式活、内容实的工作载体。

多年来，马芳坚持为师生和群众开展铸牢中华民族共同体意识教育，2023年5月，她赴新疆师范大学马克思主义学院围绕铸牢中华民族共同体意识作交流发言。为了让铸牢中华民族共同体意识有形、有感、有效，她牵头组织精心打造"致远廊""书香廊""礼雅廊""红色廊"等文化长廊，增强全校师生的文化认同。

"我们坚持讲好党的故事、革命的故事、老区的故事、英雄和烈士的故事，把加强革命传统教育、爱国主义教育、青少年思想道德教育融入教育教学，用红色基因串起铸牢中华民族共同体意识的'同心结'，激发师生爱国热情。"马芳说，学校积极开展丰富多彩的主题教育和课后服务，通过"书香雅韵"经典诵读、书法、笛子、课桌舞、石头画、剪纸、太极扇、太极拳等课程，对全校师生进行优秀传统文化的教育。

任其职，尽其责。"委员履职和本职工作是相辅相成、相互促进的。作为政协委员，不仅可以为教育发声，还能在履职过程中学到先进教育经验，促进本职工作。也可以通过本职工作这个平台，更好地扩大政协工作的影响力。"在履职过程中，马芳积极参加政协各项调研活动，认真撰写提案，先后提交加快同心县"互联网＋教育"示范县创建、关于加强职业学校校企合作、关于加大老城区公共体育场所设施建设等多件提案，聚力教育发展、助力县域发展。

（刊发于 2023 年 7 月 18 日 单瑞 文／图）

杨正军

秉大医精诚之心　行医者仁心之事

他是人民群众的贴心人，及时解决患者的疾病痛苦。在敬老院组建医生服务队，为孤寡老人建立健康档案，呵护他们的晚年生活；他是服务群众的带头人，团结引领基层医疗卫生领域工作人员走在前列、干在实处，在健康利通建设、"互联网＋医疗健康"、慢性病防治等方面作出突出贡献。他就是吴忠市、利通区两级政协委员，利通区人民医院院长杨正军。

◎ 兢兢业业的医者

1995 年，20 岁出头的杨正军从卫校毕业回到家乡吴忠市汉渠乡卫生院工作。那时医疗条件有限，交通不便，这个小小的乡卫生院成为全乡两万多群众头疼脑热时的唯一就医点。当时医院的工作人员特别少，算上杨正军，正式的医生也只有 3 名。

那时候，杨正军基本白天黑夜都守在医院，随时准备接收病人，夜间出诊也是常事。杨正军回忆，一天凌晨两点，他接到出诊任务，前往距离医院6000米的一个村子。他背上药箱骑着自行车出发，到达患者家里时，发现是一名小产大出血的病人。为了及时抢救患者，杨正军用中医针灸止血，补充体液，待患者生命体征平稳后便和其家属一起将病人送到市医院。虽然已过去20多年，但这件事却深深烙印在杨正军的记忆里。"那时候老百姓看病就医太难了，医疗条件、经济条件比较差，几元、十几元的医药费都要打欠条，有时只能由医生垫。"

2003年，杨正军离开吴忠市汉渠乡卫生院。离开前他整理出一大摞账单，草草一算，足有1万多元。而当时医生一个月的工资也不过三四百元。"我在那里出生、长大，对乡亲们充满感情。"杨正军说。

说起选择从医这条路，杨正军谈到了常年患病的母亲。儿时，他希望有朝一日学有所成，解除母亲的病痛，可惜的是，在他上学期间母亲就离开了。"这是我最大的遗憾，此后，我把这种遗憾弥补到乡亲们身上，希望用我所学缓解他们患病的痛苦。这也是我扎根基层的重要原因。"杨正军说。

◎ 扎根基层发光发热

2003年，杨正军通过竞聘，先后成为利通区杨马湖卫生院、板桥乡卫生院、金积镇中心卫生院院长。

当时，面对新时期医疗体制改革浪潮，人们的思想还是一片混沌，他找准方向，带领班子认真调研，从制度建设抓起，对人事制度、分配制度、管理机制进行改革。通过健全完善绩效考核制度，增强内部活力，完善医院的基础设施、改进医疗设备，让卫生院的竞争力有了大幅度提高。

然而，杨正军最用心的还是为民服务。他的办公室里悬挂着一幅"厚德精术 医泽百姓"的书法作品，可以说是他"百姓情结"的真实写照。

杨正军（左）接受委员会客室授牌

从事基层医务工作 20 余年，他一直把百姓的健康挂在心间。他组建了 18 个家庭医生签约服务队，进村入户举办健康教育讲座，为百姓普及健康知识。再通过慢病管理，让百姓健康素养持续提升。

"针对患有高血压、糖尿病的老年人，我们力争做好一对一服务。我要求签约的家庭医生一个月必须下去两次，对重点人群进行健康教育宣传和疾病防控指导。"杨正军说，"有一些科普知识宣传起来不灵活，老百姓不愿意听，我们就组织人员把相关内容改编成歌曲、快板等通俗易懂，老百姓容易接受的形式进行传播。"

为了进一步解决群众看病难问题，杨正军还大力开展"互联网＋医疗健康"服务，联通了银川市、吴忠市电生理和医学影像诊断中心，开通了专家远程会诊、远程诊断、区域检验、远程培训等服务，使居民在家门口就能得到三级医院专家的医疗服务。

繁忙的管理工作之余，杨正军没有放弃老本行，坚持每周坐诊，用中医技术诊断治疗心悸、失眠、自汗、胃炎、前列腺炎、前列腺增生等疾病。

他还积极推广中医适宜技术，开展针灸治疗内、外、妇、儿科等常见病、多发病。

◎　用奉献诠释敬业精神

2022 年，杨正军担任利通区人民医院院长。在第 13 个"世界家庭医生日"活动期间，他组织开展了以"签而有约 共享健康"为主题的系列活动，举办健康知识讲座，还组织家庭医生签约团队在利通区开源广场开展义诊咨询、健康监测、现场签约和签约政策宣传活动，联合辖区爱心企业在大院子村开展困难群众健康服务和慰问活动，走进吴忠市敬老院开展健康服务活动。

杨正军一如既往地忙碌在基层，用一位医者的精诚之心，诠释出医者的仁心。

（刊发于 2023 年 8 月 1 日　梁静　文／图）

牛庆芳

深耕社会救助事业　不负使命担当

　　牛庆芳，吴忠市、盐池县两级政协委员，农工党党员，现任盐池县惠安堡镇民生服务中心主任，农工党盐池党小组副组长。自 2013 年参加工作，牛庆芳已在社会救助、就业、医保、残联等民生工作领域奉献了 10 年青春，先后获得"自治区维护妇女儿童权益先进个人""农工党全区先进个人""参政议政先进个人""事业单位脱贫攻坚奖励个人嘉奖""农业农村工作先进个人""盐州英才"等荣誉。

◎　聚焦兜底保障　改善群众生活

　　2013 年大学毕业后，牛庆芳进入盐池县民政局工作，成为社会救助事业的一名工作人员。她在平凡的岗位上脚踏实地、任劳任怨地工作，为国家兜底保障事业奉献力量。

　　在工作中，她强化政策互补、对象认定、管理衔接和信息比对工作，充分了解全县监测户的生活情况，结合国家巩固脱贫攻坚成果政策，将 983

人纳入低保，实现了动态管理下的应兜尽兜，保障了盐池县困难群众的基本正常生活。

为了提高所在县老百姓生活水平，牛庆芳四处奔走为生活困难群众申请更多社会救助资金。"十三五"以来，牛庆芳向县财政争取社会救助资金累计 5362 万元，农村和城市低保人均补助水平由每月 258 元、379 元分别提高到 476 元、630 元，低保、特困、临时救助水平均位于山区前列，累计发放各类救助资金 3.92 亿元；在调任惠安堡工作的 7 个月内，她走访排查困难群众 782 人次，新增低保 48 人，清退不符合低保条件的 104 人，发放临时救助金 80.12 万元，为 698 名残疾人发放两项补贴 117.05 万元，为 20 名困难群众申报慈善救助金 14.27 万元，帮助 6470 人完成就业转移。牛庆芳将积累的社会救助兜底保障工作经验在民政部兜底保障座谈会上作交流发言，吸引了兄弟市县同行先后 8 次前来交流学习。看到群众基本生活逐步改善，牛庆芳由衷为他们高兴。

◎ **敢于创新突破　推动工作改革**

牛庆芳始终坚持"民政为民、民政爱民"的工作理念，不断改善工作方式方法，发现工作中可以优化改善的地方，创新体制机制，推进社会救助制度改革。

在盐池县工作期间，她推动健全社会救助的发现与认定机制、推出"救助助理"模式，初步建立起了分层分类的救助体系。率先在全区开展为期两年的城镇困难群众救助帮扶工作，惠及困难群众 2286 名。

为了让社会救助工作进一步规范化，让工作成果可以为更多市县所共享，在自治区民政厅指导下，牛庆芳起草了《宁夏社会救助家庭经济状况核对规程》，这是自治区第一个居民家庭经济状况核对的规范性文件。不

牛庆芳（左）深入群众宣讲惠民政策

仅如此，她还承接了全国"救急难"试点、自治区困难家庭救助帮扶综合评估试点工作等，不断推进"物质＋服务"模式，她所整理的经典"救急难"案例入选民政部"优秀案例"汇编，为社会救助纵深化改革提供盐池样板。这些社会救助的工作经验多次在自治区民政工作会议中被分享。

◎ 坚持担当作为　热心服务群众

牛庆芳干起工作丝毫不含糊，她常在三轮车上讲政策、田间地头访民情，当地群众见到牛庆芳都热情地说："牛主任你来了，我的日子就有着落了！"

在牛庆芳所负责的社会救助对象里，有冯香、冯硕等重点困难对象，他们生活贫苦。为了让他们摆脱困难，牛庆芳在落实低保、临时救助基础上，协调多方力量综合施救；率先开展支出型贫困救助，对重病、重残对象采取备案管理；设立社会救助服务站 31 所，培育村级社会救助协理员

120 名；开展"线上＋线下""文字＋音频""短信推送"救助政策宣传，不断增进为民情怀。身为市县两级政协委员，她恪尽职守，多次为困难群众发声，热心帮助解决困难群众的操心事、烦心事、揪心事，得到了群众广泛认可。

从大学毕业的青涩到如今社会救助领域的行家里手，一路走来，牛庆芳始终保持的是全心全意为人民服务的宗旨，是勤勤恳恳、任劳任怨的工作态度，这些坚持和努力换来了群众的信任与支持。2022 年 9 月，她调到惠安堡镇民生服务中心工作，依然奋战在基层一线，与当地群众保持密切联系。牛庆芳说："虽然我做的工作不显山、不露水，但却承载着众多家庭的基本生活保障、就业等民生期盼。"她身体力行，为社会救助事业贡献着自己的力量。

（刊发于 2023 年 4 月 18 日　马敏　文／图）

王治川

三尺讲台度春秋 一支粉笔染芳华

王治川，固原市西吉县政协委员，西吉中学教师，站在讲台30多年，他一边为学生解疑释惑，一边潜心学术研究。作为政协委员，他或奔走于基层，或伏案桌前梳理收集群众"声音"，为西吉县经济社会发展聚智献策。

◎ 为师怀温情　教学有温度

20世纪60年代出生的王治川，直到初三才学习英语。怀揣着兴奋与好奇，他上了人生中的第一堂英语课。

没有字母，只学了一个短句，但转眼就忘记。因害怕被提问，王治川索性在课后跟老师坦白了自己的学习情况。"那个场景我到现在还记得特别清楚，老师又耐心地教了我一遍。"王治川从那一刻起喜欢上了英语。大学选专业时，他毫不犹豫地选择了自己最喜欢，却在当时不是很热门的英语教育。

"当老师是一份良心工作。教一届学生就要对得起一届学生、一届家长。"这是王治川常挂在嘴边的话，他是这样说的，也是这样做的。1988年，王治川大学毕业后任职于西吉县白崖中学。"那时人们对英语学科的重视仅仅是因为考试，在教学活动中，大都是抄单词、背课文等机械性训练，对于语言的运用很少。"王治川说，虽然他早出晚归陪学生背单词、练口语，但孩子们对英语并不是很感兴趣，直到碰上了一个总爱在早读课默写英语单词迟到的学生，他才发现了问题的根源。"时间一长，我发现学生是在用迟到逃避默写单词。"王治川说，他突然意识到不恰当的教学方法会把孩子越推越远。从此，他开始不断学习研究、改进教学方式、提高课堂效率，因材施教，力争让每个孩子主动投入英语学习中。令他欣慰的是，一年后，那个经常爱迟到的孩子逐渐喜欢上了学习英语。

1997年，王治川调入西吉中学任教。"虽然是县城里的学校，但我所带班级里的学生大多来自农村，父母远在他乡打工，家庭相对贫穷。"王治川说，正因为如此，他更加注重感情投入，用爱心填补孩子们在感情上的空缺，从而和孩子们建立起亦师亦友的师生关系，成为他们信任的人。

"王老师不是班主任，但他是陪伴学生时间最长的人，走进办公室，随时都能看到他清瘦而精神的身影，要么在备课，要么在批改试卷。多年的教学生涯，他的眼睛已经是近视加散光，还有些老花，身边的同事和学生都知道王老师有两副眼镜，随时切换，以应对需求。"西吉中学校长闫彩宁说，那本陪伴了王治川大半辈子教学生涯的牛津词典，由于长期的翻阅而变得破烂，毕业的学生给王治川起了个外号叫"移动的牛津词典"，以此来表达对他精湛专业知识的敬佩。

一个人坚持几年的工作热情并不难，难的是终生热爱职业。30多年来，王治川以深厚扎实的专业知识，系统的教育教学理论水平，优秀的教育教学能力，慈父般的爱心和诲人不倦的精神，哺育了一届又一届莘莘学子，

王治川在课堂上讲课

赢得了学生的尊敬和爱戴，也让他收获了固原市年度优秀教师，自治区、固原市和西吉县骨干教师等荣誉，辅导的学生多次在全国中学生英语能力竞赛中荣获各等次奖项。

◎ 注重自我提升　不断钻研学习

作为一名教师，王治川坚持学习，不断提高自身文化素养。他常说："给孩子一杯水，自己得先有一池的活水。"

每年，王治川都会购买许多教育教学的期刊和人文方面的书籍，利用空余时间阅读增长学识。课堂之余，深入同行教师课堂听课，学习同事教材处理方法、驾驭课堂与研究问题的能力；还向专家学者学习，读教育教学理论著作。他注重学习专家先进思想和教育理念，用与时俱进的思想充实头脑，并将时下新的教育理念融入课堂教学中。

在渴求学习现代教育理念与他人经验的同时，王治川善于总结，勤于反思，积极投身科研与教学，他所撰写的教育教学论文多次获奖，所编写的教学设计、教案多次在固原市"五个百"评选活动中获奖，所参加的课题《以小组互动帮带方式巩固知识提升英语学习成效的实证研究》荣获中国教育学会和自治区教育厅二等奖。

王治川不仅热爱教学事业，对身边的年轻教师也是耐心指导，用谦虚友善的为人态度和丰富的专业知识，影响并指导年轻老师快速成长。"很多年轻教师不会的知识点和教学中的困惑都会向王老师求助，他总是耐心指导，解决年轻教师们提出的问题。"在闫彩宁看来，王治川在教学活动中，毫无保留地把自己的经验和教学体会分享给身边的年轻同事，起到了模范带头作用。

三尺讲台，染苍苍白发谱写无悔人生；一支粉笔，行云流水造就桃李满园。任凭青春流逝，王治川将永守这希望之灯。"一辈子坚持把教育这件事情做好，就是一件幸福的事。"王治川说。

（刊发于 2023 年 6 月 20 日　邓蕾　文 / 图）

海燕 以真心换真情 用实干赢民心

海燕，固原市政协委员，原州区南关街道宋家巷社区党委书记兼居委会主任。2019年，她初任社区党委书记兼居委会主任时，因社区面积大、失业人员多、老年人多、困难群众多，管理难度大，曾让她灰心丧气。如今，4年过去了，从当初的忐忑不安到后来的驾轻就熟，海燕感触颇深："社区里都是些鸡毛蒜皮的小事，但对群众来说就是'天大的事'，社区干部就是解决这些'天大的事'的人，一定得用心用情解决好！"

◎ 抓党建　"把居民当家人　把社区当家建"

"2020年度全国综合减灾示范社区""原州区健康社区"……如今，这些都是宋家巷社区亮眼的"标签"，曾经大家眼中杂乱的"地包小市"已经蜕变新生。

询问秘诀，海燕笑着说："社区工作一头连着党心，一头牵着民意，扎根社区11年，我们始终坚持党建引领社区治理，把居民当家人、把社区当家建。"

火车跑得快，全靠车头带。只有建好建强社区党委，才能把社区各项工作干好干出彩，群众才能真正打心眼里把党组织当成"主心骨""贴心人"。为此，海燕想了不少办法。

"我们加强社区党组织建设，成立网格党支部 4 个、党小组 8 个，备案业主委员会 2 个，组织推选楼栋长 111 个、单元长 245 个，实现社区各类组织的全覆盖并发挥作用。"海燕说，她把严肃党内组织生活作为重要抓手，谈心谈话经常开展、"三会一课"定期召开、"主题党日"活动精彩纷呈，社区党内组织生活的"炉火"越烧越旺，党员党性锤炼的"熔炉"越来越热，大家心往一处想、劲往一处使。

◎ 好书记　"看见她就踏实了"

在宋家巷社区，无论谁家有事，海燕都会第一时间出现：邻里矛盾她反复登门调解，清运垃圾她冲在前面，帮扶济困她自掏腰包……

"海书记真是我们的好书记，遇到事儿，看见她就踏实了。"社区空巢残疾老人郑淑英说，几年前，因儿子在外地上班，无人照料她和老伴儿的日常生活，老两口想找个合适的钟点工。思考再三，她将此事委托给海燕，海燕将老人的信息发布到社区微信工作群。一时间，群里几名应聘人员争相报名，海燕经过多方对比，最后为老人选择了为人忠厚、干净麻利的王女士，这件事，郑淑英看在眼里、暖在心里。

秋天的固原雨水颇多。2022 年 8 月的一天，宋家巷社区居民马治莲家地下室被雨水冲灌。海燕得知情况后，第一时间组织社区应急队伍、楼栋长、单元管家进行处理。随后，她联系业委会和物业公司对整个小区普遍存在此种情况的楼宇一一排查，并及时处理。

海燕（中）和社区老人一起过端午节

作为社区的"大管家"，海燕深刻认识到做好社区安全生产工作，既要有方法、有思路，还要结合社情民意去工作。每一次的演练工作，从方案的制定到演练实施再到演练结束的总结，她带领社区干部认真安排部署组织实施，扎扎实实将演练当实战，让辖区居民从中学会各种安全生产知识及自救自护方法。

◎ **精治理　"谁不说咱社区好"**

在海燕看来，将心比心，带着感情为群众办事，群众才会感觉到温暖。从小事情做起，不断实现群众的"微心愿"，才能拉近和群众的距离。

海燕回忆，她担任社区党支部书记的第三天下午，就接到一位居民打来电话，称居民马某某有精神分裂症，将自己的父母打倒在地。她匆匆赶往马某某家中，与派出所民警一起将马某某送到医院。次日，她又带着社区干部协同派出所民警，用了3天时间将马某某家中的垃圾清理完毕，并筹集资金粉刷了房子，购买了床、电视机等生活用品。马某某康复出院后回到家，看到家里焕然一新，感激地说："还是党的干部好！"

做好精细化贴心服务，海燕还有很多"法宝"。宋家巷社区居民王奶奶和患病儿子住在一起，王奶奶经常

海燕（左二）和辖区居民在一起

捡拾废品补贴家用，时间长了，房子里外都是废品，味道难闻。邻居多次劝说王奶奶尽快将废品卖掉，但都无效。后来，邻居将王奶奶的情况反映给海燕，海燕积极动员各方力量帮助老人卖掉废品、打扫家中卫生，劝老人以后不要将废品堆积到家里，王奶奶欣然答应。

看似寻常最奇崛，成如容易却艰辛。说到对未来的规划，海燕表示："不断满足居民对美好生活的需要，是我们共产党人一直努力奋斗的目标。作为一名政协委员和社区党委书记，我将尽力为居民办实事、解难事。"

（刊发于 2023 年 7 月 11 日 邓蕾 文/图）

丁晓龙

发挥劳模示范引领作用 助力乡村产业振兴

丁晓龙，中卫市海原县政协委员，宁夏艺桓农业发展有限公司总经理。曾获"自治区劳动模范""全区脱贫攻坚先进个人""宁夏青年五四奖章""全区十佳农民"等称号。

◎ 立足产业　创新引领

丁晓龙 2008 年开始创业，2014 年成立海原县西甜瓜专业合作社（以下简称"合作社"），种植家乡特色西甜瓜，打造西甜瓜品牌。他凭借农民特有的韧劲和不断钻研的学习精神，经过多年探索，合作社已成为中卫市海原县西甜瓜产业的"领头羊"。

合作社创立以来，以海原县关桥乡麻春村西甜瓜种植基地为依托，组织采购、供应农户所需的西甜瓜生产资料；负责新产品新技术的引进、示范及推广；开展技术培训及交流，为农户提供西甜瓜的收购、储藏、包装及销售。还以提高农民组织化程度为突破，联农带农 1.5 万亩，建绿色基地 5000 亩、带动农户涉及全乡周边 3 个行政村。目前，合作社拥有自主注册品牌 1 个，绿色认证品牌 1 个，建成西甜瓜无公害种植万亩小产区一个。

"我们采用'互联网 + 农产品'线上销售模式，与 8 家国内大型商超企业建立长期稳定的战略合作关系，将海原特产销往全国各大城市及高端市场。"丁晓龙说，2015 年合作社被授予"市级示范农民专业合作社"称号，2016 年被授予"区级示范农民专业合作社"，2019 年又被授予"国家农民合作社示范社"，2021 年合作社进入中国合作社 500 强排行榜。

近年来，在与外地龙头企业的合作过程中，合作社不断借鉴经验发展特色农产品二三产业，利用线上营销和自营店优势，拓宽销售渠道，带动加工车间建设，利用加工车间进行初加工、储藏、精品包装、包装设计、包装制作、电商销售、丰富农产品种类，打造特色农产品品牌，目前已完善精品包装 50 多款，形成全产业链经营模式。

◎ 拓宽市场　打造品牌

丁晓龙在生产过程中不断更新观念和知识，将视野放得更高更远，采用标准化种植，联农带农，成功打造"宁砂宝"品牌，请专家、建团队，自 2017 年至 2022 年组织"新型农民培训班""绿标化种植技术培训班""电商销售培训班""高素质农民瓜菜种植培训"共计培训 5800 多人次。

"我们申请全国农产品全程质量控制技术体系试点，严格落实机械深松、合理种植、控水禁化肥、休耕轮作、增施有机肥和菌肥、统防统治这六项标准化生产技术，充分保障了生态可持续发展。"丁晓龙说，2022 年，他带领团队酝酿筹备新品种试验，现已建成良种实验基地 80 亩、标准化基

丁晓龙参加 2023 年全区蔬菜产销大会

地 100 亩、西甜瓜基地 1.5 万亩，良种试验品种 54 个，具有市场需求性、耐储存、耐运输、口感佳、品质高、卖相好等明显优势。如今，基地西甜瓜已稳步占领了杭州业氏、湖南长沙绿业、江苏南通苏洪鲜食果业、凤凰优选 4 家高端果业公司和民康汇生鲜、华润万家、三江大卖场、盒马生鲜四家中端企业市场份额。

随着直播行业的兴起，丁晓龙又积极利用直播带货这一当下新的销售路径，线上线下双管齐下，让海原县的西甜瓜有机会销向全国。2022 年，电商营业额达 1300 万元。通过电商，他把本地农副产品推往全国各地，还建设了加工车间，解决了部分农户就业难问题。

吃水不忘挖井人，丁晓龙明白自己的发展依靠的是农户对他的信任和厚望。近年来，他坚持对本村生产道路自费维修两次，并免费负责本村垃圾的清理，2019 年至 2022 年连续 4 年资助应届大学生，资助总金额 4.8 万元。2019 年，由于雨水普遍多，导致全国各地西甜瓜滞销，丁晓龙以低于市场价收购了主产区西甜瓜 1800 多吨，为农户挽回至少 180 万元损失。

他借助各级政府的扶持之力，将劳模创新工作室发展成为集培训服务、科技项目实施、托管服务联农带农、电商平台为一体的综合性"领头羊"企业，带领农户大踏步地走在乡村振兴的道路上。

（刊发于 2023 年 7 月 4 日　孙振星　文 / 图）

常聪善，中共党员、贺兰县政协委员、顺丰速运（宁夏）有限公司绿地营业站收派员。从事邮政快递行业以来，他坚守初心、爱岗敬业，默默无闻、拼搏奉献，积极发挥追梦路上快递先锋模范作用，先后获得邮政行业"先进工作者"、"先锋快递员"、"塞上江南最美骑士"、自治区"五一劳动奖章"等荣誉，在平凡岗位上绽放不凡光彩。

常聪善
坚守平凡岗位 绽放不凡光彩

◎ **用心坚守 服务好每一位用户**

进港卸车、分解货物、派送快件、上门收件……每天6时，常聪善就开始忙碌起来。在许多人眼里，"快递小哥"的工作简单平凡，但在常聪善心中，平凡的岗位也要踏踏实实地用心坚守。

2016年7月，常聪善加入顺丰速运，成为一名收派员，他始终严格要求自己，将服务客户、快件安全放在第一位，累计收派快件20多万票，送件上门率达90%以上。"如果说有什么经验之谈，我觉得总结起来有3个

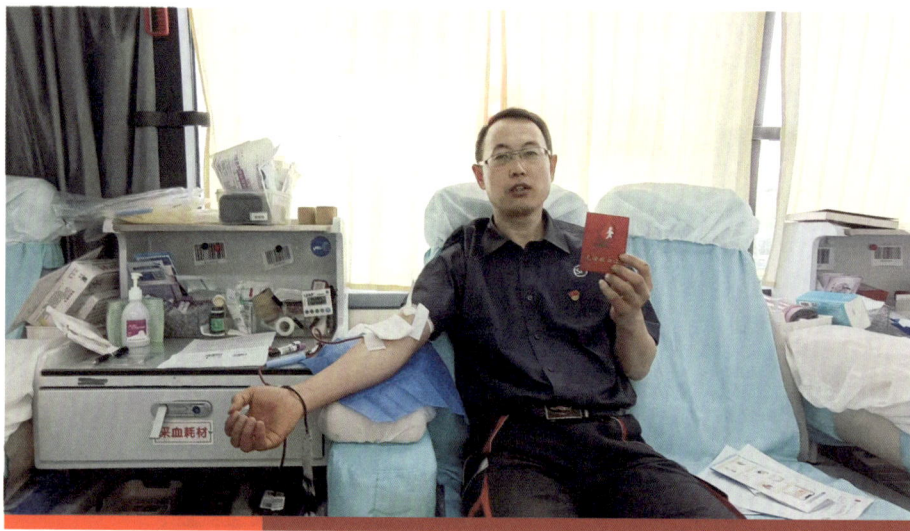

生活中的常聪善乐于奉献，他还加入中国造血干细胞捐献者资料库

关键词，那就是'敬业、服务、技能'。"常聪善说。

他认为，不论从事什么行业、什么职业，都要有敬畏之心，作为"快递小哥"，只要敬业，就能尽心尽力、尽职尽责地送好每一个包裹，服务好每一位客户。作为服务行业，要为客户提供舒心、安心、放心的服务，客户通过自己邮寄的包裹，要精心打包，并对包裹的物流信息跟踪记录，直到对方客户收到包裹，签收确认无误为止，用心主动服务成为他跟客户沟通的纽带。技能是对"快递小哥"综合能力的考量，要根据客户托寄物的重量、特性、包装、时效要求，提供合适的发运方案，站在客户的角度考虑问题，就能保证服务的满意度。

"快递行业相对来说比较辛苦，不管是刮风下雨还是烈日当空，只要客户有收寄件需求，我们就得出去工作。从事快递行业，需要的是干一行爱一行的敬业精神、埋头苦干的实干精神、任劳任怨的坚忍精神。"常聪善说。在他服务的片区里，哪位客户年纪大了腿脚不好，送快递时需要帮忙带生活用品，哪家客户有婴幼儿不能太早去敲门，他都熟记于心，每位客户的类型特征都印在他的心里。

常聪善说，工作中有很多令他难忘的事情。2020年春节，一位做皮草生意的客户因老家有事，匆匆锁门走了，节后也没有回来，后来想委托常聪善把店里的货打包发到客户老家。常聪善坦言，自己当时非常犹豫：店里100多件衣服少说也值十几二十万元，答应了万一有问题很难说清楚，不答应又怕客户再回来不找他发货了。让他没想到的是，客户很信任地把店铺钥匙寄给了他。正是这份信任，让他打消了顾虑。他来到店铺，认真清点了衣服数量，打包装箱，做好防水防潮处理后及时发运，客户收到货后反馈非常满意。

还有一个冬天，由于大面积降雪封路，包裹运输停滞，一位客户网购的一箱奶粉迟迟不到，孩子的奶粉要断供了，客户很着急，一直托常聪善查询包裹状态。晚上临下班时，公司通知需要临时加开，卸完货分解完，常聪善发现客户等的奶粉到了，他就急忙把包裹送到客户手上，晚上11点才回到家。

正是这样的用心服务，让常聪善赢得了客户的一致认可，他经手的快递业务一直保持着零客诉，这也是其从业经历中值得骄傲的一件事。

◎ 发挥先锋模范作用

2021年，常聪善所在的绿地营业站被银川市快递行业"追梦路上　快递先锋"党建系列活动领导小组授予"先锋网点"称号，常聪善个人连续3年被评为"先锋快递员"。荣誉的背后是团结的拼搏和无私的奉献。

善干事者，不论位之高低。作为点部唯一一名党员，常聪善时刻以共产党员的标准严格要求自己，坚持从点滴做起，在行动中显担当，以无私奉献的"小蜜蜂"精神，积极引领大家一起努力，践行公司的核心价值观。

日常工作中，常聪善坚持6点到岗，主动将网点门前充电的三轮车移开，为进港卸车作好准备。工作之余他主动整理点部物料仓，把公司收拾整齐干净，为大家创造干净舒适的工作环境。在做好手头工作的同时，常聪善不忘帮助其他同事共同进步，在师带徒过程中传授操作技能，耐心讲解专业知识，积极宣传企业文化，累计培养新员工十余人，都已成长为业务能手。

每年"双十一"到春节前夕，是快递业务量激增的黄金时段，也是考验快递人的时刻，工作时间长、天气冷、货量大，大家经常忙得没时间吃饭。常聪善加班加点处理完自己的收派任务，主动为大家提供后勤保障，准备饭菜热水。

这样的事情有很多，有人说他太拼了，但常聪善认为，作为一名共产党员，又是一名政协委员，有责任、有义务在岗位上带头奉献，在工作中为民服务。

"一个人做好一件事不难，难的是一直坚持做好一件事。"常聪善说，每个人都可以通过劳动有所作为、创造价值、展现担当，因为再平凡的岗位也能追光前行。

（刊发于2023年7月11日　陈敏　文/图）

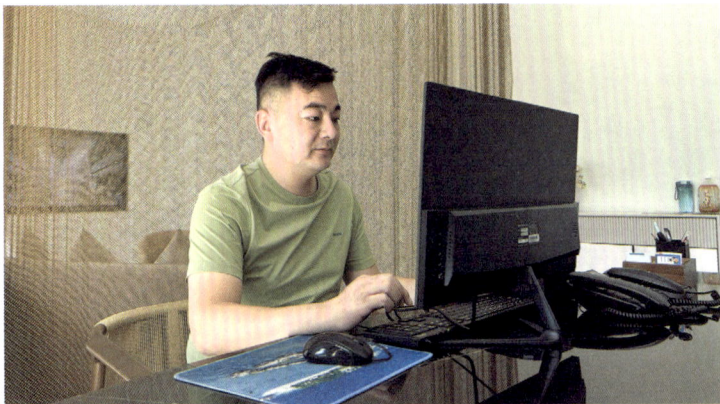

马伟，贺兰县政协委员，银川马伟餐饮经营管理有限公司董事长。他创立的"马伟手抓羊肉"在贺兰县小有名气。凭着一股闯劲，他从一个餐厅后厨杂工奋斗到拥有 4 家直营店、员工 200 多名的企业负责人。

马 伟

从学徒工到企业家的完美蜕变

◎ 小学徒变成厨师

1985 年马伟出生于贺兰县立岗镇立岗村，2000 年初中毕业后，随父母一起到银川市北环批发市场摆摊卖早点。看着父母每天起早贪黑忙碌着，却收入微薄，马伟便萌生了学门手艺帮父母减轻家庭负担的想法。

2000 年 10 月，他来到兴庆区一家餐厅帮工学手艺。每天 6 点起床就开始洗鱼、洗鸡、剥葱、扒蒜，一直忙碌到晚上 12 点才能睡觉。功夫不负有心人，经过一年的刻苦学习，马伟掌握了做家常菜的手艺。他不满足于此，毅然决然去银川市一家大酒店继续当学徒学手艺。工作中，他向师兄弟讨教怎样能把菜炒得好吃，向顾客悉心了解菜品味道；下班后，他借来录像带、光盘继续学习各种菜肴的制作方法，反复研究。厨艺在一天天反复练习中突飞猛进，很快，他被贺兰县一家餐厅老板看中，从小学徒变成厨师。

2004年初，马伟萌生了自己创业当老板的想法。父母拿出全部家当，全力支持他创业。马伟在贺兰县盘下一家小饭馆，自己又当厨师又当老板。起初，生意并没有他预期的那样红火，因为缺乏特色，顾客并不买账。马伟便买来各种和餐饮相关的资料，潜心研究菜品。在做好传统菜系的同时，又自创了"酸菜炒烩肉""马伟手抓羊肉"和"羊排饺子"等受到广大顾客青睐的菜品。2008年，这三道菜肴被宁夏烹饪协会评为宁夏名菜，马伟手抓餐厅也被评为宁夏名店。饭店生意红火起来之后，马伟趁热打铁，盘下一家濒临倒闭的饭馆，把马伟手抓餐厅从之前的90平方米扩大到300平方米。2009年，马伟投资100万元又在贺兰县开了一家1000平方米的分店。2010年，马伟手抓餐厅注册成功。2011年，"马伟烩小吃"获评"中国名小吃"称号。

◎ 带领企业做大做强

生意越做越大，但马伟很快发现，因缺乏管理经验，饭店服务跟不上。于是他作出一个决定：从银川高薪聘请数名经理和厨师。有了专业团队，就有了"智囊团"，先进的餐饮管理理念和高超的厨艺为企业发展注入强有力的支撑。经过一段时间磨合，餐厅健康美味的理念及精诚的服务赢得了顾客一致好评，企业迈入平稳健康发展阶段。

2010年，马伟被选为贺兰县创业协会的常务副会长；2011年，马伟被推选为贺兰县工商联副主席。2012年8月，马伟被贺兰县政府评选为2012年度全民创业"创业明星"；2013年5月，银川市共青团授予马伟第四届

马伟（右）和厨师一起研究菜品

银川市"青年五四奖章"荣誉称号。

2012年8月，马伟手抓餐厅乘势入驻银川市，在金凤区新昌西路紫荆花商务中心C座新开一家分店，营业面积达900平方米。马伟又计划把公司做成一流的餐饮企业和管理公司。2022年10月1日，马伟禧悦大饭店在贺兰县开业，面积达7500平方米。除了保留特色菜品外，还增加了很多新菜品，吸引了很多顾客光顾。

20年间，马伟拥有4家店铺，固定资产7000万元，带动200多名员工就业，完成了一个学徒工到企业家的完美蜕变。取得这样的成绩，与他务实肯干、敢想敢干、平易近人、秉公守法、诚实守信的作风密不可分。无论是摆摊做生意还是做企业，他始终坚持诚信经营，依法纳税，几年来，累计为国家缴纳税款近400余万元。"我现在还是喜欢每天到店里参与制作菜品，让更多的人品尝到宁夏特色手抓羊肉。"马伟说。

（刊发于2023年8月1日　韩瑞利　文/图）

孔洁

用心立德树人　用爱育苗培土

扎根幼儿教育事业的 27 年里，她用心育苗，潜心教研，慧心设计，全心构建，数十年如一日坚持用实际行动践行服务幼儿、服务家长、服务教师、服务社会的教育初心，她就是银川市金凤区政协委员，银川市第一幼儿园党总支委员、副园长孔洁。

◎　育人育己守初心　内外兼修做榜样

孔洁大学毕业后就步入了幼儿教育事业，一干就是二十多年。一直以来，她始终坚持"榜样示范、立德修身"的理念，始终秉持"要做就要做好"的工作作风，在担任一线教师期间，孔洁深受家长与孩子的喜爱、同事的认可。

工作中，她善于思考钻研、创新教学活动，组织的教育教学活动常成为观摩范例，并受到自治区、银川市级多家媒体的采访报道。多次在市级"教师基本功大赛"获一、二等奖。教学活动案例设计、观摩课、空中课堂、设计制作的玩教具等获得 7 次自治区一等奖；先后发表论文 10 余篇，多篇获国家、自治区、银川市级奖项；先后主持或参与国家"十二五"、"十三五"、区市级课题近 10 项，现有 8 项已结题。

作为主编，孔洁编写的《食育四季》一书，由宁夏人民教育出版社出版；作为副主编编写了《幼儿园工作流程图解》《幼儿园应用文写作与指导》两本书，均已出版。她还曾代表宁夏参加国务院侨务办公室组织赴美国"中华大乐园　同心夏令营"活动，收效甚好。曾指导编排幼儿首创节目《走嘞走嘞去宁夏》参加中央电视台七巧板"宝贝爱唱歌"栏目录制演出，并获得最佳编导奖。

孔洁始终对自己高标准、严要求，不论是从品德修养还是专业提升，在自我修炼的同时还引领、带动、助力青年教师成长。多年来，她多次指导青年教师参加观摩课评比，分别获得两项自治区一等奖、市级二等奖的好成绩，带领近 10 名青年教师梳理后勤 4D 管理工作经验，梳理成果册，并撰写出版书籍，指导数十名教师撰写论文发表，参与课题研究，促进大家教科研能力提升。

◎ 真抓实干敢碰硬　学前教育急先锋

2020 年，在国家学前教育"5080"政策背景下，银川一幼集团接到了托管"民转公"普惠园的任务，其中一所是遗留问题多、基础设施差、师资力量弱的薄弱园，在组织的委托下，孔洁毅然接受安排，没有因为落差而失落，也没有因为艰苦而放弃，反而下定决心用最短的时间把这所幼儿园打造好。

她外跑资金，内练队伍，软件硬件两手抓，大到完善架构、小到绩效考核，上到全员大会、下到个别谈话，从教师培训到考核比赛，从装修粉刷到细

孔洁参加学习

节设计，从文化打造到环创小景，从思想建设到师德师风，从仪容仪表到教研教学，无一不渗透了她的心血。终于在一年的时间内完成了计划两年完成的工作，不仅解决了诸多遗留问题，还使幼儿园有了翻天覆地的变化，环境优美雅致，教师队伍清新阳光，教师幸福感强，家长满意度高，短时间内就扭转了从"招不满"到"超班额"的局面。

◎ **育苗培土抓根本　家庭教育促提质**

在银川一幼集团接管的部分幼儿园中，孔洁了解到一些孩子的行为习惯养成不好，片区周边人员构成复杂，家长素质两极分化，有的"跟不上"，有的"吃不饱"。孔洁看在眼里"愁"在心里，结合园所实际，她从家庭教育入手，分析家长特点，针对不同家长的不同需求，创新思路与模式，持续发力。

　　她积极带领团队每月免费为幼儿家长赠送一次不同内容的家庭教育讲座，通过让大家各取所需、自愿报名，邀请家长参观园所、了解园所文化与办园理念，学习科学的家庭教育知识，改变育儿观念，指导家长教育行为，支持家长亲子陪伴，提升家长育儿水平。在停园期间，为了缓解家长在家教育的焦虑情绪，她收集家长在教育中的"烦心事""揪心事"，并梳理解决对策及有效方法，创新尝试，通过互联网在线为家长答疑解惑。首创为家长搭建"空中接待日"，让家长在家能够安心、快乐、科学、高质量进行亲子陪伴，最终达到"培好土育壮苗"的目的。

　　为了更好地了解孩子们的心理，孔洁经常主动和家长联系，积极参加幼儿园开展的各项家校共建活动，并主动开展各类家庭教育讲座，和家长们进行面对面交流。目前，孔洁已累计开展各类家庭教育讲座十余次，受益人数过万人。

　　二十余载始终如一，二十余载接续奋斗。孔洁在学前教育的路上用汗水与努力耕耘出一方丰硕的田野，每一滴辛勤的汗水如丝丝甘霖滋润期望的种子，每一分努力都如同养料助力幼儿苗壮成长。在点点滴滴中育人，在日日夜夜中奋斗，用真爱与情怀书写着一份优秀的教育答卷。

　　　　　　　　　　　（刊发于 2023 年 5 月 23 日　梁静　文／图）

安学琴

做餐饮行业诚信经营『引路人』

安学琴，银川市兴庆区政协委员，宁夏牛街餐饮联合会会长、党支部书记。她是宁夏牛街上的"牛"人，从事个体经营近20年，积极发挥党员先锋模范作用，带动商户积极参与公益事业，在关心弱势群体、开展志愿服务、助老助残服务等方面作出突出贡献。

◎ 做事先做人　以诚为本以信立身

2004年，安学琴开始创业，在宁夏牛街开了一家翅酷烧烤店。从创业初期，安雪琴就把诚信经营记在心间，以此为经商之本，促进事业发展蒸蒸日上。

做餐饮行业，要特别重视树立口碑。安学琴经营时会特别留心顾客需求，收集客户的意见和建议。有一次，一位慕名而来的顾客想吃酱羊骨头，但当时已经卖完，客人有点失望，安学琴见状便说："您明天来，我一定让您吃到。"言出必行，虽然不确定客人是否会来，但安学琴依旧专门酱了一大盆羊骨头留着，一直到晚上 10 点左右，顾客才带着 10 多名员工来到店里，大家边吃边称赞，说诚实守信就要以安学琴为榜样。

要做事先做人，诚信的本质还包含着为人老实厚道的深层含义。2018年 6 月，安学琴外出办事时，捡到厚厚一沓人民币。当时正值夏季，路上几乎没有行人，安学琴顶着烈日站在路口焦急地等待失主。后来失主找来接过丢失的 4800 元时，红着眼眶对安学琴连连道谢。

生活中的安学琴乐于助人，工作中的她一丝不苟。为了保证顾客"舌尖上的安全"，她每天都要检查食材，坚决杜绝不合格产品出现在餐桌上。2020 年冬季物价上涨，但她的烧烤店依旧保持原价，并保质保量给顾客提供优质菜品，员工们都说她太傻了，安学琴却说："咱宁可赔本，也要讲究诚信，顾客的信赖才是第一位。"

二十年如一日，安学琴一直秉持着"注重商品质量"的理念从事经营，被辖区评为"优秀共产党员""最美家庭"荣誉称号。

◎ 引领带动　成立联合会党支部打造餐饮示范街

宁夏牛街是餐饮一条街，有烧烤、中餐、面馆等商户 20 多家。2019 年后，因街区管理涣散，生意不好。看到这种情况，安学琴开始琢磨如何改变街区面貌。于是，她挨家挨户做工作，在大家的理解和支持下，向所在街道党工委提出申请，成立宁夏牛街餐饮联合会党支部，由她担任党支部书记。

餐饮联合会成立后，安学琴肩上责任一下重起来，促进牛街繁荣发展，带动商户共同致富的梦想促使她不断努力。针对牛街餐饮商户只顾个人门前卫生，无视周围街区脏、乱、差问题，安学琴提出"135 治理模式"，1是要发挥餐饮联合会作用，打造示范商户，引领带动大家亮化店面、美化

安学琴在社区食堂免费为环卫工人供餐

街区；3是组建治安、环境卫生、综合治理三支志愿小分队，大家互相监督，共同治理牛街治安，维护牛街卫生；5是开展卫生牛、秩序牛、环保牛、安全牛、诚信牛"5牛"商户评选。

在餐饮联合会引领下，牛街的面貌焕然一新。几年来，从电箱安装到疏通下水，安学琴从不缺席，先后组织开展志愿服务活动125次，志愿服务时长累计2350小时。现如今，宁夏牛街商户动了起来、卫生干净了、治理顺当了，从过去的无人问津到现在的模范观摩点，安学琴付出的努力让大家看在眼里、记在心里。

◎ 热心公益 亮明党员身份冲在志愿服务第一线

作为一名党员，哪里急需用人，安学琴总是第一时间出现。

新冠肺炎疫情期间，安学琴主动向社区请缨，在自己所居住的小区进行值守，连续40多天她都坚守在一线，为小区居民测量体温、消毒、送米送菜，而自己家中70多岁的老人和需要照顾的孩子，她却无暇顾及。尽管如此，家人毫无怨言、全力支持，令她感到既欣慰又愧疚。

2020年10月，安学琴受委托接管西夏区芦花苑社区食堂，因交通不畅，居民入住率不高，但是小区中还有一部分孤寡老人、残障人士需要服务。为了保证完成这项"硬任务"，安学琴事事亲力亲为，在食堂内提供免费汤类、水果和米饭，得到社区居民的赞赏。

勿以善小而不为，安学琴用实际行动将爱心传递。她在自己经营的食堂里，面向失独人员提供免费餐饮；高考期间，为考生们提供免费爱心早餐；在炎炎夏日，给环卫工人熬制绿豆汤，送去西瓜；针对鳏寡、失独、家庭困难等弱势群体，让其半价用餐；与敬老院结成共建单位，在老人生日时送去蛋糕和礼物……

聚小善成大爱，多年来，安学琴以爱为圆心，用善行掀起一圈圈涟漪，她的举动让越来越多的群众感受到温暖，而她自己内心更加充实而有力量，勇敢朝着奔向美好生活的路上坚定前行。

（刊发于2023年8月1日　李莹　文／图）

王小亮

专注科技创新　引领产业扶贫

王小亮，中卫市沙坡头区政协委员、中卫市青年企业家协会常务理事、中卫市矮砧密植有机苹果种植技术协会会长、宁夏弘兴达果业有限公司董事长。他不仅用智慧和汗水闯出了一片天地，还带着乡亲们实现了一起致富。

◎　依靠科技　引领产业提质增效

在中卫市香山脚下，矗立着一座现代集约式标准化矮砧密植苹果示范园。这是王小亮和他的创业团队，经过几年的艰苦努力打造而成。看着曾经的荒漠之地变成果树成林、花果飘香的农家大果园，王小亮非常欣慰。

中卫市沙坡头区宣和镇喜沟村果农王瑞霞，从南部山区移民搬迁到此，在政府倡导下，她家种了5亩苹果树，几年来一直存在修剪、病虫鸟害防治等技术管理难题，由于经营不善，逐渐失去了信心。后来，她到弘兴达果业香麓农场务工，一边务工一边学习果树管理技术。在王小亮团队技术指导帮助下，王瑞霞的个人技能素质很快得到提升，她家果园收益由 2018 年的 2.6 万元提高至 2022 年 5.2 万元。

企业的快速发展，每年带动周边移民务工 1 万多人次，同时也带动了果箱包装业、汽车运输业、养殖业、苹果销售、加工、乡村农旅等一二三产业融合发展，走上产学研协同发展之路。

良好的发展势头，让王小亮干劲更足，愈加重视科技创新，每年从企业经营收入中列支科研经费 6% 以上，为企业创新发展增添动能。他发挥科技特派员优势，组织开展矮砧密植栽培技术培训，结对帮扶等，带动一大批移民群众学用新技术，走上了脱贫致富的小康之路。

他带领技术团队不断开展林果产业科研实验，先后与西农大、中国农大、福建农科院植保研究院、天津农学院及区内林业科研机构和院所建立合作关系，开展种质资源研究、技术创新、科技成果转化试验等研究，建成沙坡头区苹果新品种试验推广示范园，试验苹果新品种 36 个，为培育筛选最适宜宁夏栽培的优质高产新品种搭建了良好的平台。他带头开展科技研发，已取得授权专利 23 项，软著 1 个，注册商标 5 个，发表科技论文 3 篇。

◎ 敢于创新　愿做新时代追梦人

开启了自己梦寐以求的特色农业发展之旅后，王小亮目光放得更远了。2014 年年底，在参加沙坡头区第一个新型职业农民培训班时，他无意间获悉，宣和汪园村有一片从未被开发利用过的沙荒土地，这片土地沙化严重，高低不平，最大落差达 20 米。在大多数人眼中，这片地是一根"鸡肋"，没有多大用处，但王小亮却暗喜，这可能是他实现梦想的福地。

2015 年，王小亮在这片土地上忙活起来。他聘请专家对深层土壤和周边环境进行详细分析研究后确定：这里南依香山、北靠黄河，地处北纬

王小亮（左一）为观摩学习者讲解

37度，是种植优质水果的好地方。当朋友们听说他要拿出1000万元注册成立宁夏弘兴达果业有限公司，还要拿出更多的投资在宣和镇建设现代化有机苹果示范园时，纷纷劝他，在这样一片不毛之地建果园，是拿钱打水漂！

朋友们的劝阻并没有打消王小亮的念头。他跑前忙后办理相关手续，终于在当年11月份带领团队开启了开荒、治沙、营林等建设工程，动用上百台机械车辆、雇了上千名周边移民，利用草方格固沙、分片推整，建设高压输送变电设施、建造大型蓄水池，硬是在这片沙荒地上开辟出了3000亩土地。

吃水不忘挖井人，常怀感恩之心是做人的根本。这是王小亮做人的信条。2014年，企业设立了"优秀种植户"评选活动，评选10%的优秀种植户、科技示范户，给予每户2000元到1万元不等的奖励，鼓励种植户学用科学，增加效益。2017年，他在企业内部设立孝亲奖，每年评选一名"孝亲敬老之星"给予表彰，为获得孝亲奖员工的父母亲送上每人每月300元孝亲奖，直至终老。

　　从 2014 年到现在，他先后带领团队慰问中卫市和银川市的部分孤寡老人、贫困学生，慰问金达 12 万余元；连续 5 年坚持慰问沙坡头区柔远镇刘台村 65 岁以上高龄老人及困难群众，送去的米、面、油等生活必需品总价值达 14.8 万元，受益群众达 360 余户。2023 年，他又慰问东园镇曹闸村 50 户高龄老人和困难群众。

　　人力有时而尽，爱心永无止境。正如香麓农场里的苹果迎来丰收在市场上大有可为之时，30 多岁的王小亮也正处于人生最精彩的年华。在现代农业之路上，有更多的事业等待他去开拓；在公益奉献之路上，有更多的举措需要一步步实现。

（刊发于 2023 年 6 月 6 日　孙振星　文 / 图）

丁红梅

立德树人孕育桃李芬芳

丁红梅，石嘴山市政协常委，石嘴山市实验中学副校长。33年前，大学毕业的丁红梅义无反顾地选择了教师这个崇高的职业。从教以来，她始终以爱岗敬业之心，无私奉献之情，坚守在教学第一线。

◎　勤勤恳恳教书　孜孜不倦育人

"带学生和管园林有相通之处，一个好园艺师，她的整个园子郁郁葱葱，而一个好教师，她的学生都活力四射。"丁红梅告诉记者，不偏袒成绩好的学生，用更多心血帮助后进学生是她坚守事业的信念。

教学中，丁红梅经常有意识地将课堂知识与学生生活相结合，把课间10分钟变成和学生谈心、交友、了解情况的阵地。为学生营造富有生活气息的学习情境，尊重学生的个性差异，想方设法调动学生的学习兴趣，使学生的个性、特长顺利发展。担任15年班主任，每一个班级都倾注着她的心血和汗水。每接一个新班级，她都认真研究每名学生的思想动态，抓准了就及时加以正确引导，一批批基础差，底子薄的学生在她的耐心教育下变得积极上进。

在丁红梅的记忆中，张小亮（化名）是一个纪律散漫，成绩很差，爱打架的学生，很多老师都管不了。第一次见面，这个孩子就给她留下了深刻的印象，"眼中既流露着不屑，行为又透露着自卑，这样的孩子其实很敏感，更需要帮助。"丁红梅说，在后来相处的日子里，她主动接近张小亮，问他哪道题不会，课堂内容哪里没听明白，从他不会的知识开始补，从他不懂的内容开始讲，渐渐地，丁红梅温和的言语逐渐打开了他敏感的心灵。就这样，张小亮一步步成长为品学兼优的学生。

付出的是汗水，收获的是成绩，以教育为生命，教育生涯也必然洋溢着生命的激情。她的课堂充满活力，学生成绩也自然水涨船高。她所任教班级的成绩一直名列全校、全县、全市前列，她也因此一直承担毕业班教学，并多次被学校评为教学成绩十佳教师。

◎ 真抓实干　助力青年教师成长

2018 年起，丁红梅作为学校分管教学的副校长，她紧跟教育发展形势，及时了解教育发展动态，引领全体教师积极探索"互联网＋教育"工作新路径，使学校在智慧课堂、多元交互式课堂观察、远程教研、双师课堂、创客教育等方面取

丁红梅（左）与同事交流业务

丁红梅（中）参加委员读书活动

得骄人成绩，为全市"互联网＋教育"和人工智能助推教师队伍建设工作提供了可复制、可借鉴的宝贵经验。

一花独放不是春，百花齐放春满园。2022 年，丁红梅领衔的工作室被自治区教育厅授牌为"宁夏学校思政教学名师丁红梅工作室"。作为工作室领衔人，丁红梅积极开展各种线上线下教学教研活动，带领工作室教师加强思政课教学研究、思政课教学改革、思政课教学成果推广等创新工作，并通过专题培训、示范教学、集体备课、同课异构、听课议课、交流研讨、课题研究、优课竞赛等互研互学方式，助力工作室教师专业发展，充分发挥了工作室在教育、教学、科研及教师专业成长等方面的示范、辐射、带动、引领作用，为学校乃至全市培养了一批思政课骨干教师。

2023 年，由丁红梅工作室培养的 40 多名教师参与各级各类课题研究 196 项教科研成果获奖或发表；她本人助力工作室教师获奖 22 项；工作室荣获集体备课优秀教研团队 3 次；学校先后获评自治区创新素养教育标杆校、石嘴山"互联网＋教育"标杆校等，为石嘴山市思政课教师队伍建设作出了贡献，对应用学校课堂教学改革、法治教育、信息技术与学科教学创新融合等工作起到了很好的引领示范作用。

一路走来，丁红梅收获了很多，有学生的喜爱与信任，有家长的赞誉与尊重，有各级组织的认可与肯定，自治区"特级教师、民族团结进步模范个人、优秀教育工作者、思政课教学名师"，石嘴山市"模范班主任、优秀教师、优秀学科带头人、未成年人思想道德建设工作先进个人、创建全国文明城市工作先进个人"等荣誉见证了她的青春，也见证了她教书育人、履职尽责的赤诚之心。未来，她仍将以一颗炽热之心专注于所钟爱的教育事业，以一颗慈悲之心关爱学生，更以谦逊的姿态、务实的作风努力诠释当代优秀教师之楷模、政协委员之风采。

（刊发于 2023 年 7 月 4 日　毕竞　文／图）

张廷谢

在贺兰山上书写『绿色奇迹』

张廷谢，石嘴山市政协委员，石嘴山市生态保护林场党支部书记、场长。先后获得"全国绿化奖章"、自治区"绿化先进个人"、石嘴山市第五届敬业奉献道德模范、石嘴山市建市60周年感动石嘴山先进个人、宁夏首届"最美退役军人"等荣誉。

◎ 迎难而上　尽显军人本色

　　1984年，张廷谢应征入伍，部队生涯锻炼了他吃苦耐劳、坚韧顽强的品格。1989年，退役后的张廷谢被安排到原海原县水利水保局工作。走出大山是当时许多年轻人的愿望。而重回家乡的张廷谢却暗下决心要在家乡干出一片天地。

　　张廷谢从拦一道坝、修一条渠开始，与群众站在一起、干在一起，用6年时间打了十几口井、开了几十亩地，栽下一棵棵树、种下一坡坡草。1995年，海原县决定撤销园河流域指挥部，分流安置相关人员。站在保

"铁饭碗"与自主创业的十字路口，张廷谢作出了带着乡亲们走出大山创造美好生活的决定。

从海原县到吴忠市，从银川市到石嘴山市，哪里有活他就带着乡亲们奔向哪里。从打围墙到盖楼房，从挖水管到干工程，从种树木到搞生态……一项一项，一年一年，凭着不怕苦、不怕累的精神，张廷谢带着乡亲们硬是闯出了一片天地，在业界树立了良好的口碑。他注册成立的工程劳务公司先后承揽了一大批市政、水利、土建、园林绿化等工程项目。

◎ 敢打硬仗 情系生态攻坚

2006年，石嘴山市委和市政府深感资源枯竭、环境污染之痛，下定决心整治20多年来因工业排污堆积形成的粉煤灰山。

张廷谢主动请缨，带着一帮农民工兄弟上山，开始了攻坚战。铺设管道、栽植树木、围造湖面……他和工人们吃住在工地，别人干一分，他就干十分；两个人抬一棵树走着上山，他自己扛一棵树一路小跑；一车土别人一天最多能推五趟，他能推十趟。因为他知道，榜样的力量是无穷的。在他的带动下，工地上热火朝天，即使在寒冷的冬季，工人们个个干劲十足。几年下来，这座在很多人眼里根本不可能栽活树木的粉煤灰山彻底变了模样，灌丛、林木郁郁葱葱；杨柳依依、荷花点点，亭台楼阁，无处不美。

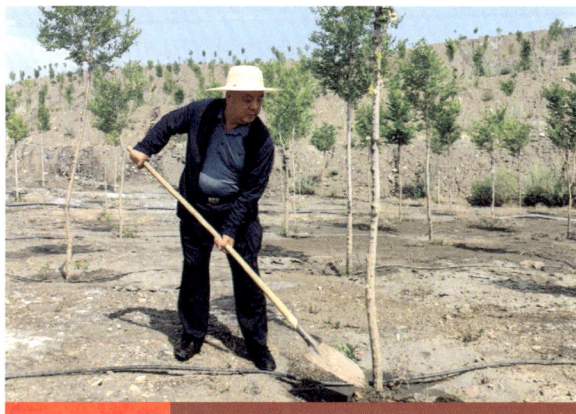

2023年6月，张廷谢在石嘴山市贺兰山生态保护区植树

　　2010 年，石嘴山市浴山潭广场、大道绿化工程的重担压在了张廷谢身上。这两项工程是当年全市 115 个重点项目之一，也是建市 50 周年献礼工程之一。时间紧、任务重。短短 5 个月时间，张廷谢带着工人们采取换土覆膜、客土栽培、挖沟排水、提高地形、化学降盐碱等措施，克服了各种植树困难，不仅实现了 3000 多亩的绿化面积，还布置了园林小品、驳岸、水景、置石、堆造山体、草坪等。丰富的景观效果，使浴山潭广场、大道绿化成为石嘴山市又一大绿化景观亮点工程。

◎　倾情奉献　共建绿色家园

　　2015 年，张廷谢担任石嘴山市生态保护林场场长。接手时的林场基础设施严重落后、债务包袱沉重、生产经营举步维艰。

　　张廷谢先从管理抓起，打破原有的经营模式，创新理念，打破"大锅饭"，实行绩效工资制，按劳取酬，完善了考勤、安全、绩效、生产、财务、车辆等各项规章制度。他把跑市场、争项目作为主要工作，在争取中央财政良种补贴资金、自治区财政厅全区国有贫困农林牧场基础设施改造资金等项目的同时，主动开拓经营市场，积极参加绿化工程和苗木招投标。

　　上任 8 年来，生态保护林场先后完成了原石嘴山市园林局及县区园林部门、自然资源局、矿业集团的绿化苗木供应、承建绿化工程，累计金额达 1.3 亿元；2015 年至 2020 年累计实现利润 3000 余万元，先后收回历年欠款 510 余万元，化解历史债务 1400 万元。每年补贴公益林管护资金 300 余万元，承担了国有企业的社会责任。林场发展逐步走上了良性发展道路，经济效益明显增长，职工收入由连年拖欠到普涨 1500 元。在他的带动下，石嘴山市生态保护林场为石嘴山市打造绿色名片作出了积极贡献。

（刊发于 2023 年 6 月 13 日　罗鸣　文／图）

周金生

医心为民　守护乡村百姓健康

设立 5 个特色科室、公共卫生服务县级考核从倒数第二跃升至第二名，接待门诊突破 7 万人次、成功创建"国家推荐标准乡镇卫生院"……一项项成果背后，源于他投入基层卫生事业的一腔热血与辛勤付出。他就是永宁县政协委员、望洪镇卫生院院长周金生。

◎　苦练内功　孜孜不倦提升医术

"别看我现在一天坐诊能看几十个病人，想当初一个月接诊量才是现在一天的量。"周金生回忆，2000 年毕业后，他被分配到永宁县中医医院中医内科工作。因为年轻，他面临着没有病患的困境，很多时候一天只看两三个患者。

"说心里话，当时很迷茫，不过既然选择成为一名中医，就要坐得住'冷板凳'。"周金生说。2002 年永宁县中医医院成立中医肛肠科，计划打造特色专科。周金生决定与同事一起建设新科室。经过 18 年的历练和不断进修学习，周金生的业务能力迅速提升，成为永宁县中医医院肛肠科主任，在县域内小有名气，2019年被评为永宁县"最美医生"。

2020年9月，根据组织安排，周金生到望洪镇卫生院担任院长。

肛肠外科患者多，且症状严重，病情复杂。对于医生而言，要对病人病情进行精准判断，制定科学有效治疗方案，这也就需要扎实的医学知识和丰富的临床经验。

周金生清楚地记得，2022年年底他主刀完成一例肛肠手术。"这名病人46岁，患的是环状混合痔。平时这类手术只需30分钟左右就能完成，但根据这例患者的实际情况分析，估计需要1个多小时才能完成。"周金生认为卫生院的硬件设施、麻醉水平等与县级医院都有一定差距，能否顺利完成如此复杂的二级手术，心里没底。

经过多方考虑，周金生认为，病人前往县级医院手术费用高且交通不方便，还是决定在院内完成手术。

"从事肛肠手术20多年，我还是很自信的。"周金生说，"心电监护仪、除颤仪、抢救药品等都准备充分，以防手术中出现意外情况。一个多小时后，手术顺利完成，患者经过输液、换药、熏洗等治疗，6天后顺利出院，这也是望洪镇卫生院做的第一例复杂的二级肛肠手术。"

"有什么问题可以随时来找我""有什么需要随时打我电话""等我看完这个病人，中午给你做手术"……从来到望洪镇卫生院的那天起，周金生就没有所谓的上下班时间，院内院外总有操不完的心，就连周末、节假日也总能看到他在卫生院忙碌的背影。两年多时间，由周金生主刀实施的二级肛肠手术就有110多例。

◎ 提升卫生院诊疗能力　为群众生命健康保驾护航

基层卫生机构是守护百姓健康的"第一道防线"，在落实医疗卫生政策、

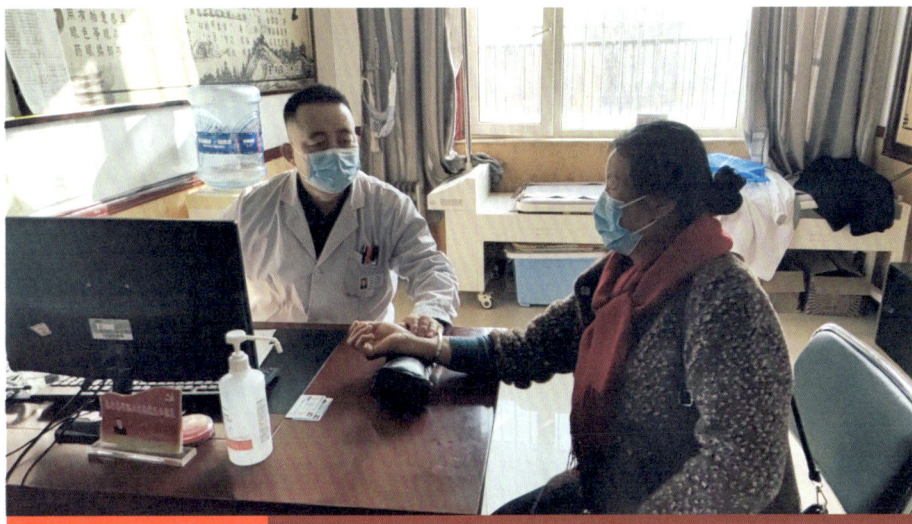
周金生为患者把脉

保障群众生命健康方面，发挥着越来越重要的作用。

卫生院基础设施简陋、人员技术匮乏、人才流动性大，老百姓的就医需求如何满足、职工的待遇怎样保证，如何加快基层卫生院发展步伐成了周金生重点思考的问题。

"卫生院内业务骨干严重缺乏导致诊疗能力不足，这是制约卫生院发展最大掣肘。"周金生告诉记者，编制内专业技术人员职称低，由于基层待遇低，临聘人员留不住，门诊也只限于一些常见病、多发病的诊治。

"没人才就招人才，有人才就加大培养力度，鼓励年轻专业技术人员努力学起来。"自2020年至今，望洪镇卫生院采取"请进来、送出去"的人才培养机制，不断提升业务能力。周金生先后选派10多名专业技术人员去市级医院、永宁县人民医院、永宁县中医医院等上级医院进修学习，着力激活乡镇卫生院自身的"造血能力"，卫生院的医疗技术得到了快速进步。

初来卫生院，周金生发现这里没有手术室，外科门诊无法开展常规手术。"做手术是大事，不论手术大小，老百姓都想尽办法往县城、市里甚至区上的大医院跑。"周金生说，为了改变这一现状，2021年，通过多方奔走，他争取到了自治区卫生健康委100万元的项目资金用于手术室建设，在建设手术室的同时，着力提高妇科、外科门诊手术业务发展。两年多时间，望洪镇卫生院中医肛肠科吸引了周边许多乡镇和县城的肛肠病人前来手术。

随着人才队伍的壮大，卫生院开设了口腔科、五官科、康复室、中医肛肠科等特色专科，手术量从无到有，卫生院进一步提升了核心竞争力，业务收入相比之前成倍增长。

周金生告诉记者，该院还利用现有资源改建了望洪镇卫生院残疾人康复站，并通过银川市残联的验收，目前已免费为56名肢体残疾人员和40名因病导致肢体活动不便的患者提供了针灸、拔罐、推拿按摩等康复训练207次。

◎ 全力打造特色专科 提升综合服务能力

"传统的管理方法已经不能适应新时期的发展需求，医院的发展理念、职工的思想观念等都需要转变，医院的管理思路、方式亟待突破。"周金生坦言。

自周金生到望洪镇卫生院任职以来，狠抓医疗业务，建立健全门诊科室和各项规章制度，在两年多的不断努力下，卫生院的医疗业务发展逐年上升。

2022年，卫生院的医疗总收入达到446.34万元，比上年同期433.37万元增加12.97万元，上升了2.9%；门诊量也从2020年同期47996人次增加到77734人次，门诊收入306.67万元，同比增长12.84%；收住院694人次，比去年同期867人次减少了19.95%。

　　周金生说，两年来，卫生院医疗业务收入从 297 万元上升到 446 万元，门诊收入、住院人次、药品收入等方面都有了显著提升，群众对卫生院的认知也有了很大改善，医疗质量有了跨越式的提升。

　　"为强化卫生院公共卫生服务能力，我们定期召开公共卫生例会。"周金生告诉记者，两年多，卫生院先后成立和完善了家庭医生服务团队，形成规章制度、完善服务流程、形成绩效考核细则。卫生院公共卫生服务县级考核从三年前的倒数第二名跃升至第二名的好成绩。2022 年，还成功创建了"国家推荐标准乡镇卫生院"。

　　对于医院未来的发展，周金生表示，2023 年望洪镇卫生院计划打造"中医特色肛肠科"，进一步加强人才引进，强化科室建设，努力把医院打造成医术精湛、服务优质、群众满意的综合性医院，为辖区群众提供更优质更全面的医疗服务。

（刊发于 2023 年 2 月 28 日　赵婵莉　文 / 图）

魏娜娜

不惧脚下沾泥土　不畏肩上扛责任

曾因家境原因辍学摆过地摊、打过工，后经不懈努力圆了大学梦，并在硕士毕业后选调至吴忠市利通区成为一名乡镇基层干部，为乡村振兴奉献青春力量。她就是吴忠市利通区政协委员，利通区东塔寺乡副乡长魏娜娜。

◎ **不忘梦想　读书圆梦**

盛夏的 7 月，魏娜娜在长势喜人的葡萄藤下为来往游客宣传推介白寺滩村特色农产品——龙二大青葡萄，盛邀大家 8 月来白寺滩村品葡萄，住民宿。

回顾自己的成长历程，魏娜娜坚定地认为"人任何时候都不能放弃自己的梦想"。16 岁初中毕业后，因家庭原因魏娜娜从老家河南辍学到深圳打工。在印刷厂、服装厂、电子厂当过流水线女工，在超市门前摆过小摊，那时每月工资最高只有 600 元。即便如此，魏娜娜也没放弃读书，闲暇时常常一个人在宿舍看书、做题、背单词。她暗下决心要好好学习，改变自己的命运。21 岁那年，魏娜娜重回校园读高中，并在 24 岁时考上专科。26 岁时她休学一年结婚生子，28 岁考上专升本，本科毕业后又考取厦门大学硕士研究生。2018 年，魏娜娜从厦门大学毕业后，被自治区党委组织部选录为定向选调生，并分配到吴忠市公安局。

◎ 融合发力 振兴乡村

2019 年 6 月，在乡镇工作 10 个月后，魏娜娜主动申请下村锻炼，兼任东塔寺乡白寺滩村第一书记。任职期间她致力带领群众发展白寺滩村特色产业——龙二大青葡萄种植。

到村第一年，为了打出大青葡萄的品牌影响力，她绞尽脑汁撰写葡萄营销方案，骑着电动车往返吴忠市区和村部，为客户送葡萄。为了找到批量采购大青葡萄的单位，魏娜娜和分管农业的同事跑遍了吴忠市大型商超和规模企业。还联合乡上的宣传专干为龙二大青葡萄拍摄宣传照片和短视频，在抖音等新媒体发布。在媒体的助力下，龙二大青葡萄多次被新华社、人民日报、人民网、新华网等媒体报道，带动了大青葡萄销售。经过努力，魏娜娜和同事们帮助村民完成了销售 1000 多亩大青葡萄的目标。龙二大青葡萄有了知名度，价格从以前的每公斤 12 元左右提高到了现在每公斤 20 元左右，亩均收入 3 万元，龙二大青葡萄成为白寺滩村的"致富果"和"振兴果"。

2019 年 7 月，龙二大青葡萄种植技术被评为"第六批吴忠市级非物质文化遗产代表性项目"；2019 年 9 月，龙二大青葡萄获得北京世园会优质果品大赛优秀奖；2021 年，魏娜娜被评为利通区 2020 年度工作先进个人。

2022 年，在利通区委的部署下，东塔寺乡开始大力发展民宿（民俗）

魏娜娜委员结合乡村文旅产业发展提出意见建议

旅游业。魏娜娜分管这一工作，她冲锋在前，多次组织乡村干部、产业种植大户、致富带头人100余人学习培训，不断激发群众发展民宿（民俗）旅游业的内生动力，辐射带动周边群众稳岗就业。目前，白寺滩村已打造网红主题特色民宿3座，建有石佛寺、白寺滩村家访接待户及特色美丽庭院43户，建成龙二老醋坊、白寺滩村农产品展销中心、乡愁记忆馆、蜂坊等特色农产品展示展销馆，带动文旅农旅融合发展。2022年，东塔寺乡被评为全国乡村旅游重点村镇，魏娜娜包抓的白寺滩村先后被评为吴忠市创业示范基地、自治区民族团结进步示范村、自治区人居环境整治示范村、自治区乡村治理示范村。

◎ 坚定信心　勇往前行

自2018年入职以来，魏娜娜先后任职过多个岗位，无论角色如何转变，她始终坚持踏踏实实做好本职工作，在摸爬滚打中不断提高自身工作和为民服务能力。在基层工作的 5 年经验让她明白，只有不惧脚下沾满泥土，深入基层一线，俯下身子融入群众中去，才能更加细致地了解群众的需求和难题，才能更加切实地为群众解决困难。作为乡镇基层干部，魏娜娜的心始终和群众在一起。

"只要是工作需要、群众需要，我就在自己的岗位上尽职尽责，努力贡献自己的力量。"她始终谨记厦大校训"自强不息、止于至善"魏娜娜说，努力用自己学到的知识为乡村振兴贡献自己的一份微薄之力。作为政协委员，她也希望能发挥委员优势，带动引领更多的优秀青年学子积极主动投身到西部建设中，实现自己的人生价值。

（刊发于 2023 年 7 月 25 日　束蓉　文／图）

张雪妍

为葡萄酒事业写下最美注脚

张雪妍，吴忠市青铜峡市政协委员、宁夏皇蔻酒庄有限公司副董事长。24年来，她用青春和奋斗为宁夏葡萄酒事业发展写下最美注脚。

◎　与葡萄酒结下不解之缘

1999年，22岁的张雪妍从宁夏大学中文系毕业后，应聘至一家酒庄工作，自此开始了与葡萄酒的不解之缘。

彼时的贺兰山脚下到处是沙砾和石块地，很难看到一块完整的绿色。北纬37度的贺兰山东麓，是酿酒葡萄的黄金产区。"20多年来，我从大学生成为一名执着的葡萄酒人，让我欣慰的是，曾经荒蛮的贺兰山东麓变成了绿洲，不仅是周边生态环境得到了改善，家乡的酿酒葡萄产业更是迅猛发展。"

"好葡萄酒是种出来的。"2017年，张雪妍创建宁夏皇蔻酒庄有限公司（以下简称"皇蔻酒庄"），为保证葡萄酒品质，她亲力亲为，对酿酒葡萄的种植源头进行严格把控，并聘请宁夏葡萄酒学院和宁夏农林科学院专业教授进行实地防治和研究服务工作，吸收周边有文化有技术的农户加入，统一传授和培训葡萄病虫害的防治技术和种植技术。张雪妍还综合采用了先进环保的酿酒设备、生产技术，组建了一支业务过硬的技术队伍，促进酿酒葡萄种植基地使用统一的无污染农药，专业的机械设备，减少土壤污染，提高农业机械现代化种植，保证食品安全。面向全区种植户提供专业技术指导、培训，年培训1100人次，其中种植户800余人次、酒庄生产技术方面培训300余人次。

"科技创新带动葡萄酒产业是一种大趋势。"张雪妍说，酒庄种植赤霞珠、西拉、小芒森、马瑟兰等品种，不断精进葡萄园管理模式，探索和改良酿造工艺，使用大数据分析管理，让科学技术在种植和酿造上发挥更强大的作用。截至2023年，皇蔻酒庄获得科技创新成果12项、4项发明专利、8项实用新型专利。被自治区相关部门授予"国家级科技型中小企业""自治区'专精特新'示范企业""自治区葡萄与葡萄酒技术创新中心""宁夏农业高新技术企业"等荣誉称号，推动了葡萄酒产业向技术型和现代化领域迈进。

◎ 以龙头企业带动百姓致富

"有机套种，不仅提高了土地的生产效率，还让家家户户增加收入。"为了发挥龙头企业的富民带动作用，在张雪妍的努力下，皇蔻酒庄将2000亩自由酿酒葡萄基地承包给100余户农户，一次签订5年承包协议，带动周边农户发展酿酒葡萄种植面积8000余亩，实现了真正意义上的产业带动

张雪妍参加自治区政协会议时发言

脱贫致富。皇蔻酒庄和 6 家酿酒葡萄农业专业种植合作社合作，公司对承包有机转换葡萄园的农户进行严格的有机葡萄生产技术培训和考核，将每户总投入生产费用统一记入农户账户，全年的生产费用先由公司全部垫资，统一购买。每年的九十月葡萄成熟，公司按约定价回购，兑现农户管理经营的有效收益。

为了提质增效，皇蔻酒庄采用了基地生态循环综合经济产业链带动农户利益模式。酿酒葡萄基地采取套种一季型中草药的模式，既节约成本，又经济可行，平均增加合作社农户年收入 2 万余元。

经团队不懈努力，皇蔻酒庄实现年产值 7800 万元，销售额 3092 万元，皇蔻产品在国内外知名专业赛事中屡获金奖和大金奖还与合作社及农户构成互帮互带、共生共存共利益的和谐氛围，形成整体推进的良好发展局面，为吴忠市及全区的酿酒葡萄产业飞速发展，创出了新模式新理念，也极大地缓解了当地移民区劳动力就业压力，为宁夏葡萄酒产业高质量发展贡献了力量。